劉繼明

著

辯護與吶喊

基於良知的吶喊（序）

孔慶東

劉繼明的這本新書，據說原本取名《為中國革命辯護》，我對此不大贊同。

在我看來，第一，劉繼明不是一個嚴格意義上的「革命者」；第二，革命也不需要辯護；第三，劉繼明的這些聲音，仔細辨聽，其實不過是基於良知的吶喊。

不論儒家意義上的「順天應人」的傳統革命，還是近世以來西方revolution意義上的社會革命和文化革命，其泥沙俱下的滾滾洪流之中，必然存在許多可以指摘和抨擊之處。正如魯迅教訓一大票革命作家時所說：「革命是痛苦，其中也必然混有污穢和血，決不是如詩人所想像的那般有趣，那般完美」。革命者往往偏取了魯迅的另外半句話，說革命畢竟「有嬰孩」。然而魯迅的話是應該全面理解的，有嬰孩就好好愛護嬰孩，但污穢和血，也要正視。特別是當革命時代遠去，成為一塊「飄逝的花頭巾」，檢討革命過程中的錯誤，盤點革命所帶來的痛苦，不僅是反革命額手稱慶的快事，也應該是革命者痛心疾首的良藥。刻意美化革命，其實正是幫了革命的倒忙，即使是發自真心的辯護，有時候也容易與「護短」界限不清，結果反而成了「低級紅」與「高級黑」。

從哲學的角度來看，造反固然有理，可不等於任何造反都有

理，也不等於造反的每個細節都有理。真正需要辯護的，不是那些造反中的血污，而是那些血污中的嬰孩。正是從這個意義上，我看到了劉繼明的姿態跟眾多「低級紅」樂隊的截然不同。

我的專業是中國現當代文學研究，受碩士導師錢理群等先生的影響，我很注意這一百多年來中國知識份子的心靈史。在我看來，中國始自鴉片戰爭的一系列「近代衰敗」，與知識界喪失了王陽明所宣導的「致良知」，具有密切的關係。魯迅在成為「魯迅」之前的「周樹人」階段，對此進行了深入的剖析和孤獨的吶喊。王陽明認為天地之心「只是一個靈明」，魯迅在《文化偏至論》中大聲疾呼「掊物質而張靈明」。一部中國現代文學史，從這個角度考察，亦可謂「改造國民靈魂」的吶喊史。而國民良知的重建，則是伴隨著辛亥革命、文學革命、北伐革命、土地革命等一部近現代革命史，逐步顯現端倪但同時又不斷「雲霞明滅」的。在這一宏大的歷史進程中，從魯迅、郭沫若，到丁玲、姚雪垠，再到魏巍、浩然、陳映真……都為中國人民的良知重建，肩住了一道道黑暗的閘門。這些名家不論是偉人還是俗人，自然都有其可資議論質疑乃至批評調侃之所在，這也是我們進行學術研究的理所固然。但是，由於良知不滅則中國不亡的政治邏輯，這些百年良知的代表性人物，一個接一個地被潑滿血污，遭受到布魯諾、伽利略的厄運。而那些污蔑與構陷，其手法之卑劣、邏輯之荒謬，已足為時代良知再次趨向泯滅之明證。劉繼明由一個「文化關懷」的小說家，自我擴展為一個「喚醒良知」的吶喊者，不過是對此觀察清晰之後，力挽狂瀾而不能的杜鵑一鳴爾。

我跟劉繼明無甚交往，對他的瞭解，一是來自他自己的文字，二是來自東看西看的對他的讚揚和批評。梳理這些文字之

後，劉繼明浮出水面的形象，是一個王蒙所說的「學者化的作家」，是一個孔慶東所說的「講道理的文人」。他有立場，但並不以立場標榜；他有學問，但並不炫耀知識或理論；他有才華，但更吝於筆下生輝，舌粲蓮花。他只是樸素地鋪排史實、洗淨污痕、凸顯邏輯、昭彰天理。劉繼明的言說方式，不大像一個獲得多項文學獎的小說家，而更像一個語文老師——雖然講課娓娓道來，自成一派，但能不能hold住自己班上的學生，還是個未知數也。

其實孔子也hold不住三千弟子，王陽明的心學也很快門庭冷落，魯迅散落在大地上的投槍，則被搜集起來，去其鋒、鈍其刃，逢五逢十祭拜一下。因此，就不斷需要有人走進無物之陣，去面對那些威風凜凜的旗幟：慈善家，學者，文士，長者，青年，雅人，君子……

有人說劉繼明是辯護，孔慶東說他是吶喊，而劉繼明自己可能全無這些概念，他不過是微笑著：

舉起了投槍。

2019年4月15日

目次
CONTENTS

蒂洛・迪芬巴赫

去年7月中旬，正是武漢酷暑炎熱的高峰期，我意外地接到一個來自上海的電話，對方自我介紹說，他是德國科隆大學的博士，名叫蒂洛・迪芬巴赫（Th Diefenbach），主要從事中國文化和文學研究，剛剛獲得一項由德國弗裡茨・蒂森基金會資助的研究課題「劉繼明與文化關懷小說」，此次來華主要是為了收集相關資料和拜訪我本人。他還用吐詞清晰卻偶爾有些不連貫的普通話說，為了找到我，他費了不少周折，原以為我住在上海，到了上海後才知道我在武漢。他還是通過一家出版過我小說的出版社打聽到我的電話的。

幾天以後，蒂洛・迪芬巴赫就從上海飛抵武漢了。當我在天河機場出口處遠遠地見到一位身材高挑的外國小夥子，拖著一隻裝有滑輪的大皮箱，對著接站的人群左顧右盼時，我知道，他就是蒂洛・迪芬巴赫了。果然，當看到我拿著寫有他的中文名字「江燦」的小紙牌後，他便邁著大步向我走來，老遠伸出手道：「您是……劉繼明先生嗎？」

這就是我和蒂洛・迪芬巴赫最初見面時的情形。

他顯然比我預想的要年輕許多，約莫30歲左右，比我小十多歲，屬於「下一代人」了。像這個年齡，在中國文化界有個特殊的稱謂：「70年代人」或者「新新人類」，代表著上世紀90年代後在中國興起的一種流行文化觀念和生活方式。從服飾和外表看上去，蒂洛・迪芬巴赫與當前中國隨處可見的青年人也相差無

幾：一身黑色的T恤和牛仔，活力四射，透露出他這個年齡的人崇尚標新立異和「酷」的生活趣味。但那雙深陷於高聳的眉骨下面的藍眼睛卻同他的年齡極不相稱：沉著、冷靜、敏銳，帶點兒探究事物和長於思考者的好奇，使我不由想到德國人特有的那種富於理性和思辯的傳統。

我帶著蒂洛·迪芬巴赫在我家附近的一個普通賓館住下了。似乎為了驗明身份，剛安頓好，他就從大皮箱裡翻出一疊關於那個研究課題的報告文本給我看，全是德文的，我當然一個字也看不懂，但從他作為附件夾在文本中間的作品影本，我看清那是多年以前我發表在《上海文學》等中文雜誌上的幾篇小說。

蒂洛·迪芬巴赫開門見山地介紹了他拜訪我的具體目的：除了為他的研究收集完整的資料，還希望與我商談將我的《海底村莊》、《藍廟》等小說翻譯成德文的事宜。他還反覆嘟噥，說本來要向上海的朋友借一台答錄機，以便錄下我們的談話，供他日後寫論文參考，但臨動身前卻忘記帶上了。

後來，我倒是為他借了一台筆式的微型答錄機，卻沒派上什麼實際用場。因為我發現，雖然蒂洛·迪芬巴赫的中文口語比較流暢，應付一般的日常會話綽綽有餘，可如果進行複雜的交流，就顯得有些費勁了，再加上那支錄音筆操作起來不大方便，不是中途卡殼，就是交談了一會兒，卻發現什麼也沒錄進去，倒騰來倒騰去，兩個人都覺得麻煩，甚至把好不容易調動起來的興致也弄沒了。我們只好不約而同地扔下那個玩意兒，並且像卸下什麼重負那樣鬆了一口氣。

我沒有出國考察或旅遊的經歷，對西方（人）或歐洲（人）的認識，完全依賴於自己有限的知識背景，因此，我對蒂洛·迪

芬巴赫瞭解或探究的興趣，絲毫不亞於他對我這個「研究」對象的興趣。在隨後的兩三天裡，我們的交談與其說發生在訪問者與被訪問者之間，倒不如說是兩個新結識的朋友，拋下各自相異的文化身份之後，無拘無束、海闊天空的閒聊。況且，我們的交談始終是在吃飯、喝茶以及在珞珈山和東湖邊漫步的過程中進行的，沒有半點兒正襟危坐或故作高深的嚴肅狀。我想，這才是交談的愉悅所在。

這樣，剛見面時作為「文化符號」的迪芬巴赫或江燦，便開始以一個活生生的個人走進了我的視野。

蒂洛‧迪芬巴赫出生在德國法蘭克福的一個中產階級家庭，其父老迪芬巴赫先生畢業於著名的法蘭克福大學，精通希伯來文、梵文等七八種外國語言，曾長期擔任中學校長，屬於上世紀60年代成長起來的老一代知識份子，青年時代深受西方馬克思主義思潮的影響，富於反叛精神，對席捲全球的反官僚和等級制度以及中國的文化大革命懷有某種近乎親緣般的認同感。但到了70年代，隨著柴契爾夫人和雷根上臺後推行的新自由主義經濟政策，像大多數西方知識份子那樣，老迪芬巴赫先生也逐漸放棄60年代的激進主義立場，加入到了重新佔據主流的右翼行列，像所有老派的德國人一樣，變得因循守舊，安於現狀，退休後，他舉家搬回距法蘭克福不遠的家鄉小鎮，在遠離塵囂的市郊過起了幾乎與世隔絕的隱居生活。但「60年代」的文化因子仍然根深蒂固地依附在其內心深處，並且時時影響著他對時事的判斷。比如他始終對中國文化情有獨鍾，熱情關注中國的發展，醉心於收藏中國文化典籍，將毛澤東時代同包括平等、公正等在內的一些政治文化理念緊密聯繫在一起（這正是他那一代知識份子狂熱追求過

的社會理想），而對於70年代後期開始的中國經濟改革，他的態度是懷疑、牴觸，「頗有微詞」的，他認為，雖然今日中國的經濟獲得了突飛猛進的發展，卻導致了嚴重的貧富懸殊和兩極分化，並且是以斷送毛澤東時代經過艱苦努力形成的平等公正的社會形態為代價的。他甚至數次拒絕了到中國觀光的機會，而他青年時代最大的願望就是親自到中國感受一番……

在今天的許多人看來，老迪芬巴赫先生的觀點也許夠偏頗固執、不合時宜了。但他對信念和理想的執著維護，或多或少影響了蒂洛少年時期的成長，很早就對中國產生了某種神祕感和好奇心，以至於中學時就開始學習中文，上大學後便毫不猶豫地選擇了漢學專業。談到這種選擇，蒂洛是這樣對我說的：「其實，最初我並不是想將來做一名漢學家，僅僅是出於『超越』我父親的衝動。因為他懂那麼多外國語言，在這些領域我根本不可能超過他，以至我常常在他面前有一種自卑感。而他雖然經常把中國文化掛在嘴邊，卻唯獨對中文一竅不通。」

蒂洛對我聳了聳肩，帶點兒調皮地一笑。他還告訴我一段有趣的經歷：中學時，他狂熱地喜歡上了流行音樂，想買一把吉他，但父親不願意給錢，表示希望他能夠學習古典音樂，如果他想有一台鋼琴，馬上就能如願以償。但蒂洛拒絕了這個誘惑，報名參加了學校的學生樂隊。後來，蒂落成為了一名出色的校園流行樂手，他父親雖然激烈反對兒子的興趣愛好，並且使父子關係一度比較緊張，但最終還是和母親一起，觀看了蒂洛的音樂演出。

蒂洛談到這件事時，顯得很得意。這也使我看到了西方青年人身上那種勇於挑戰和叛逆的個性。

「那麼，你對毛澤東怎麼看？」在東湖邊的一家小酒吧裡，我饒有興趣地向坐在對面的蒂洛提出了這個問題。「我本來想問你呢，沒想到被你搶先了！」他撫掌笑道。不過，他很快低下頭，沉吟了一下說：「毛主席是個偉大的人物，他使中國真正成為了一個獨立統一的東方大國，影響了世界的進程。不過，我不贊同他發動的文化大革命，在這一點上，他犯了錯誤。如果他在50年代就去世，我想他會更偉大吧……」末一句，他的口氣有點兒模稜兩可。

蒂洛的觀點同當今中國的主流意識形態倒比較吻合，這讓我感到出乎意料：「你父親贊同你的觀點嗎？」

「噢，當然不！」他把腦袋搖得像撥浪鼓，「我們經常發生爭論，到頭來誰也說服不了誰。但我們也沒有想到說服對方。在這一點上，我父親還是比較民主的。」他話鋒一轉，用挑戰的口吻道：「劉先生，你呢，你怎麼評價毛主席？據我所知，在中國，怎麼評價毛，一直是個敏感的話題。」

「是的。」我點頭承認。但我不想隱瞞自己的觀點，我坦率告訴他，毛澤東逝世時，我還在上小學。當我念完中學，直到後來上大學，接受系統教育的80年代後期至今，中國推行的經濟改革政策和學習西方文化的思潮都一直居於社會的主流，思想界對毛澤東的社會主義實踐主要是批判和清算，情緒化的色彩比較重，而真正理性的認識卻很少見。我個人也不例外。但90年代之後，我的認識開始出現了一些我自己也始料未及的變化。現在，我似乎越來越傾向於認同這樣一種看法：對於大多數普通民眾來說，毛澤東是始終站在被壓迫者立場上，向現成等級秩序發起猛烈宣戰的戰士和誨人不倦的導師，是一個偉大的解放者；對另外

一些身處精英或特權階層的人來說，他則是一個也許永遠擺脫不掉的噩夢。

蒂洛用那雙透明的藍眼睛盯著我，沉思了好一會兒，似乎想探明我說這番話的誠實性。半晌，他說：「我接觸過中國不少知識界人士，他們似乎都不大喜歡毛主席，你是一個例外。」

「大概因為我沒挨過整罷！」我開了個玩笑，「或者你想說，我是個反潮流的人？」

蒂洛起先對我用了一個毛澤東時代流行的詞彙一愣，接著也會心笑了起來。

在一次陪同蒂洛遊覽武漢大學校園時，我問起他對中國的印象。我知道他曾經好幾次來過中國，先後在西安外國語學院、中國人民大學和北京外國語大學學習過漢語，走過包括北京、西安、桂林和三峽等在內的不少地方，對中國社會不可能沒有自己的認識和感受。

「變化太大了。」蒂洛咕噥道，「幾乎每次來中國，我都會發現一些新的變化。七八年前在西安，街頭的外國人還寥寥無幾，但最近一次去西安，我發現到處都能看到來自世界各地的外國人。」他表情有點誇張，動作幅度很大地做著手勢，「至於上海的變化就更讓人吃驚，那些高樓大廈彷彿是一夜間長出來的，比東京和巴黎還要多。尤其是遍佈街頭的各種巨型英文看板，讓你簡直就象置身在紐約的曼哈頓一樣，與之相比，德國的柏林和漢堡也顯得黯然失色了。」

說到這兒，蒂洛似乎有點兒困惑。他說他也到過中國的內地和一些偏遠鄉村，那兒的落後和貧困同這些發達地區比較，簡直就像隔著整整一個世紀。而這種差距和懸殊，大概只有在非洲

的一些國家才能見到。「這真讓人不可思議。」他不無惶惑地說。但更令蒂洛覺得難以理解的是，在他接觸的中國人當中，無論是政府官員、知識人士，還是一般的年輕人，對於西方尤其是美國的價值觀和生活方式，都採取一種不加任何選擇頂禮膜拜的態度。「如果一個國家的經濟發展，使本國人民完全忽略和拋棄了自己的思想傳統和豐富多彩的生活個性，整個世界都變成了某種統一制定的模式，這就太糟糕了！」他垂下腦袋，將整個臉埋在支成三腳架的胳膊上，皺著眉頭，像是在思考什麼問題。過了片刻，蒂洛抬起頭來，神情憂鬱，看上去比實際年齡大了幾歲，像一個18和19世紀的歐洲浪漫詩人，比如拜倫。他還對我講起去非洲的一些見聞，那兒難以想像的貧困、飢餓和沒完沒了的種族仇殺和政變。「這些災難都是美國和歐洲的那些資本主義國家長期對非洲實行殖民化和掠奪帶來的。現在布希他們還在這樣幹……」

蒂洛顯得很激動，甚至憤慨。酒吧內光線暗淡，但我還是能夠看見他的額頭冒出了一層亮晶晶的汗珠。他仰起細長的脖子，喝了一大口冰鎮的西瓜汁。

我默默地傾聽著蒂洛的講述，沒有吭聲。我能說什麼呢？或許我不能完全同意蒂洛對中國走馬看花得出的印象，但我至少應該保持尊重吧。我想到現今中國跟蒂洛同齡的那些時尚青年和小資白領們，他們如果聽了蒂洛的這番話會做何反應？吃驚？反感？不屑一顧、反唇相譏？甚至罵一句「站著說話不腰疼」揚長而去？不得而知。不過，此時此刻的蒂洛，卻分明使我看到了那位沒見過面的老迪芬巴赫先生的影子。

為了擺脫這種過於嚴肅乃至有些壓抑的氣氛，我把話題轉向

了文學，德國的，中國的。我提到了君特·格拉斯、海因裡希·伯爾，以及偉大的歌德，當然，還有本雅明。但蒂洛對討論自己國家的文學似乎沒什麼興趣，而更願意談論中國的文學。哦，我差點兒忘了他是個漢學博士，還出版過一本專著《中國當代小說中的暴力傾向》。我向蒂洛瞭解幾位中國當代作家在德國的影響和譯介情況，據國內媒體的介紹，他們在美國、法國和日本介紹得比較多，我想蒂洛應該比較熟悉。可出乎我意料的是，蒂洛的反應有點兒冷淡。「我很少讀翻譯過去的中國作品。儘管比較費勁，但平時我總是儘量讀原文的。」蒂洛說，「您提到的這幾位作家，有的我知道，讀過他們的小說，覺得很容易從中看到某些西方作家的影子，好像他們總是在跟著西方的文學潮流跑。就我個人的興趣，我還是喜歡從文學作品裡感受到一個國家、民族和時代的社會狀況、人的個性和真實的生活，他們的痛苦、焦慮和希望，等等。我認為馬克思主義的文藝理論比現在流行的那些東西更接近文學的本質……劉先生，難道你不這樣認為麼？」

蒂洛再次讓我感到了意外。但我避開了他有點咄咄逼人的反問，我只是說：「在中國文學界，馬克思可是早就有些過時啦……」

「不，卡爾·馬克思是永遠不會過時的。」蒂洛用認真的口吻說。他甚至在空中使勁劈了一下右手。

我想，這真是一個不斷讓人吃驚的蒂洛。

剩下的一天時間，我沒有陪同蒂洛。他拿著一份武漢交通圖，自己去逛街了。單槍匹馬，自由行動，這是大多數外國人的習慣。晚上碰面時，我問他對武漢的印象如何。「挺好，挺好！」他連連點頭，「是嗎？」我有點兒懷疑地瞅著他，「在許

多上海人眼裡，武漢也許只不過是座大縣城呢。」

「可這座城市的個性很鮮明，至少不像上海那麼『殖民化』。」蒂洛仍然堅持說，「只不過實在太熱了！」他抹了一把臉上的汗，津津樂道地談起自己的街頭見聞。他說他在電信局給剛滿兩周歲的小姪女打了電話，小姪女大概剛睡醒過來，迷迷糊糊，一直沒弄清楚自己是在跟誰說話。他想買一本王充的《論衡》，但跑了好幾家書店也沒有買到。他年底還要來一趟中國，要在北京大學作一場關於王充哲學思想的學術報告。「不過沒關係，回上海後我再去書店找。」他說。

晚上，我們在前一天坐過的那家小酒吧喝了一點冷飲，吃了兩份煲仔飯。蒂洛的心情不錯，給我聊起他的戀愛經歷。他說他曾經談過幾個女友，一個是日本的，一個是捷克的，還有中國的，都沒有成功。他特別提到北京的那場「戀愛」，他們談了大半年，死去活來的，但後來卻發現女友原來已經結過婚了，有一天，那位丈夫找上門來，對他揮舞著拳頭大吼大叫。兩人幹了一仗。「哪裡有壓迫，哪裡就有反抗！」蒂洛念出一句毛主席語錄，並捋起袖子，對我露出胳膊上一塊顯眼的傷疤來，活像北京的那種「愣頭青」。蒂洛還興致很濃地唱了幾首中國的流行歌曲，包括《我愛北京天安門》，他搖晃著腦袋，連唱帶表演的，嘴巴還一邊模仿電吉他伴奏，一臉可愛勁兒，惹得酒吧的服務小姐都忍不住笑了。

結賬時，蒂洛攔住我，執意要付錢。「劉先生，你一定要給我這個機會！」他用懇求的語氣說。

在陪蒂洛回旅館的途中，他突然提出要去附近的一家樂器店看看。他說他想買一把吉他。

在小樂器店，蒂洛一進門就盯住了掛在牆上的幾把吉他，並且取下來，一把一把地試音調弦，忙得不亦樂乎，像個十足的行家裡手。此時的蒂洛，顯然已經不再是那個總是出語驚人的漢學博士，而變成一個如癡如醉的吉他樂手了。當然，蒂洛最終一把吉他也沒選中，他在女老闆遺憾的目光注視下，心滿意足地離開了樂器店。

第二天，蒂洛就離開武漢了。他還要在上海逗留一段時間，然後從那兒回德國。

蒂洛回到德國後，通過電子郵件和我經常保持著聯繫，大多是談對我作品的閱讀感受，以及關於他那個研究課題的進展情況。12月初，蒂洛果然又到了中國，在北大做關於王充的學術報告。他在郵件裡說，這個報告對他很重要，他為此作了較長時間的準備。如果成功，他可能要在北大擔任一年的訪問學者。「這樣，我就可以更加有條件對中國文學展開深入的研究了。」

本來，蒂洛還想邀我去北京會面，受邀的還有張煒、劉慶邦先生，蒂洛曾經譯介過他們兩位的作品。但我因家事沒有成行。

現在，蒂洛在北大的講學想必結束，早已回到德國了吧？

（2004年）

回眸五七幹校

　　1966年5月7日，正值「文革」前夜，毛澤東看了解放軍總後勤部《關於進一步搞好部隊農副業生產的報告》後，給林彪寫了一封信。在這封後來被稱為《五・七指示》的信中，毛澤東要求全國各行業都要辦成「一個大學校」，這個大學校「學政治、學軍事、學文化，又能從事農副業生產，又能辦一些中小工廠，生產自己需要的若干產品和國家等價交換的產品」，毛澤東還要求學校縮短學制，「教育要革命，不能讓資產階級統治我們的學校。」1968年，黑龍江柳河幹校首次命名為「五七幹校」。從此，大批的五七幹校在全國開辦，許多幹部、知識份子和文化人紛紛被「下放」到幹校。五七幹校也由此成為了文革爆發的標誌和中國歷史上的一個特定名詞。

　　幹部和知識份子「下放」到農村、工廠，一邊勞動，一邊學習，改造自己的「主觀世界」，早在延安時期特別是毛澤東《在延安文藝座談會上的講話》發表到新中國建立後的十七年間，就已經成為中共教育幹部和對知識份子進行思想改造的重要途徑和手段，但通過興辦五七幹校確立為一種固定的組織形式，在共產黨和新中國歷史上的確是從未有過的創舉。從五七幹校創立到1979年中共中央正式宣布廢止的十多年間，究竟有多少幹部和知識份子在幹校裡接受過「鍛鍊」和改造？我們已經無從得知。隨著時光的流逝，「五七幹校」在大多數人心目中成為了文革時代孕育的一個「怪胎」，是中國知識份子繼延安整風和1957年反右

運動之後，作為獨立的思想主體遭受「洗腦」的揮之不去的噩夢，多年來，更是成為了許多人反覆傾訴和反芻的精神創傷，如楊絳的《幹校六記》、韋君宜的《思痛錄》、陳白塵的《雲夢斷憶》、《牛棚日記》和張光年的《向陽日記》，這些回憶錄形式的文藝作品呈現給我們的與其說是對幹校生活的客觀記錄，倒不如說是中國知識份子從激進意識形態下走出，回歸精英地位之後的一次集體控訴。其中包含的歷史滄桑和心靈隱痛自然是令人同情和警醒的，但這並不妨礙我們在文革結束三十年之後，對「五七幹校」這一特殊的歷史遺存進行理性的辨析，去探尋所隱藏的複雜文化意蘊。

大概因為最早發軔於軍隊，「五七幹校」一直採用的是軍事建制。每個幹校以大隊、連、排為單位，除了幹校的領導和軍宣隊是上面委派，基層單位的幹部都在「幹校戰士」中間產生，比如韋君宜和詩人李季就曾擔任過連長指導員等職務。據李季夫人李小為回憶，李季於1969年秋下放幹校，他和大部分作家、詩人的情況不一樣，是連裡最早的「三結合」幹部。李季先是指導員，後擔任連長，他除了帶頭參加大田勞動外，還要抓連隊的學習、批判，乃至食堂伙食。幹校的五連，成名早、成就大的名家最多，如冰心、臧克家和張光年等，李季瞭解他們，心裡尊敬他們，但既不能非常親近，又不能當作敵人，只能儘量安排看菜地、拔苗等輕活給予照顧，以應付軍宣隊；李季本人長期患有風濕性心臟病，鹹寧又潮濕多雨，被褥經常是濕的，但還得堅持上工。他有時會突然腰直不起來，甚至還會在大田裡突然摔倒。

當時的湖北咸寧向陽湖，是文化部「五七幹校」所在地，堪稱文化人最集中的地方。由於各人的經歷和身份不同，這些文

化人後來對這段特殊歲月的感受也就千差萬別。著名文學評論家
許覺民文革前是人民文學出版社副社長兼副總編輯,下放到向陽
湖時,已經被作為「走資派」打倒了,自然是重點改造和批判的
對象。在幹校期間,他覺得自己淪為了過去法國第三等人一般的
「賤民」,不僅不再受人尊重,而且似乎誰都可以上前踹他一
腳,經常被突然拉出來,站在田埂上接受批鬥。他和同樣被打倒
的馮雪峰等六人住一間大屋子,冬天裡革命群眾進來開會,他們
便被趕出屋,站在外面受凍。但也有不少文化人善於在這種特殊
環境中「苦中作樂」,尋找到自己的精神寄託乃至藝術靈感的。
著名畫家平野「經常在休息日獨自一人帶上畫具,走進恬靜的山
野,「與美妙的大自然進行富有詩意的對話。」有一段時間,平
野驚奇地發現,向陽湖的雲彩豐富多變,令人眼花繚亂,這是以
前在北京和外地都不曾見到過的。於是,他經過數日的仔細觀
察,用心體會,竟連續描繪出近百幅「雲的景象」,其數量之多
和價值之高堪稱個人藝術史上的一次輝煌紀錄。(參見李城外
著:《向陽湖文化人采風》,人民文學出版社2001年版)

　　楊絳也對幹校的生活有過充滿意趣的記敘:

　　　　幹校的勞動有多種。種豆、種麥是大田勞動。大暑
天,清晨三點鐘空著肚子就下地。六點送飯到田裡,大家
吃罷早飯,勞動到午時休息;黃昏再下地幹到晚。各連初
到,借住老鄉家。借住不能久占,得趕緊自己造屋。造屋
得用磚;磚不易得,大部分用泥坯代替。脫坯是極重的活
兒。此外,養豬是最髒又最煩的活兒。菜園裡、廚房裡老
弱居多,繁重的工作都落在年輕人肩上……

入冬，我們全連搬進自己蓋的新屋，軍宣隊要讓我們好好過個年，吃一餐豐盛的年夜飯，免得我們苦苦思家。

外文所原是文學所分出來的。我們連裡有幾個女同志的「老頭兒」（默存就是我的「老頭兒」——不管老不老，丈夫就叫「老頭兒」）在他們連裡，我們連裡同意把幾位「老頭兒」請來同吃年夜飯。廚房裡的烹調能手各顯奇能，做了許多菜：熏魚、醬雞、紅燒豬肉、咖喱牛肉等等應有盡有；還有涼拌的素菜，都很可口。默存欣然加入我們菜圍一夥，圍著一張長方大桌子吃了一餐盛饌。小趨在桌子底下也吃了個撐腸拄腹；我料想它尾巴都搖酸了。記得默存六十周歲那天，我也附帶慶祝自己的六十虛歲，我們只開了一罐頭紅燒雞。那天我雖放假，他卻不放假。放假吃兩餐，不放假吃三餐。我吃了早飯到他那裡，中午還吃不下飯，卻又等不及吃晚飯就得回連，所以只勉強啃了幾口饅頭。這番吃年夜飯，又有好菜，又有好酒；雖然我們倆不喝酒，也和旁人一起陶然忘憂。晚飯後我送他一程，一路走一路閒談，直到拖拉機翻倒河裡的橋邊，默存說：「你回去吧。」他過橋北去，還有一半路。

——楊絳：《幹校六記》

頗具諷刺意味的是，將這些文化人下放到「五七幹校」，原本是為了同貧下中農「打成一片」的，但由於他們各自都有一份不菲的工資，所以才能吃上楊絳記敘的那樣豐美的「宴席」，這使得他們在物質生活還極度清苦的農民眼裡，仍然是一群令人羨慕和嫉妒的「貴族」。對此，楊絳寫道：「我們奉為老師的貧

下中農，對幹校學員卻很見外。我們種的白薯，好幾壟一夜間全偷光。我們種的菜，每到長足就被偷掉。他們說：『你們天天買菜吃，還自己種菜！』我們種的樹苗，被他們拔去，又在集市上出售。我們收割黃豆的時候，他們不等我們收完就來搶收，還罵『你們吃商品糧的！』我們不是他們的『我們』，卻是『穿得破，吃得好，一人一塊大手錶』的『他們』。」

詩人臧克家於1978年出版的詩集《憶向陽》裡，有一首《向陽湖啊，我深深懷念你》，其中寫道：「向陽湖畔，／我只呆過三年光景，對它卻有著／長江一樣的厚意深情。／它是我們幹校的家，／我的新生命／在那兒誕生。」臧克家後來因此被指斥為「精神獻媚」和「極左」文人的代表。但對五七幹校持這種正面肯定態度的並不止臧一人。郭小川，這位「戰士和詩人」在五七幹校留給人們的印象也永遠是：「他在隊伍里昂頭走著，像農民一樣赤著上身，手拿著鐮刀，邊走邊使勁唱著歌。」後來寫出了《洗禮》和《思痛錄》的韋君宜也在《向陽湖紀事》中寫道：「湖上春常在，渠開水滿畦，初陽活種穀，細雨透青泥。白髮能持耒，書生健把犁，新秧隨手綠，熟麥逐人齊。足踐中華土，胸羅四海奇，掛角有馬列，引路有紅旗。坦蕩五七路，終身步不疲。」

原詩刊《主編》楊子敏也說：「我們在向陽湖幹活，絕大多數在當時都是主動地、積極的，不完全是勉強，而且從中也體會到勞動的愉快、創造的快樂。不少文化人初到農村，既不會料理自己的生活，也不懂農活，但說起來都是搞文學的，號稱『人類靈魂的工程師』，要表達農民的喜怒哀樂，卻連農民最基本的生活方式和生存狀態都不瞭解，和農民的感情怎麼交流、溝通？這

無論如何不是優點而是缺點。做了文人，並不等於就成了貴族，如果說農民一年到頭幹活受累是應該的，文人幹了三五年就是罪孽，我不同意這種認識。知識份子為什麼就不能參加體力勞動，真的就高人一等？」他還為臧克家辯護說：「他經歷了那樣的艱難困苦，仍有那樣的心境，寫出那樣高境界的詩，不是一般人能做到的。他並沒有看重個人的得失，在他的詩中找不到絲毫埋怨的痕跡，這才叫真正的精神超越。」

一方面，五七幹校被一部分人描述為對知識份子進行精神控制和「劫魂」運動的「政治集中營」，一方面又被人視為自覺接受思想錘鍊，堅定共產主義信念的大學校，其中的反差的確令人匪夷所思，又耐人尋味。

之所以出現這種情形，顯然與當時中國的思想境遇密切相關。從新中國建立開始到文革發生，政治思想運動一波接一波，從未停止過，從電影《武訓傳》討論、「胡風事件」，到反右、四清和社教，每一次運動的宗旨都是為了清除資產階級意識形態，將人們的思想統一到共產主義這面純正的大旗下面來，但效果並不像運動的發起者預先設計的那麼滿意，許多同共產主義意識形態格格不入的思想觀念，仍然在一部分人尤其是知識份子身上根深蒂固地潛伏著，特別是1958年大躍進中的「浮誇風」暴露出中共幹部隊伍存在著嚴重的官僚主義、特權觀念和非無產階級思想作風，引起了毛澤東的高度警覺。作為中國共產主義運動的最堅定、也是最熱切的推動者，他顯然意識到，對人們進行思想上的社會主義改造的重要性和艱難程度，遠遠超過制度上的創建。也因此，毛在建國十多年後，將興趣和精力由經濟建設和制度設計逐漸轉移到了思想領域，熱衷於在六億中國人的靈魂深處

「鬧革命」。

　　期望通過一場更大規模的政治運動，畢其功於一役地解決人們的思想問題，培育和造就德智體全面發展的「又紅又專」的社會主義接班人，或許就成了毛澤東發動文化大革命的最深層原因。也只有在這一背景下，我們才可能充分窺見到「五七幹校」的特殊意義。

　　毛澤東在文革後期曾經對人說，他很討厭林彪戴到他頭上的那四個「偉大」。他惟一願意接受的只是「導師」這頂帽子。的確，當過小學教師的毛澤東最感興趣的莫過於「教書育人」了，「大躍進」失敗後，他甚至對身邊人說過想退休之後去大學教書。這或許只是一種心血來潮，但也流露出他對改造人的思想的孜孜不倦的熱情。在他看來，創造一個人類歷史上從未有過的理想社會，如果不對人的思想進行改造，培育出能夠保證社會主義中國永不變色的「新人」，是難以為繼的。

　　那麼，毛澤東憧憬的是一種什麼樣的「新人」呢？他曾經在《紀念白求恩》中稱讚那位加拿大醫生「毫不利己，專門利人」，是一個「高尚的人，一個純粹的人，一個有道德的人，一個脫離了低級趣味的人，一個有益於人民的人」，並且將在燒炭中殉職的八路軍戰士張思德推崇為「為人民服務」的典範。很顯然，毛澤東還只是對這種理想人格，從道德層面上做出的一般性認定。1963年，同樣是因公殉職的解放軍戰士雷鋒為毛澤東呼喚的理想人格注入了新的內涵。雷鋒那種甘當社會主義事業的「螺絲釘」，「把有限的生命投入到為人民服務中去」和「對待同志要像春天般的溫暖，對待工作要像夏天一樣的熾熱，對待個人主義要像秋風掃落葉一樣，對待敵人要像嚴冬一樣殘酷無情」的格

言和生活態度，無疑更符合毛對社會主義新人的期待。

其實，無論是張思德，還是雷鋒，都是「革命隊伍」裡的同志，是共產黨的中堅分子，在這些「自己人」當中培育和造就一種具有堅定共產主義信念，又有高尚道德情操的理想人格也許並不很困難，困難的是如何讓其他「非革命隊伍」裡的人如知識份子認同和接受，讓「舊人」轉變成「新人」。自己也曾經身為知識份子的毛澤東明白，他們大概是所有人群中最具有獨立思想，同時也最不容易放棄既有價值立場，將自己融入和「消失」到集體合唱隊伍的一類人，是革命的「同路人」，甚或還是「異己份子」。

在1942年的延安文藝座談會上，毛澤東曾對當時的一批文藝精英說：「我們有許多同志還不太清楚無產階級和小資產階級的區別。有許多黨員，在組織上入了黨，思想上並沒有完全入黨，甚至完全沒有入黨。這種思想上沒有入黨的人，頭腦裡還裝著許多剝削階級的髒東西，根本不知道什麼是無產階級思想，什麼是共產主義，什麼是黨。」因此，「必須從思想上組織上認真地整頓一番。而為要從組織上整頓，首先要從思想上整頓，需要展開一個無產階級對非無產階級的思想鬥爭。」他還以自己的經歷現身說法：「我是個學生出身的人，在學校養成了一種學生習慣，在一大群肩不能挑手不能提的學生面前做一點勞動的事，比如自己挑行李吧，也覺得不像樣子。那時，我覺得世界上乾淨的只有知識份子，工人農民總是比較髒的。知識份子的衣服，別人的可以穿，以為是乾淨的；工人農民的衣服，我就不願意穿，以為是髒的。革命了，同工人農民和革命軍的戰士在一起了，我逐漸熟悉他們，他們也逐漸熟悉了我。這時，只有在這時，我才根本地

改變了資產階級學校所教育給我的那種資產階級的和小資產階級的感情。這時，拿未曾改造的知識份子和工人農民比較，就覺得知識份子不乾淨了，最乾淨的還是工人農民，儘管他們手是黑的，腳上有牛屎，還是比資產階級和小資產階級知識份子乾淨。這就叫做感情起了變化，由一個階級變到了另一個階級。」

在這篇後來被人反覆引用的著名演講中，毛澤東特別提到了思想改造的重要性。到了1966年，當毛澤東意識到此前開展的歷次政治思想運動都事倍功半，他便開始尋求通過「文化革命」這種更加激烈的的形式，來促使那些思想上仍然在無產階級和非無產階級之間徘徊不定的知識份子乃至黨的幹部們徹底地「脫胎換骨」。於是，「五七幹校」以及後來的知識青年「上山下鄉」接受貧下中農再教育，便合乎邏輯地成為了實現這一目標的「新生事物」。1961年1月，毛澤東在為江西共產主義勞動大學成立三周年寫的一封信中說：「你們的事業，我是完全贊成的。半工半讀，勤工儉學，不要國家一分錢，小學、中學、大學都有，分散在全省各個山頭，少數在平地。這樣的學校確是很好的。在校的青年居多，也有一部分中年幹部。我希望不但在江西有這樣的學校，各省也應有這樣的學校。各省應派有能力有見識的負責同志到江西來考察，吸取經驗，回去試辦。」而這種五七幹校的雛形，似乎可以看作是1958年以後在中國確立的工、農、商、學、兵合為一體的「人民公社」制度的進一步延伸。

從毛澤東對五七幹校提出的要求來看，學員們除了參加生產勞動，還應該「從事群眾工作，參加工廠、農村的社會主義教育運動，又要隨時參加批判資產階級的文化革命鬥爭」的，即需要從肉體和靈魂上得到「改造」。實際上，在幹校裡誠心誠意地進

行自我改造的也的確不乏其人，前面提及的郭小川、臧克家是如此，張光年也是如此。在幹校中，張「脫胎換骨」的自覺性到了「令人刮目」的地步——愛人來信，他主動上交給政工組審查；集體背糧，他非要比人多背上二十斤⋯⋯他還一頭鑽進了馬克思列寧主義的著作之中。他在《向陽日記》的引言中寫道：「反覆溫習馬克思主義經典著作，有時發現過去實際上未曾讀懂的地方，特別是發現同當前怪現象怪言論頗有針對性的地方，獨自拍案叫絕！讚賞之餘，不免同以往堅持的東西、當前學習的東西對照一下。深夜自省：哪些是真經，十分寶貴；哪些是臆斷，值得懷疑。」狂熱的政治熱情和理性的反思彼此交織和衝突，形成了「五七戰士」在這個特殊的學校裡經受身體和精神上雙重磨礪的突出表徵，也勾勒出了20世紀六、七十年代中國知識份子的一種普遍生存狀況。

五七幹校的誕生，使毛澤東在他和知識份子之間建立起了一種微妙的關係。知識份子作為被改造的對象，變成了一群特殊的學生，而毛作為中國馬克思主義的宣諭者，則成為了最具權威性的教師（對於這樣一種「師生關係」，文革結束後，不少知識份子耿耿於懷，經常以高學歷和大學教授的優越感對只有師範生學歷、在北大當過旁聽生的毛加以貶斥和嘲弄）。知識份子將按照他的教導使自己從小資產階級的立場完全轉變到無產階級的立場上來。而要實現這種轉變，的確是一個艱難而痛苦的過程。作為「教師」，毛澤東要求他們首先向工農大眾學習，不僅要參加勞動，還要從生活習慣和趣味上努力接近後者。這被視作他們進入無產階級隊伍的一門「必修課」。

在毛澤東的詞典中，「勞動」和「人民」始終是兩個神聖

的詞彙，「卑賤者最聰明，高貴者最愚蠢」，在這道律令面前，知識份子必須無條件地做一名「小學生」。這樣的價值信條，對知識份子無論從感情還是理性上也許都是難以心悅誠服地領受的。但它絕非毛澤東的個人癖好，從馬克思到歐洲早期的烏托邦主義、社會主義者，以及十九世紀俄羅斯的民粹主義者，都將對底層勞動者的尊重看作是消除剝削等級制度、追求社會平等和公正的一個舉足輕重的砝碼。而毛澤東社會主義的一個重要目標，就是將全體人民塑造成「有理想、有覺悟的社會主義勞動者」。甚至連「五七幹校」這種半工半讀的形式也不是毛首創。作為「非暴力不合作運動」創立者和印度國父的聖雄‧甘地，其創建的「真理靜修院」，從形式和內容上似乎都與「五七幹校」頗為近似。

靜修院原本是藏傳佛教和印度教教徒修行的地方。甘地創立的這座真理靜修院（the Satyagraha Ashram），也譯為「薩提亞格拉哈靜修院」、「非暴力抵抗學院」、「真理學院」，是培養「非暴力戰士」的場所，形式上像個農場，人們同吃、同住、同勞動，並像宗教信徒那樣一邊修身養性，研讀非暴力的信條。甘地還為這些研習者撰寫了一篇《真理靜修院院規》，從「真理」、「非暴力和愛」、「禁欲和貞潔」、「不佔有或清貧」、「生計勞動」、「奉獻和自我犧牲」等十六個方面進行了詳盡的論述。他在陳述從事勞動的必要性時說：「如果每個人無論貧富都參與某種形式的身體鍛鍊，為什麼不能是生產形式的鍛鍊，如體力勞動？沒有人會要求耕種者作呼吸練習，或鍛鍊他的肌肉，況且十分之九以上的人類在土地上勞動。如果剩下十分之一的人以絕大多數人為榜樣，至少為了食物而從事體力勞動，那麼世界

將會變得更加幸福、健康而平安。如果這些人助農民一臂之力，將會緩解農業生產的艱辛。如果每個人都認同為生計而勞動是一種義務，那麼不公平的等級差別也就會被廢除。」他在談到「奉獻」時說：「奉獻是一天二十四小時都要履行的義務，或者要給予的義務。無私地為他人服務，獲益的不是他人，而是我們自己。此外，我們所有的人，包括道德高尚的人都要把自己的資源奉獻出來，與整個人類分享……重要的奉獻一定是為最大範圍的最大多數人謀福利，並能讓最大多數的男女以最小的代價參與的行為。」

甘地所羅列的這些信條大多出自於婆羅門教和《薄伽梵歌》，同時也糅進了托爾斯泰主義的某些觀點，如節儉、親近土地、克己奉公、從事體力勞動和勿以暴力抗惡等等，從中可以看到古希臘斯多葛主義和中國道家創始人老子的影響痕跡。而無獨有偶，在十九世紀的俄羅斯，也曾經有一批反對私有制、志趣相投的青年自發成立了類似的組織「托爾斯泰墾殖隊」。在這個墾殖隊中，人們一邊學習托爾斯泰的學說，一邊像農民那樣從事自及自足的勞動，所得財產完全歸公。後來，同樣的墾殖隊還擴展到了美國、荷蘭和英國，成為一股引人注目的潮流。（參見艾爾默·莫德著，徐遲譯《托爾斯泰傳》，北京十月文藝出版社2001年版）從中，我們不難發現它們與五七幹校之間存在著某種約隱約現的聯繫。撇開其宗教文化和意識形態背景的差異，它們所標舉的諸如節欲、重視體力勞動、反對私有制和特權等級制度、追求社會平等和革除私心雜念等觀念幾乎一脈相承。儘管托爾斯泰、甘地的學說和毛澤東崇尚階級鬥爭的馬克思主義觀是大相徑庭的，但他們在通過勞動改造人的精神世界和重塑人性這一維度

上，竟不約而同地走到了一起。這不能不說是世界思想史上的一個奇跡。

同樣作為思想家的托爾斯泰、甘地和毛澤東，雖然他們都對資本主義體系之下弱肉強食、爾虞我詐的人類境遇倍感失望和深惡痛絕，但各自選擇的反抗途徑卻是南轅北轍的。托翁和甘地主張通過內心的宗教反省，以根除人性中的自私本性，從而逐步改善世界的生存狀況，而信奉馬克思主義的毛澤東，畢生追求的是在改造主觀世界的同時，改造客觀世界，醉心於通過急風暴雨、轟轟烈烈的階級鬥爭，來打造出一個「寰球同此涼熱」的大同理想世界。即便他們各自創立的五七幹校和真理靜修院、托爾斯泰墾殖隊，在「改造」方式的差別上也迥然有別。真理靜修院和托爾斯泰墾殖隊的學員或參加者，是由創立者招募或自發成立的一批具有共同信仰的人，前提是自覺自願；而五七幹校是由發起者利用國家權威動員和強制「安排」的結果，當然，其中也不乏有人主動報名，甚至還有人因自己到幹校學習和鍛鍊的申請沒能獲得批准而痛哭流涕（見陳虹《中國作家與「五七幹校」》），大多數人則是出於政治壓力被迫參加的，帶有相當程度的懲誡成分。所以五七幹校後來被許多人指控是一種變相的勞改和流放。但事實顯然並非全然如此。在當時，五七幹校實際上成了國家選用幹部和「人才」的主要途徑，不少幹部和知識份子在幹校經受「鍛鍊」之後，便以「新人」的面目重返工作崗位，並且得到了提拔和重用。曾經參與創辦《讀書》雜誌的老出版家範用於1969年下放到向陽湖五七幹校，兩年後便「幸獲解放」，回到北京「抓馬列著作的出版發行」，而到了1973年，「五七戰士」們也大都以不同的方式分期分批、陸陸續續「歸隊」。曾經喧騰一時

的五七幹校很快便人去屋空了。

如果說五七幹校和真理靜修院、托爾斯泰墾殖隊的建立皆源自於創設者對真理的詢喚熱情，那麼，它們的參與者必須對這一「真理」具有發自內心的體認和渴求，任何強制的手段非但不能讓參與者接近真理，反而可能會使人們出於對自我價值的捍衛而遠離它。笛卡爾說「我思故我在」，尼采狂熱地疾呼「上帝死了」，原因皆出於此。但真理不可能像每天的日出那樣自動到來，它需要人通過覺悟和學習方可獲得。所以甘地才說：「我們的所有活動應該圍繞真理展開。真理是我們生命的真正力量。一旦追求真理達到了這一境界，所有正確的生活原則就會自動到來。那時，服從原則就會成為本能。但如果沒有真理，就不可能遵守生活中任何原則或規則。」在此，甘地闡明了真理對於人類的重要性。所以他將真理、知識和神置放在同一範疇來討論。然而，即便再偉大的真理，也不能強迫人去接受，神也沒有這個權力，否則就可能導致對個體權利的侵犯。這也是甘地和托爾斯泰終身信奉「非暴力抗惡」的原因，也是真理靜修院和托爾斯泰墾殖隊遵循的基本原則。

但毛澤東的五七幹校顯然沒有遵循或者僭越了這個原則。他動用了即使神也不輕易動用的權柄，強迫人們進行思想改造。有人曾經指出毛澤東是一個「唯意志論者」，毛的確是相信人的主觀意志力量的。但他同時又相信文化對人的制約和統御力量，並且喜歡區分和甄別好的文化和壞的文化、舊的文化和新的文化對人的不同影響。正因為如此，毛堅信通過對人主觀世界的改造，可以在破壞那些「舊」的和「壞」的文化之後，創生出一種好的新的文化，而這對他立志建立一個人人平等、不再遭受壓迫

和剝削的理想社會是至關緊要的。正如他在《新民主主義論》中所說：「新民主主義的文化是大眾的，因而即是民主的。它應該為全民族中百分之九十以上的工農勞苦民眾服務。」為了建設這樣的新文化，毛旗幟鮮明地宣稱：「我們要革除的那種中華民族舊文化中的反動成分，它是不能離開中華民族的舊政治和舊經濟的；而我們要建立的這種中華民族的新文化，它也不能離開中華民族的新政治和新經濟。」這位寫出過《矛盾論》的辯證法大師可能沒有意識到，按照他提出的「矛盾在一定條件下可以互相轉化」這一原理，所謂「新」和「舊」的文化只是相對的，它們在不同的社會條件下也會發生變化。這似乎為他去世後中國社會發生的戲劇性變革埋下了伏筆。

正因為毛澤東對文化的如此強調，他畢生都十分重視教育的重要性，並且才樂於以「教師」自居。在這一點上，毛同那個被他批得體無完膚的孔夫子其實是頗為接近的。實際上，毛澤東早在青年時代，就嘗試過五七幹校這種半工半讀的形式。1918年6月，受歐文的空想社會主義、日本武者小路的「新村運動」、克魯泡特金的互助主義、托爾斯泰的泛勞動主義以及當時廣為流傳的「勞工神聖」、「與勞動為伍」等觀念的影響，毛澤東、蔡和森等人一起跑遍嶽麓山，想找一個適合建立新村的地方。之後，毛還多次表示想把學校、家庭、社會結合為一體，建立一種「人人作工，人人讀書，人人平等」的新社會生活。他在《湖南教育》月刊上撰文說：「舊日讀書人，不預農圃事，今一邊讀書，一邊工作，以神聖視工作焉，則為新生活矣。」又說：「此新村以新家庭、新學校及旁的新社會連成一塊為根本理想。」這種「新村」，實質上是一種社會政治模式，它將學校、家庭、社

會三者聯結，逐一擴大，從而完成人與社會改造的同一性。1920年，毛再次提及建立新村，他在給周世釗的信中說：「我想我們在長沙要創造一種新生活，可以邀合同志，租一所房子，辦一個自修大學，我們在這個大學裡實行共產主義的生活」，「這種組織，也可以叫做『工讀互助團』。」

其實，受「工讀互助」和「新村運動」影響的並不止毛澤東，在中共第一代領導人當中不乏其人。新的研究資料表明，最早提出在中國實行「公社」制度的並不是毛澤東，而是劉少奇。1958年4月，在赴廣州的火車上，劉少奇與周恩來、陸定一（時任中宣部部長）、鄧力群閒聊，「吹半工半讀，吹教育如何普及，另外就吹公社，吹烏托邦，吹過渡到共產主義」，在中共八大二次會議上，劉少奇又講了半工半讀與生活集體化，並要北京和天津先搞試驗。1958年6月14日，在同全國婦聯黨組成員談話時，劉借談婦女解放問題之機，建議普遍建立公共食堂，在同一場合，劉還透露了他之所以如此熱衷生活集體化的動機，即他認為中國已經具備了空想社會主義者所不具備的條件，可以實現歐文等人的未竟之業，而在其年輕時，歐文等人的新村試驗的材料，曾經對他產生過「很大的吸引力」。（詳見李曉紅：《大躍進時期劉少奇求實精神探析》，《河南大學學報社會科學版》1996；譚炳華：《劉少奇的調查研究與「七千人大會」》，《湘潭師範學院學報社會科學版》，2000；薄一波：《若干重大決策與事件的回顧》，中共中央黨校出版社，1993年版）

瞭解到這一歷史背景，我們也就不會對人民公社制度和五七幹校先後在全中國迅猛地推行開來感到奇怪了。當然，在五七幹校的實踐中，毛澤東已經遠遠不再滿足於僅僅在幾個志同道合的

青年人中切磋理想，尋求真理，而是推廣到廣大知識份子和幹部隊伍。他樂觀地預期，通過這種形式，一種全新的共產主義思想和文化將在全體人民心中紮下根來，並使黨的幹部和知識份子隊伍真正馬克思主義化。

然而，毛澤東或許沒有料到的是，他這種試圖讓每個人接受同一性思想的強制努力，受到了許多知識份子的強烈抵制和抗議。

一開始，知識份子抗議的也許並不是共產主義意識形態本身，而是它們作為精神主體的獨立性所招致的威脅和剝奪，甚至還有知識份子與生俱來的那種不甘於屈從政治權威和思想專制的清高和自尊。更何況，「五七戰士」們對某些幹校管理者濫用權力，特別是在清查「5.16分子」期間大搞審查、逼供、乃至學員們之間的互相揭發越來越生厭。

在這一點上，詩人牛漢寫於「牛棚」（這是八十年代以後知識份子對「五七幹校」普遍採用的一個戲虐式稱謂）的一首題為《半棵樹》的詩頗有代表性：

> 真的，我看見過半棵樹／在一個荒涼的山嶽上／像一個人，為了避開迎面的風暴／側著身子挺立著／它是被二月的一次雷電／從樹尖到樹根，齊楂楂劈掉了半邊／春天來到的時候／半棵樹仍直直地挺立著／長滿了青青的樹葉
> 半棵樹／還是一整棵樹那樣高／還是一整棵樹那樣偉岸／人們說，雷電還要來劈它／因為它還是那麼直那麼高／雷電從遠遠的天邊就望到了它

「半棵樹」，這也許是相當一部分知識份子對自己在五七幹校生活的真實寫照。由於被迫放棄了獨立思想和守護異見的權利，身為知識份子的他們覺得自己不再是一個完整的人了。其中的怨懟和悲憤可謂躍然紙上。

多年後，纏綿於病榻的韋君宜還曾經發出過這樣的感慨：「五七幹校，這實在是個奇妙的地方。有的人想起它就感到無限溫暖，有的人卻提到它就氣忿填膺。你說它不好，那時大家寫了多少真心歌頌它的詩。你說它好，最後這些寫詩的人卻又竭力想辦法要離開這裡。不止今天出現這些矛盾思想，就在當時，又何嘗不如此？」韋君宜的話也許稱得上是一種反思後的反思。

意識形態的藩籬之內在滋生謬誤的同時，也蘊藏著催生真理的種子，如同宗教的苛刻教條裡面也蘊藏著人心求真向善的普世情懷一樣。歷史的悖論和複雜性也許正在於此。在五七幹校後期及至文革終止以後，一股類似於歐洲啟蒙運動和文藝復興的思潮便在中國大地上濫觴開來，並且開創了一個以人的主體性復甦和思想解放為標誌的「新時期」。個人主義和自由主義成為了新的時代主流。1990年代後，隨著市場經濟的啟動，西方資本主義的價值建構被許多知識份子認定為將中國納入世界主流文明的標誌。20多年來的改革也正是沿著這條路徑不斷向前推行的一個過程。然而，如果認為對個體自由的伸張和資本市場的確立就可以消弭人類探尋真理的熱忱和對於理想社會的嚮往，則不免會陷入另一種極端的泥淖，人性的貪婪和墮落就可能冠冕堂皇地以自由的名義大行其道，從而對人類文明構成新一輪的毀損。作為以探求真理為己任的知識份子，只有將對獨立思考的權利的捍衛與對傳統思想資源的不斷發掘和新的思想領域的掘進置於同等視閾，

才可以履行好這份義務，否則就會墮入歷史虛無主義的淵藪難以自拔。

　　作為一個對五七幹校沒有親身體驗的人，在文革結束整整三十年之後來做這樣一篇文章，我深感有些力不從心。好在我無意於對歷史作出是與非的判定，我確信的是：從善惡對立和人道主義的角度出發審判歷史，常常會顯得蒼白乏力，並且絲毫無助於我們廓清歷史的複雜面目。

　　對毛澤東和文革的評價也是如此。毛的社會主義也許的確失敗了，但歷史並沒有終結。「全球化」不僅沒能像一些人想像的那樣為我們提供一份通向自由和諧之路的理想藍圖，反而使國家與國家，地區與地區以及人與人之間的衝突更為緊張了。帝國資本的無限擴張在對全球自然資源和民族文化的掠奪和宰製日趨嚴重的同時，也對那些處於受控制地位的社會共同體成員構成了新的壓迫。如果「自由」不是指一部分掌控了政經資源的集團和個人的恣意放縱，其完整含義還應該包括公正、平等和健康的人性，對全體社會成員負有責任的話，那麼，我們就有必要對迄今為止人類的所有政治經濟行為做出新的檢省和重估。這不是簡單的二元判斷，而是一種彼此滲透或剔除、類似於地質工作者式的思想勘探。它的目光既是前瞻的，也應該指向那些業已被封存的歷史「冷凍庫」。這顯然需要具備一種超越意識形態成見的通達胸懷和探索人類生存多種可能性的充沛激情。

　　就今天的中國而言，對姓「資」和姓「社」固然可以存而不論，日益加深的社會矛盾也可以被當作改革必須付出的「成本」，但顯然都難以遮蔽人們對於自身歷史記憶和文化認同感喪失之後所帶來的集體性恐慌和焦慮；同樣，對傳統意識形態的摒

棄，也規避不了一種新的意識形態霸權正在對大眾精神生活構成深度羈押的事實。

就此而言，資本主義並非歷史的終點，社會主義也不是一具僵死的木乃伊。愛因斯坦曾經在《為什麼要社會主義》一文中說：

「依我之見，真正的罪惡之源就在於今天資本主義社會的經濟無政府狀態。我們看到一群龐大的生產者，相互之間不停地力圖剝奪集體勞動的成果——不是憑藉暴力，而是一起恪遵法律制定的規則。認識到這點很重要，即生產消費產品及追加的資本品所需要的生產能力在法律上可能是（大部分而言其實也是）個人的私有財產。……我深信要清除這些深重的罪惡只有一條路，就是建立社會主義經濟制度，同時建立一套導向社會目標的教育體系。在這樣的經濟制度中，生產資料歸社會本身所有，並制定計畫來使用社會化的生產資料。調整生產以適應社會需要的計畫經濟會把工作分配給所有有能力勞動的人，也會確保每個男人、女人、小孩的生計，對個人的教育，除增進他天生的能力外，還要培養他對同胞的責任感……」

這位創立「相對論」的偉大科學家的話並不是真理，甚至在一些人看來也是陳腐之見，但誰能否認其中蘊含著他對理想社會的探求熱忱呢？

（2006年）

我們怎樣敘述底層

　　近兩年，「底層」正在成為一個頗受關注的話題，從知識界、文學界到大眾媒體，都能聽到這個很久以來幾乎被遺忘了的詞彙。但除了「底層」所蘊含的諸如弱勢群體、農民、下崗工人等特定的敘說對象，不同的文化人群面對這一概念時的認知角度似乎又存在著明顯的差異，例如社會學家、經濟學家和政治學者眼裡的底層，一般都與「三農」、國企改制、利益分層及體制弊端等公眾關心的社會問題聯繫在一起，寄寓著明確的意識形態焦慮；而人文學者、評論家和作家藝術家眼裡的底層，則往往伴隨著對社會公正、民主、自由、平等以及貧窮、苦難和人道主義等一系列歷史美學難題的訴求。因此，可以毫不誇張地說，底層問題在今天的浮出水面，實際上折射出當前中國社會的複雜形態和思想境遇。作為一個文化命題，它也絕非空穴來風，而是上世紀90年代繼人文精神、自由主義與「新左派」論爭之後又一次合乎邏輯的理論演練和進一步聚焦。

　　然而，承認底層問題對啟動知識界對於社會現況的關注熱情，並不能掩蓋其中存在著的某些認識論誤區。正如有人指出的，「底層」最初語出於葛蘭西的《獄中箚記》，「它首先是作為一種革命力量而存在的」。而作為一個前社會主義概念，在經典馬克思主義理論家的敘述框架下，它始終同無產階級、工農大眾、階級鬥爭以及共產主義革命相生相伴，植根於人類對不平等社會等級制度的顛覆和反抗衝動，與資本主義價值體系是尖銳對

立的。

很顯然，作為底層主要敘述對象的工人和農民，也是一個不斷發展變化著的歷史性概念。葛蘭西曾經指出：「在資本主義還比較落後的國家裡，如俄國、義大利、法國和西班牙‧城鄉之間，工人和農民之間存在著明顯的差別。在農業方面，保留著純粹的封建經濟關係以及相適應的心理狀態。現代的自由資本主義國家的觀念在這裡還沒有廣泛地為人們所瞭解，經濟和政治設施還沒有被看作是歷史範疇（這些範疇有其初始階段，經過一定的發展階段，當它為人們的共同生活的更高形式創造條件之後將會消失），而被看作是自然的、永久的和不變的範疇。因此，農民的心理依舊象農奴的心理一樣，在一定條件下會憤怒地起來反抗『地主』，但不會把自己看作是集體（即私有者所理解的民族，無產者所理解的階級）的一員，不會採取系統的和經常的行動來改變共同生活的經濟和政治條件。」這種情況直到共產主義運動出現後，產業工人和貧苦農民成為了「先鋒隊」和「先進階級」。

但在當下的敘說中，不少人有意無意地忽略和擱置了這一歷史情境，將「底層」抽空、簡化為古典人道主義或普遍主義的修辭，變成了一種抽象的、被動的能指，一個外在於我們的他者。正所謂「底層出場的同時，階級退場了」，而且隨之被「階層」、「弱勢群體「、「困難人群」和「地位」、「身份」等一些精心修飾過的詞彙所替代。這固然同人們深陷於所謂歷史終結和全球化的新自由主義認知框架，失去了對人類生存多樣化及其可能性的探求熱情有關，但任何現實的必然性都不能取代歷史的或然性，如果人們對世界進行描述與「合法化」求證的興趣，完

全代替了對存在進行不斷去蔽和發現的努力，那麼，任何一種思想行為就難以避免地會蛻變為一場凌空蹈虛的話語遊戲。

最近看到威廉‧雷蒙斯的《關鍵字——文化與社會的詞彙》一書，他通過對一些「關鍵字」的仔細梳理，解讀出背後潛藏著充滿歧義的政治和社會文化思潮流變，就頗能給人以啟迪。陸建德在評述這本書時說：「如果人文學者只顧埋頭『窮盡學理』，對詞語背後的政治學和利益懵然無知，那是很可悲的。」的確，任何概念在使意義得以豁顯並出示新的標準的同時，往往又意味著某種獨斷式的簡化和覆蓋。正是從這個意義上，我們認識到，前面提及的那些中性的、刻意祛除了意識形態色彩和歷史感的表述的廣泛使用和默認，實際上是人們對現存秩序的無條件認可及任何懷疑企圖的一種放棄。

遺憾的是，這樣的情形正在成為習焉不察的事實。比如現在一些人談論底層，不是注重於從相關歷史縫隙中搜尋和打撈出那些被遺忘的思想碎片和面容，加以認真的辨別，並賦予其現實指涉的功能，或者即便描述歷史，也只是停留於對其進行道德與政治的指控或滑稽戲仿，而作為文化的、社會的、歷史的乃至政治的人同特定現實語境的複雜糾結和粘連，卻被連根斬斷了。

從文藝範疇來考察，這也許就是前些年李陀先生提出對80年代以來形成的「純文學」觀念給予重新反思的理由之一。作為中國新時期最早鼓吹「現代派」的代表人物，李陀一改初衷地呼籲文學把目光從「純文學」的狹小寫字間，重新投向斑駁複雜的現實場景和社會進程，這本身就是耐人尋味的。當然，也有學者對這種觀點提出質疑，為純文學進行辯護，但辯護者將李陀對文學重新介入現實的籲求理解為只是關注底層，改革中出現的問題，

或者只是「『新左派』或『新右派』們關注的社會問題」的話語權之爭，擔心文學成為「社會學的調查報告，新聞紀錄片的解說詞，直抒胸臆的雜感，網路發牢騷的貼子……」，從而對「文學性」構成損害。這種提醒也許是必要的，但其中顯然存在著某種誤讀。以我的理解，所謂文學參與或介入現實，不能僅僅理解為將底層和現實題材作為敘述對象，而應該是指在敘述過程中，通過文學的方式體現出創作主體的思想投射和發現。正如吳曉東所說，「關於文學性的言說其實也脫離不開歷史語境，離不開歷史的大的語境對文學位置的制約。邊界肯定不是唯一的，也不是確定的。不能把文學處理成內部自足的東西，它必須和外部進行對話。」可事實上在當代許多作品中，「人」常常被描述成在一種與外部世界不發生歷史聯繫的情境下，受著欲望和日常生存層層羈絆的生物性符碼，當「苦難」和「底層」獲得了某種具有普泛性的所謂純文學品格，被抽象化或「內心化」之後，固然能夠產生一種「恆定」的藝術價值，但這種現代主義的美學嗜好，對我們探究人與現實世界面臨的複雜境遇及其可能性，究竟有多大意義呢？

對此，蔡翔、薛毅等人關於底層以及「純文學」的相關文章和對談，對其中的語義含混現象給予了具體的辨析。蔡翔坦言，包括他本人在內的諸多敘述中，底層也許摻雜著知識份子內心深處揮之不去的文化精英主義與平民主義互相纏繞的情結。也就是說，我們現在面對的只是一個被知識者敘述出來的「底層」，真實的底層仍然處於一種匿名的狀態。正因為如此，關於底層的敘說就顯得遊移不定、閃爍其辭。在文學研究和創作中，文學性也經常被解讀為一種封閉，回避同其他社會話語發生對流和碰撞的

固定模式。

在精英主義幾乎一統天下的語境下，處於弱勢地位的底層或許難以產生自己的代言人，「被敘述」註定是它擺脫不掉的宿命。那麼，真實的底層究竟在哪兒？如果知識精英不能改變雄踞話語中心和高高在上的優越感，陶醉在中產階級文化編織的話語譜系中流連忘返，不能將所謂「對靈魂的憂慮」和「對世界的憂慮」置於同等視域，我們可能就不僅不能有效地走近底層，反而在理智和情感上與之南轅北轍，日益隔膜。

儘管如此，蔡翔在一篇發表於1995年的散文《底層》中的描述，仍然有助於加深我們對這一概念的體認：

「對我來說，底層不是一個概念，而是一道搖曳的生命風景，是我的來處，我的全部的生活都在這裡開始。我常常在午夜醒來，默默傾聽我的少年時代從窗外悄悄走過。」「然而有一天，革命開始兌現它的承諾，我們搬進一個巨大的新村。我看見無數高樓林立，嶄新的學校，嶄新的商店，我們在嶄新的馬路上發瘋似地追逐。在那一刻，在我的少年時代，我們真誠地唱著：社會主義好！」「我的少年時代就是在這樣的神話中走過，儘管我們貧窮，但是無怨無悔。許多年過去了，革命似乎成了一個遙遠的記憶，底層仍然在貧窮中掙紮，平等和公正仍然是一個無法兌現的承諾。舊的生活秩序正在解體，新的經濟秩序則迅即地製造出它的上流社會。階層分化的事實正在今天重演，權力大模大樣地介入競爭，昨天的公子哥兒成了今天的大款大腕大爺，他們依靠各種權力背景瘋狂地掠奪社會財富。權力和金錢可恥地結合。『窮人』的概念再一次產生……」

近10年後重讀這樣富於體驗性和情感色彩的敘述，依然能夠

使人產生一種怦然心動的感覺。這或許正是一些人士提出重新正視「社會主義遺產」的緣由所在。應該承認，在過去的20世紀，席捲全球的社會主義思潮在給人類帶來諸多創傷的同時，也創生出了一種新的道德評價體系，並且對被視為普世準則的資產階級價值觀提出了挑戰。作為一種狂飆突進的政治實踐可能是失敗了，可它畢竟為我們在以不平等為天然倫理秩序的壁壘之外尋找新的生存依據提供了前所未有的啟示和震撼，這決非僅僅以人道主義的激憤給予所謂徹底否定和清算就能輕而易舉打發掉的。因為，長期被特權階層用一種俯就姿態敘述著的中國底層階級，正是通過社會主義實踐頭一次走到了歷史的前臺，從配角變成了主角，從被敘述變成了敘述的主體。他們不再只是作為「被啟蒙者」的身份，而開始以主人翁的姿態參與到創造歷史的主流中。「他們是革命的主要骨幹，是無產階級進攻部隊的鋼鐵營，這個營將以不可阻擋的攻擊力掃除自己道路上的一切障礙……共產主義——這是他們的文明，是他們藉以獲得真正的個性和尊嚴、真正的文化並使自己成為進步和美的創造者的歷史體系。」（葛蘭西：《工人和農民》）

這對既定社會秩序的確是一種粗暴的、充滿「破壞性」的、徹頭徹尾的革命。而這種以異端和激進為主要特徵的革命，勢必會帶來與之相適應的美學形式。在文藝領域，它們被稱為無產階級革命文學、社會主義現實主義或者革命現實主義與革命浪漫主義相結合的創作方法，等等。這些「革命文學」（或稱左翼文學）同傳統的審美形態相比，在藝術上或許有些幼稚、粗陋和簡單，不那麼精緻和「高級」，甚至是排斥「多元化」的，但他們從語言、敘述立場、文化趣味上，無疑是鮮活、樸素的、生動

的，是直接從底層和人性內部迸發出來的。它們是一個長期被壓迫和忽略的階級在美學上的集體亮相和對傳統藝術格局的決絕突圍。因而，這些作品中的人物既是一個個具體的個體，又不僅僅是孤單的個人，始終帶著鮮明的階級和歷史烙印。在蘇俄，從高爾基的《母親》、《在底層》，到蕭洛霍夫的《靜靜的頓河》、《待開墾的處女地》，在中國，從30年代柔石的《為奴隸的母親》、蔣光慈的《少年漂泊者》、蕭軍的《八月的鄉村》到艾青的《大堰河我的保姆》，從四十年代趙樹理的《小二黑結婚》、《李有才板話》，李季的《王貴與李香香》、丁玲的《太陽照在桑乾河上》到新中國建立後柳青的《創業史》、周立波的《山鄉巨變》和浩然的《豔陽天》等等，都可以看作是這種具有鮮明階級特徵的「底層敘事」不斷強化和擴張的一個連續過程，並且逐步構建起了一整套新的「美學原則」，這種美學原則獨立於根深蒂固的資產階級文化秩序之外，在相當長的時段裡對由學院、知識份子壟斷的文學等級觀念構成了強有力的冒犯。

如果我們只是著眼於革命文學寫作曾經作為一種「工具」依附於特定政治理念的歷史局限，而忽略了在實踐過程中逐步形成的一種具有獨立文化形態的審美品性，顯然是難以完整客觀地評估其文學史乃至社會歷史價值的。張煒最近發表在《上海文學》並引起爭議的《精神的背景》一文，就試圖對五六十年代文學進行重新評價。實際上，這種努力也出現在其他一些年輕學者的著述中，但對於主流知識界而言，這種聲音仍然顯得微弱。因為眾所周知，新時期以來的文學理論和創作實踐，恰恰是沿著一條對整個革命文學進行顛覆和否定的路徑運行的。這種顛覆和否定，在80年代經由文學的主體性和現代派討論逐步完成，一直到90年

代的後現代主義思潮，中國的當代文學實現了從形式到內容的脫胎換骨。較之革命文學之前，這種轉向或斷裂更徹底，甚至越來越變得神聖不可侵犯，堪稱一場聲勢浩大的「美學起義」。在一篇曾經產生廣泛影響的詩學論文中，也被稱之為一種「新的美學原則」。新的美學原則崛起之後，作為敘述主體的「底層」黯然退位了，其一度清晰的面目再度變得模糊起來。或者說，它又回到了「被敘述的」那個語焉不詳的位置，在牢固確立的當代文學格局當中，它重新變得無足輕重，甚至成為了某種備受貶斥和嘲諷的對象。

的確，在世界經濟一體化的趨勢之下，文學和文化必將融入到這種大合唱般的話語狂歡中間去，這差不多成了當今大多數人的普遍共識。在這股時代主流的衝擊下，任何異質的、另類的、懷疑的聲音似乎都顯得微不足道。茨威格半個多世紀以前在《異端的權利》一書中，曾經為持不同宗教和文化信仰者主張合法權利發出了痛切的呼告。但警惕和辨認政治專制也許是容易的，對於異端思想實行壓制和排斥的隱蔽的話語霸權或文化殖民，卻並非總是一目了然。相對於前者，它可能更容易讓人在一種無休無止、類似於軟型飲料的品啜中昏昏入睡，逐漸放棄守護異見的權利。

在當前語境下，知識份子越來越成為中產階級意識形態的構成部分。按照《夢幻與現實——中國中產階級手冊》一文的描述，中國社會已經迅速變成權貴資本的社會，一群雄心勃勃、能力超群的中國精英全面出山，他們就是近年來大量湧現在北京、上海和廣州等繁華都市、有著商業頭腦和全球意識的年輕的「中國精英」。他們越來越多地關注自己的個人生活和興趣。他們和他們的50年代完全不同，那一代太關注國事、天下事而忽略了自

已的生活。很顯然，中產階級文化已然成為一種主流意識形態，其所代表的利益共享和文化強勢位置，幾乎使他們天然地拒絕著那些真正來自話語劣勢處境的挑釁，對一切異端聲音具有超常的整除、消解和改寫能力，並且總是能夠不動聲色和巧妙地將其納入到他們掌控的話語體系當中去。

包括關於底層的敘述也是如此。底層問題的浮出，最初也是來自於某些游離於主流文化之外的「畸零人」，比如張承志。按照蔡翔的看法，張承志在《心靈史》中最早「復活了有關『窮人』和『富人』的概念」，但這顯然還不能充分估計出這部作品的真正意義。

若干年後，《心靈史》也許將作為一部偉大的書被人們傳讀。因為在我看來，張承志使我們重新逼近和洞悉了一些很久以來被忘卻了的概念和價值命題，例如種群信仰、人民主權、階級衝突，革命與人性，等等。這一切出現在日常敘述逐顯普泛化趨勢的90年代初期，無疑顯得那麼尖銳、不和諧。當然，《心靈史》也受到了少數文化精英人士的肯定和欣賞，但這也是以剔除了其中若干敏感和刺眼的價值取向作為前提，刻意取捨和選擇，被當成一部抽空歷史感的寓言和傳奇作品進行抽象化、民間化的結果。

所謂「民間」，是90年代以後被不少中國現當代文學研究者認同的一種頗為時興和有效的闡釋方法。在這種敘述中，民間相對於官方、主流以及「宏大敘事」和精英文化而存在，它的特徵是感性的、混濁的、蒙昧的、原生態和低等級、不確定的，具有濃厚的草根氣息，某種意義上也可以用「底層」置換，言外之意，與之相對的精英文化則是理性的、自覺的、高級的，具有清晰的價值外延和主體建構能力。民間概念的提出，為文學話語掙

脫教條呆板的國家意識形態控制，逐步確立和煥發出自身的審美活力，打開了一扇別致的視窗，其積極意義或許不可否認，但也應該承認，這種試圖重新規劃文化等級秩序的努力，透露出知識份子保持和構築自身文化優越感和啟蒙者身份，將民間（或底層）當作一種與己無關的他者進行文化想像的強烈癖好。因此，與其說民間是一個社會學概念，倒不如說是一個有些含混的美學概念（這也許正是它的價值所在），大概由於這種影響，現在關於底層的某些討論，往往不自覺地將底層同民間混為一談，這正是我們始終很難接近完整意義上的底層的奧妙。

當然，被進行文化收編和改寫的不只是張承志式的底層敘述。如黃紀蘇的《切‧格瓦拉》、張廣天的《紅星美女》等將業已消失的一些無產階級或「左翼」美學符號給予波普式表述的戲劇作品，也遇到了與《心靈史》大致類似的待遇，一方面，它一經上演，就以前衛包裝贏得了一批視先鋒為時尚的沙龍藝術群體的喝彩，並且產生了不菲的市場回報；另一方面，又受到了來自精英文化界的強烈批判和排拒，被視為一場對死去的意識形態幽靈的拙劣招魂儀式和低級的市場媚俗表演，有的指責甚至來自於某些先鋒批評家，已經修成正果的先鋒派和知識份子文化並肩站在了一起，來攜手阻擊那些溢出業已充分體系化的高級藝術生產線之外的刺耳聲音。而在一些描寫下崗工人和三農題材的小說中（如畢淑敏的《女工》），作者索性將底層勞動者的艱難處境，按照流行的市場元素和主流意識形態的宣導進行配製，打造成了合乎大眾趣味的消費性文化產品。在這裡，精英文化、主流意識形態文化與市場流行文化發生了奇妙的交匯，共同締結起了一股排斥和消解弱勢和異質文化的強大力量。

黃紀蘇、張廣天的戲劇顯然並非對底層的直接陳述，它甚至同底層的生存現狀毫不相干，但其意義卻不可低估。至少，在沉寂多年後，他們第一次將早已被人們忘卻的革命記憶當作一道另類藝術大餐，重新端回到了味覺日益疲憊的公眾面前。這使得當我們幾年後從某些新起的敘事文學作品中看到有人以「左翼」的立場來描述底層時，不再感到過於突兀。

我指的是近期出現的《那兒》等小說。相對於那些同樣描寫國企改制的作品，《那兒》顯然不是僅僅著力於底層勞動者在苦難中孤獨承受和默默煎熬的敘述，而是將工人曾經作為一個被解放階級的歷史記憶，置於正在面臨的生存境遇，並且直接表達了他們對不合理現實所表現出的懷疑、憤怒和抗爭，以及同知識精英之間那種日益加深的隔膜乃至敵意。從中，我們似乎又看到了高爾基在《母親》中、茅盾在《子夜》中描述過的經典場面。《那兒》為我們呈現的「底層」也好，「苦難」也好，都不是抽象的、空洞的、缺少歷史上下文的，而是具有鮮明的現實指涉意向。那些在底層中掙紮的人們，也不是像某些小說中的人物面目模糊、單向度的或寓言化，而彰顯出強烈的主體色彩，它們既有因物質匱乏帶來的窘迫和恐慌，也有因精神和社會身份淪落造成的焦慮、憤懣和呼喊。「人」在這兒得到了富有歷史感的表達，這跟那種現代或後現代式的敘述，無疑是大相異趣的。因而也可以說，它為我們有效地接近底層，提供了一條有別於目前大多數敘述視角的新途徑。但這部小說發表後，並未引起評論界的重視，反倒是一些大學中文系研究生給予熱情的關注，在網站展開了討論，其中有一篇文章還將《那兒》同久已失傳的革命文學話語聯繫起來，認為這部作品的出現標誌著左翼文學傳統的復活，

對於當下文壇彌漫著的中產階級趣味具有某種特殊的啟示意義。

當然，這樣富於挑戰性的底層敘述，並非始於《那兒》等小說。實際上，在《黃河邊的中國》和《中國農民調查》等非虛構類作品當中，對於農村和農民問題的敘述，已經呈示出了值得矚目的端倪。再如最近出版的一部社會學著作《嶽村政治》，作者沿著當年毛澤東撰寫《湖南農民考察報告》走的路線，通過對湖南湘鄉、衡陽等地的實地抽樣式調查，對轉型期中國農村政治結構的變遷和現狀提供了大量翔實的資訊和材料，其中寫道，不少地方的農民在同嚴重不合理的農業政策和基層政權及官員的貪婪掠奪之下，被迫進行維權時所採用的方式和策略，越來越具有半個多世紀以前共產黨組織的農民運動的顯著特徵，比如他們不再是單槍匹馬、自生自滅的上訪，而逐漸形成了自己的組織甚至「農民領袖」，等等，都讓我們真切地觸摸到了潛藏在底層的那種強烈的躁動和不安情緒。這本書的作者是一位有過長期基層生活經驗的年輕學者，這似乎進一步表明，相對居於話語中心的主流和權威知識集團，那些來自於亞文化和亞專業群落，處於上升期的聲音和敘述，由於其特有的體驗性、親歷性，缺少修飾性，其所敘述的底層更具有一種值得信賴的真實品格和力量。

但這樣的敘述往往容易遭受漠視和忽略。文化精英主義者的自負和傲慢，使他們習慣於製造理論幻覺，而拒絕同變動不居的現實世界及任何文化異見者對話，他們總以為自己內心的影像就是世界的全部真相，並且為此津津樂道、沾沾自喜。我曾經聽見一位批評家談到某些描寫底層生活的作品時，用武斷和調侃的口氣說：不要一寫到窮人就總是慘兮兮的。其實所謂苦難，只不過是那些作家強加給窮人們的浪漫想像，你怎麼就以為生活在貧窮

中的人內心裡一定充滿了悲苦？他們有自己的快樂和安慰，子非魚，安知魚之樂？而大名鼎鼎的黃永玉老先生在香港的豪宅接受採訪時說：我也知道現在有許多人還過著朝不保夕、缺少安全感的生活，但毛主席那麼大的抱負也沒解決好這個問題，我就是跟他們一起難過也沒什麼用處，操那麼些閒心幹啥！

像這種閉著眼睛陶醉於個人文化趣味和生活方式所表現出的冷漠，在文學圈和知識界屢見不鮮，並且差不多成為了一種值得炫耀的時尚。

這無疑是當代知識精英群體潛伏的真正危機。

由此，我想到19世紀的俄羅斯，當時那場主要由知識份子領導的革命失敗之後，不僅共產黨分化為布爾什維克和孟什維克兩大對立陣營，知識份子也反戈一擊，紛紛倒向沙皇重新確立的威權政治集團，徹底背叛了過去曾經那麼真誠地站在底層立場，為了民主自由和平等不惜獻身的價值觀，以及源遠流長的俄羅斯知識份子作為社會良知的傳統，轉而為沙皇變本加厲盤剝和掠奪民眾的新經濟政策搖旗吶喊，成為了既得利益共同體的受惠者。到後來，在俄羅斯廣大民眾心目中，除了托爾斯泰獲得的那份稀有的尊敬之外，整個知識份子集團幾乎蛻變成了一種見利忘義、令人憎惡的形象。

這同當今中國的知識精英集團面臨的境況是不是有幾分相似呢？

前幾天，我從央視節目中看到這樣一幕：當一首歌曲演唱完後，幾個特意從貴州貧困山區邀請來的面孔黧黑的孩子和他們的志願者老師出現在舞臺上，主持人照例用那種甜膩煽情的表情和語調，介紹了孩子們在難以想像的貧窮環境下學習和生活的狀況，以及他們期望有一天去北京看看「那兒的平房」的稚嫩夢

想。那位主持人興高采烈地宣布，這次邀請孩子們到北京，就是為了幫助他們「圓夢」，讓他們看看，北京不僅有平房，還有高得難以想像的大樓哩！接著，那位主持人請出一位當紅女歌手，女歌手送給孩子們每人一個書包，然後跟這幾個孩子以及北京某個打工小學的學生們集體演唱了一首歌曲《感恩的心》。歌星演唱的十分賣力，歌聲也很感人，聽起來像教堂的讚美詩。觀眾席上有不少人熱淚盈眶，不斷用手帕擦眼淚。而他們中間大部分是參加「兩會」的全國人大代表和政協委員……

從孩子們茫然的表情和生硬的動作看得出來，他們壓根兒不知道自己為什麼要「感恩」，向誰感恩？是為了央視的垂恩，讓他們終於能夠有機會親眼看到了「北京的平房」，還是為沉重地壓在他們瘦弱肩膀上的那只嶄新的、空蕩蕩的、漂亮的書包？

他們只是一群被隨意擺佈的小小的道具，也許連歌詞的含義都不懂。

這也是一種底層敘述，但無疑是一場拙劣的底層秀。看完之後，我不僅沒有絲毫的感動，反而覺得一陣反胃。說實話，如果所謂「關注底層」變味成主流意識形態、精英文化和大眾媒體為自己臉上塗抹的道德脂粉和肆意揮灑廉價同情心的佐料，我寧願讓底層問題仍舊回到那個被遺忘和拋棄的歷史角落裡去。這樣，至少可以避免底層在被敘述的過程中，像木偶一樣毫無尊嚴地任人塗改和粉飾的命運吧。

當然，這也只是一種情緒性的說法。也許每個人都有他自己所理解的底層，只不過各自選取的認識路徑不同而已，永遠不可能有一個絕對真實的「底層」向我們現形。由於各種因素的鉗制，只要底層尚無力發出自己清晰理性的聲音，它就只能始終是

一個沉默的礦下世界。

但是，這仍然不能構成我們這些「敘述者」替自己開脫的理由。

《天涯》近期在「讀者來書」發表的一篇文章頗能引人深思：「一切在苦難中的底層，他們的話語、情感都應該得到疏通、表達，形成底層自身真實、質樸的話語空間……但面對他們這個完全無聲的世界，我們的經驗一片空白。這麼大的社會盲區，這麼深的社會阻隔，我們竟然生活的如此從容，心安理得、熟視無睹，這是多麼的危險啊！」這位生活在底層的作者用不無沉痛的筆調說，「時事仍如堅冰，雖必將融化，卻總也打不通它的入口。」

這似乎比許多知識者的敘述更能觸動我們。

包容或正視那些來自邊緣的異議的敘述，並不意味著慫恿、鼓勵某種極端社會情緒和「革命」的滋生。因為，無論對於異見和抗爭者本身，還是既得利益階層，這都意味著需要付出更大甚至慘重的代價，並使社會重現陷入歷史上反覆出現過的週期性震盪。所謂哪裡有壓迫，哪裡就有反抗，任何時候，革命都是一種絕境中被迫做出的抉擇，而始終與底層保持著一種近乎親緣般的倫理聯繫。就此而言，「革命」應該拒絕妖魔化的敘述，就像也應該警惕過去那種絕對神聖化的敘述一樣。

重要的是如何為各種利益主體和衝突性話語提供一個平等、民主和理性的對話空間，這不是討價還價和商人式的利益估算，而是現代社會必須具備的一種價值互動機制，也是我們在日趨嚴酷的全球資本化語境下，尋求通往公平正義和理想社會的一條必經之路。

（2005年）

走近陳映真

　　記得八十年代初，當我還是一名文學青年時，買過一本《臺灣小說選》，裡面就選有陳映真的著名小說《將軍族》和《夜行貨車》，其中，《夜行貨車》還被改編成電影，在大陸放映過。但在最近一二十年，中國大陸的許多讀者和中文系學生熟悉的是餘光中、李敖、柏楊、龍應台以及早已遷居美國的白先勇、聶華苓這些作家，比起作品曾經在大陸風行一時，並且至今擁有數量可觀的讀者群，在公眾心目中幾近文化英雄的李敖和柏楊等人來說，陳映真的影響則大不如從前，寂寞多了，甚至對於一般的讀者和社會公眾來說，壓根兒不知道陳映真是何許人也未可知。

　　其實不僅是一般讀者，就連我本人，在這十幾二十年的時間，也幾乎將陳映真遺忘得差不多了。直到2002年歲末，一個偶然的機會，我參加中國作協的一次文學活動時，見到了陳映真先生，儘管隔著相當一段距離，當活動主持人介紹到陳映真時，我還是一眼看清了這位滿頭銀髮、氣質儒雅的前輩。而就是這麼匆匆的一瞥，引發了後來我對陳映真的關注興趣，起初這種關注只是漫不經心的，大多是通過中國大陸或旅居海外的一些臺灣作家撰寫的印象記之類，但就是這種有限的途徑，讓我瞭解到了一個踽踽獨行或者說遊離於中國大陸和臺灣主流文學之外的陳映真，使我心目中那個「臺灣鄉土文學代表作家」陳映真的形象一下子變得清晰真切起來。

　　在維琪百科的人物分類上，陳映真至少有以下九種身份：中

國統一促進人士；臺灣左翼統一促進運動參與者；臺灣白色恐怖受難者；臺灣社會運動參與者；中國小說家；散文家；臺灣小說家；臺灣學者；保釣人士等等。由此我們可以看出，陳映真不單是一位創作豐碩的作家，而且是一個積極參與文藝論爭和政治事務的評論家及社會活動家。他的創作和經歷相當集中地體現了近半個世紀以來臺灣社會的複雜變遷。

關於他的創作，還有這樣一段注釋：陳映真的作品受到魯迅影響，主要以描寫城市知識份子的生活和情緒為主，前期作品充滿憂鬱與苦悶的色調以及人道主義關懷。1979年第二次被捕後，作品焦點轉變為跨國企業對第三世界經濟、文化與心靈的侵略，如《夜行貨車》、《華盛頓大樓》系列小說等。

考察陳映真的生平和創作時，有以下兩點引起了我的特別注意：一是陳映真身上鮮明的左翼色彩。比如他青年時期就發起組織馬列主義讀書小組，並為此像柏楊和李敖那樣鋃鐺入獄。還有他的作品中濃厚的本土意識和致力於揭示「跨國資本對第三世界經濟文化和心靈的侵略」的立場，以及他始終不渝地崇拜和學習魯迅「關懷被遺忘的弱勢者」的精神等等，無不彰顯出陳映真作為左翼知識份子的思想情懷。其次是陳映真同大陸的密切交往。1990年後，陳映真經常進出於中國大陸，並常居北京，出席各種社會活動和文學活動、還在北京、上海等地發表演講，結交了不少大陸作家，1996年，他還獲得過中國社會科學院榮譽高級研究員的頭銜。考慮到這一時期意識形態壁壘和政治互相敵視並未消除的兩岸關係，包括作品已經風靡大陸知識界和文化市場的柏楊李敖這些以踐行政治批判和民主自由理念的臺灣作家都不曾和大陸發生過如此密切的接觸，陳映真的行為和姿態就顯得格外耐人

尋味了。

作為一名左翼知識份子，陳映真對大陸的頻繁造訪，顯然帶有某種政治和文化上的「尋根」意味。因為在他看來，中國大陸近半個世紀的社會主義實踐，使許多諸如追求平等公正、反抗資本壓迫和特權等級制度等一系列價值理念已經深入人心，具備了對「跨國資本侵略」和「西方殖民化」的抵禦能力，所以一旦兩岸關係稍稍解凍，他便迫不及待地踏上了自己的尋根之旅。包括對整個大陸社會，文化界以及文化人，他都渴望瞭解、交流，探討，那種「同志式」真誠平等的交流。但結果怎麼樣呢？

表面上看，陳映真每次來大陸，差不多都受到了來自官方的高規格禮遇，但在跟作家同行們進行交流時，則是另外一種情形。兩者之間形成了一種奇怪的反差。

我大致梳理了一下，跟陳映真先生有過接觸或者交流的內地作家，主要有兩類人，一是年齡和閱歷上跟陳映真比較接近，同樣出生於1930年代，由於政治原因坐過牢或遭受過迫害的所謂「右派作家」如王蒙、張賢亮等人；還有一類年紀要小整整一茬，出生於40年代末和50年代初，有過上山下鄉經歷的所謂「知青作家」如阿城、王安憶和查建英等人。儘管這兩代作家的人生閱歷和文學觀念不盡相同，但他們在對待陳映真時卻不約而同地表現出相近的態度。

阿城曾經在《八十年代訪談錄》中這樣描述他見到陳映真時的情景：

> ……我記得八十年代末吧，我在美國見到陳映真，他那時在臺灣編《人間》，《人間》雜誌的百姓生活照片拍得很

好，過了十年，大陸才開始有很多人拍類似的照片了。我記得陳映真問我作為一個知識份子，怎麼看人民，也就是工人農民？這正是我七十年代在鄉下想過的問題，所以隨口就說，我就是人民，我就是農民啊。陳映真不說話，我覺得氣氛尷尬，就離開了。當時在場的朋友後來告訴我，我離開後陳映真大怒。陳映真是我尊敬的作家，他怒什麼呢？寫字的人，將自己精英化，無可無不可，但人民是什麼？在我看來人民就是所有的人啊，等於沒有啊。不過在精英看來，也許人民應該是除自己以外的所有人吧，所以才會有「你怎麼看人民」的問題。所有的人，都是暫時處在有權或者沒權的位置，隨時會變化，一個小科員，在單位裡沒權，可是回到家裡有父權，可以決定或者干涉一下兒女的命運。你今天看這個人可憐，屬於弱勢群體，可是你給他點權力試試，他馬上會有模有樣地刁難起別人。這是人性，也是動物性，從靈長類的社會性就是這樣。在我看來「人民」是個偽概念。所以在它前面加上任何美好的修飾，都顯得矯情⋯⋯

據查建英回憶，她見到陳映真是在山東威海的一個會上，她是這樣描述的：「那都九幾年了，他可能真是臺灣七十年代構成的一種性格，強烈的社會主義傾向，精英意識、懷舊，特別嚴肅、認真、純粹。但是他在上頭髮言，底下那些大陸人就在那裡交換眼光。你想那滿場的老運動員啊。陳映真不管，他很憂慮啊，對年輕一代，對時事。那個會討論的是環境與文化，然後就上來張賢亮發言，上來就調侃，說，我呼籲全世界的投資商趕快

上我們寧夏污染，你們來污染我們才能脫貧哇！後來聽說陳映真會下去找張賢亮交流探討，可是張賢亮說：哎呀，兩個男人到一起不談女人，談什麼國家命運民族前途，多晦氣啊！」

通過這兩段文字，我們可以感受到大陸兩代作家在思想上對陳映真的牴觸甚至冷嘲熱諷的態度。在張賢亮和阿城等人眼裡，陳映真顯得那麼刻板僵化和天真。比如陳映真聽完阿城的高論後「大怒」，聽完張賢良的「污染論」，剛一散會就去找他辯論，這不是天真是什麼呢？在查建英眼裡，都成為笑話和段子了。

其實，張賢亮、阿城等人對待陳映真的態度並不值得奇怪，那時候，中國大陸剛剛告別文革和激進主義政治，傷痕文學、反思文學以及人道主義、現代派、尋根文學思潮正方興未艾，一波接著一波。不僅是知識份子和文化人，幾乎所有中國人都在憧憬著與西方接軌，高舉著思想解放的旗幟，大踏步地走向世界，而陳映真呢，他所處的臺灣經歷過政治專制和資本主義以及西方跨國企業對人「從外部到心靈」的擠壓，此時正如饑似渴地尋求能夠抗拒這種雙重擠壓的思想資源，中國大陸被他當成了新的精神動力的目標。很顯然，他有點兒弄擰了。他不知道他感興趣的那些東西正是阿城們乃至整個大陸社會避之唯恐不及和竭力要擺脫掉的。分歧和錯位便由此產生了。

當然，並不是所有大陸作家和陳映真之間的精神錯位都表現得這樣尖銳和嚴重。也有比較溫和，甚至不無理解的。比如王安憶就是突出的一例。在大陸作家中，王安憶和陳映真之間的交往是最為密切的，其中除了她母親茹志鵑的原因，主要還是跟王安憶本人對陳映真「有限度的理解」有關。王安憶曾經在《讀書》雜誌上發表過一篇《英特納雄耐爾》，專門談陳映

真的。1983年，初露文壇的王安憶在旅美臺灣女作家聶華苓主持的國際寫作計畫上初識陳映真，她說，「假如我沒有遇到一個人，那麼，很可能，在中國大陸經濟改革之前，我就會預先成為一名物質主義者。而這個人，使我在一定程度上，具備了對消費社會的抵抗力。這個人，就是陳映真。」由此可見陳映真在王安憶心目中的重要程度。而相隔12年之後，當他們再次見面時，王安憶這樣寫道：

> 一九九五年春天，陳映真又來到上海。此時，我們的社會主義體制下的市場經濟，無論在理論還是在實踐，都輪廓大概，漸和世界接軌，海峽兩岸的往來也變為平常。陳映真不再像一九九〇年那一次受簇擁，也沒有帶領什麼名義的代表團，而是獨自一個人，尋訪著一些被社會淡忘的老人和弱者。有一日晚上，我邀了兩個批評界的朋友，一起去他住的酒店看他，希望他們與他聊得起來。對自己，我已經沒了信心。這天晚上，果然聊得比較熱鬧，我光顧著留意他對這兩位朋友的興趣，具體談話屬性反而印象淡薄。我總是怕他對我，對我們失望，他就像我的偶像，為什麼？很多年後我逐漸明白，那是因為我需要前輩和傳承，而我必須有一個。但是，這天晚上，他的一句話卻讓我突然窺見了他的孱弱。我問他，現實循著自己的邏輯發展，他何以非要堅執對峙的立場。他回答說：我從來都不喜歡附和大多數人！這話聽起來很像是任性，又像是行為藝術，也像是對我們這樣老是聽不懂他的話的負氣回答，當然事實上不會那麼簡單。由他一瞬間透露出的孱弱，卻

使我意識到自己的成長。無論年齡上還是思想上和寫作上，我都不再是二年前的情形，而是多少的，有一點「天下者我們的天下」的意思。雖然，我從某些途徑得知，他對我小說不甚滿意，具體屬性不知道，我猜測，他一定是覺得我沒有更博大和更重要的關懷！而他大約是對小說這樣東西的現實承載力有所懷疑，他竟都不太寫小說了。可我越是成長，就越需要前輩。看起來，我就像賴上了他，其實是他的期望所迫使的。我總是從他的希望旁邊滑過去，這真叫人不甘心！

這是一段頗能讓人心動，又值得細細咀嚼的文字。其中，王安憶既坦誠了陳映真之於她的「精神偶像」地位，又委婉地表達了她跟陳之間日益加大的距離乃至精神錯位，但也毫不掩飾地表達出自己「成長起來」之後的自信和自負。因而，她筆下的陳映真多少有些鬱鬱寡歡，固執己見，孱弱，和孩子氣的任性，一個落寞甚至跟時代脫節的理想主義者形象躍然紙上。在這兒，由於濃厚的情感色彩，王安憶顯然將陳映真身上的另一面做了省略乃至遮蔽的處理，也就是說，他沒有對作為作家和思想者的陳映真做任何價值上的判斷，而是閃爍其詞、語焉不詳，十分巧妙地回避了。於是，陳映真被塑造成為一個普遍意義上的理想主義者，他思想深處同時代尖銳對峙和質疑的「中國意義」也就輕而易舉地被簡化和消解掉了。所以我說王安憶對陳映真是一種有限度的理解，或者叫情感認同，而非價值認同。在最根本的層面上，他們之間的錯位與隔閡，跟阿城查建英們其實是相差無幾的。

我之所以不厭其煩地考究和引述大陸作家對陳映真的印象

和評價，是基於這樣一種認知：即陳映真所具有的社會批判立場和懷疑精神，在大陸作家乃至整個知識界越來越成為了一種稀缺的品質。由於從激進主義思潮下走出來不久，人們普遍患有一種「政治恐懼症」，特別是文學上，越是遠離政治和現實生活，就越是具有文學性，先鋒派作為一種「高級的文學」更是受到了大多數作家和文學青年的追捧。在這種語境下，大陸作家對陳映真的「不待見」，就顯得順理成章了。

其實，陳映真和大陸作家之間的這種思想錯位以及受到的冷落，並不單是特殊的中國現象，在世界範圍內也具有普遍性。隨著冷戰的結束以及八九十年代之交東歐劇變和蘇聯解體，七、八十年代後的整個西方世界，已經呈現出一種向右轉的趨勢。由柴契爾夫人和新雷根主義推動的新自由主義經濟政策帶來了全球資本主義的全面復興，再加上「告別革命」和「歷史終結論」的推波助瀾，一個以美國為主導的單極化世界業已形成。曾經影響全世界的社會主義運動黯然退出了歷史舞臺，而與之形影相隨的如德里達、布林迪厄、阿爾都塞、喬姆斯基、福柯、薩義德以及蘇珊‧朗格塔等在六十年代的反特權、反等級制度的風暴中成長起來，被稱為「六十年代人」的一批左翼知識份子在西方知識界也日益邊緣化。而無論從年齡閱歷，還是政治態度，陳映真都屬於「六十年代人」中間的一員，所以，陳在中國大陸的精神失落，就不是他個人的遭遇，而是一種歷史的宿命罷了。

但問題的癥結還不在這裡。我們應該透過陳映真跟中國大陸作家之間的錯位，探究其中蘊藏的「中國意義」。

包括文學創作在內，知識份子的思想觸覺不應當在任何關涉哲學、政治和歷史的結論面前停步。這是藝術家和知識份子保

持創造活力的必要前提。同樣，所謂左翼和右翼都不應該成為表達異見的障礙。用薩義德的話說：「不管個別的知識份子的政黨隸屬、國家背景、主要效忠對象為何，都要固守有關人類苦難和迫害的真理標準。」德里達也曾經說：「我用換喻的方式指認出某種不妥協甚至是拒腐蝕的寫作與思想，即便是面對哲學也不讓步，這種寫作與思想不讓自己被輿論、媒體或嚇唬人的評論幻覺所嚇倒，即便可能會面對後者要求我們簡化或壓抑我們的思想。」也就是說，作為知識份子和作家，不僅始終應該保持自我反省的能力，還應該保持對歷史和現實世界的反省和探詢能力。

但正是在這兩點上，我覺得中國文學界和知識界的許多人恰恰喪失了這樣的能力。我們似乎已經滿足了某種現成的結論，越來越習慣單極化的思維模式。我們在創作上也許是勤奮的，富有想像力的，但思想上卻不知不覺墮入了懶散和匱乏的泥坑，這從近些年來不少重述中國革命和新中國歷史的長篇小說中明顯地感覺得到。包括在對待和認識一些外國作家和作品時都是如此。比如瑪律克斯和他的長篇小說《百年孤獨》，幾乎影響了幾代中國作家，但長期以來，我們津津樂道的是所謂魔幻現實主義創作方法，還有那句著名的開頭「多少年後……」，而對小說中蘊含的複雜歷史境況卻習焉不察，了無興趣，對瑪律克斯作為左翼知識份子的政治立場以及他對西方文化殖民主義的批判態度更是一無所知。

瑪律克斯在談到文學和政治以及現實的關係時說：「從某種程度上說，迫使我在政治方面腳踩大地的是現實本身，是相信至少在拉丁美洲，一切終將都是政治。改變那個社會的任務是如此緊迫，以致誰也不能逃避政治工作。而且我的政治志趣很可能和

文學志趣都從同樣的源泉汲取營養：即對人，對我周圍的世界，對社會生活本身的關心。」他甚至說：「只要我們還生活在我們生活的世界上，不積極參與政治是一種罪過。」而中國的許多作家和評論家尋求的卻是讓小說變得像蒸餾水那樣純而又純，撇清楚個人欲望之外的社會現實和政治的一切聯繫，恨不得飛到太空中去。

對於自己在大陸的尷尬境遇，陳映真先生本人是什麼態度呢？我想起大約十年前在中央電視臺讀書時間看到的一檔節目，當主持人問及他的左翼作家身份時，他這樣回答：

「所謂的左翼，就是對經濟發展，社會發展過程中我們不僅僅矚目於進步，經濟發展，東西多而已，而是我們關注到這個過程裡面一些弱小者被當作工廠的報廢品，不合格品一樣被排除出去的那些人，為什麼關心這些人，不是因為他們窮，我們才關心，窮人都是好人，不是這個意思，而是站在人的立場，人畢竟不是動物，不是靠森林的法律來生活，人固然有貪婪、欺壓別人的行為，可是內心的深處也有一種需要去愛別人，去關心別人，去幫助別人。」他還說：「中國改革開放所面臨的問題同臺灣在60年代所面臨的問題，逐漸逐漸有些類似性，我願意以我小說的方式，同大陸的思想家、讀者、學者們共同思考，在中國工業化過程中人的問題。」

陳映真說這番話時語氣委婉，謙和，甚至也許出於對某種禁忌的考慮，刻意淡化了「左翼」這個詞的政治色彩，但他還是非常坦率地表達了自己的文學立場和政治立場，我們從中感受不到任何抱怨情緒。由此可見，陳映真對中國大陸發生的「歷史的脫臼」以及蛻變具有相當清醒的認識。更重要的是，這麼多年過去

了，他並沒有在同時代人的誤解和漠視中妥協，而是始終在堅持用自己的目光觀察和打量世界，尤其是中國社會的變化和進展。

在大多數人印象中，陳映真很少同大陸文學界就一些敏感的問題發表公開的言論。他似乎總是沉默或者低調的，唯有一次例外，那就是關於小說《那兒》的爭論。

大家知道，《那兒》是作家曹征路的一部中篇小說，發表於2004年。由於它首次反映了國企改制中工人階級的生存困境和帶有鮮明左翼特徵和悲劇意味的工人領袖形象，被一些「新左派」理論家稱為「工人階級的傷痕文學」和左翼文學復甦的標誌，並且開啟了隨後在大陸文壇蔓延和崛起的「底層文學」思潮。與新左派理論家的熱情讚譽相反，《那兒》在主流評論界卻受到了幾乎一致的抵制和貶斥。其理由不外乎是「藝術性不高」或「概念化」等等，但真實的原因顯然是《那兒》的左翼立場，而所謂左翼文學，在中國的主流批評家們看來，是一種僵化、粗糙，早已進入歷史垃圾堆的劣等文學。所以《那兒》的出現，對他們來說實在有些刺眼和不合時宜的。

應該說，圍繞《那兒》以及左翼文學和底層文學展開的爭論，是新世紀中國文壇一道引人注目的風景，其意義絲毫不亞於90年代初期的人文精神討論。它的重要性在於催使中國文學界和知識界日益尖銳的思想分歧從某種隱蔽狀態浮出水面，開啟了公開討論的局面。這既是中國社會矛盾積累到特定階段的必然趨勢，也是中國文化界的思想能量被重新開啟的標誌之一。而其中，陳映真先生的聲音顯得尤為引人注目。他在《從臺灣看〈那兒〉》一文中，結合自己經歷過的臺灣本土的殖民化過程，在為《那兒》遭受的詰難給予細緻有力的辨析之後，進一步陳述道：

讀《那兒》後的激動中，也有「這樣的作品終究出現了」
的感覺，覺得事有必至，理所當然。一九九○年代初，中
國的改革深刻地改變了四九年以後推動的生產方式，自然
也改變了社會的下層建築，而社會上層建築也不可避免地
發生相應的巨大變化。隔著遙遠的海峽，我雖然關心這
些變化，卻無力掌握具體的資料，僅僅朦朧地知道有影
響深遠的新自由主義和「新左派」的爭論，「告別革命」
論和承認革命的合理性的爭論；反對重返五、六○年代極
「左」文學和對於中國左翼文學和現實主義創作方法進行
再認識，重新評論文學與社會、與政治的關連的爭論。
《那兒》的出現和相關的討論，在少數的文脈中，《那
兒》激動人心地、藝術地表現了當下中國生活中最搶眼的
矛盾，促使人們沈思問題的解答。究其原因，曹征路恐怕
是最後一代懷抱過模糊的理想主義下廠下鄉勞動過的一
代。這一代人要打倒資本主義，卻在資本主義太少而不是
太多的社會中從來未真正見識過資本的貪婪和殘酷。而九
○年代初以後的巨大社會變化，既催促一批作家隨商品
化、市場化的大潮寫作，也促使像曹征路這樣的作家反思
資本邏輯與人的軼鑠……

對於一向溫和低調的陳映真來說，真是少有的激動慷慨。這
是否是他長期以來跟大陸作家之間發生種種誤解和隔閡之後首次
作出的一種正面回應甚至「表態」？對此，也許持不同立場的人
有不同的解讀，而我從中看到的不止是陳映真個人的思想自白，

而是一代人，即以喬姆斯基、德里達、薩義德以及瑪律克斯等為代表的具有「六十年代」背景的那一代知識份子特有的魅力和毫不妥協的個性。左翼知識份子的身份顯然已經不足以承載他們所具有的思想重量，任何政治標籤在這兒都顯得過於輕率甚至輕浮了。在這個政治上日益單極化的時代，藝術的商業主義和學術的專業主義造就了大眾文化市場的空前繁榮和人們心理上日益普遍的政治冷漠症。許多作家孜孜以求的是利益最大化，比如版稅，獲獎，以及如何被西方主流文學界所接納；另一部分人則滿足於優雅閒適的沙龍和小眾趣味，流連忘返。正是在這種境遇下，我認為知識份子需要從陳映真所說的歷史「脫臼」點重新出發，不管你持何種立場，都有必要讓自己的思考和創作介入到錯綜複雜的社會進程當中去。

用加謬的話說，這是一種「義務兵役」，對知識份子是如此，對作家和藝術家同樣如此。

一年多以前。我從媒體上看到一條消息，陳映真因中風而在北京陷入重度昏迷，正在北京朝陽醫院重症病房治療，據說很難再甦醒過來了。像幾年前聽說德里達和蘇珊‧朗格塔等相繼辭世的消息那樣，我心裡有一種悵然若失的感覺。毫無疑問，這一代人的漸行漸遠和最後離去，意味著某種彌足珍貴的知識份子傳統成為了歷史。但歷史不會就此終結，任何值得尊崇的思想遺產都會像幽靈那樣，在未來的某時某刻，以一種令人驚奇的方式重新回到我們中間。

（2009年）

革命，暴力與仇恨政治學

　　我一直覺得魯迅先生離我們這個時代已經十分遙遠，以致不可輕易作為談論的對象了，所以平時寫文章也好，談天也好，我幾乎很少以魯迅為話題的。這大概與少年時所處的環境有關。那時，魯迅的作品和文章，是篇篇被奉為經典的，如《祝福》、《故鄉》、《狂人日記》，《為了忘卻的紀念》、《紀念劉和珍君》等等，都收進了中學語文課本，許多中學生順口就能背誦一段。而毛澤東授予魯迅那幾個偉大「革命家」、「思想家」、「文學家」和「旗手」的稱號，更使他在我們的心目中變得近乎聖人般神聖了。人對神總是敬而遠之的，再加上某種逆反心理，便成了我很長時間裡覺得魯迅可敬而不可親，甚至有意回避的原因之一吧。

　　之所以說是「之一」，是因為還有「之二」，那就是時代風氣使然。眾所周知，從上個世紀80年代到90年代，中國文學走的是一條向西方學習的道路。從人道主義，人的主體性，到現代派、先鋒派和後現代主義等等，一波接著一波，從未停歇過。這一時期的作家、評論家和文學青年（也包括我本人在內），開口閉口談的是卡夫卡、博爾赫斯、瑪律克斯、羅伯‧格利耶，以及納博科夫、川端康成這些人，不僅以此為時尚，還爭相學習模仿。曾經聽人說不少80年代以後成名的中國作家背後，都能找到一個或幾個外國作家的影子，這大概並不算很誇張的。在這種語境下，如果有人提起魯迅，恐怕不僅不合時宜，而且會被人視為

僵化、落伍，備受嘲弄和白眼相向的。除了這些被奉為「大師」的外國作家，也有一些中國現代作家重新受到熱捧，被各種新出版的文學史和論著追認成了「大師」。如沈從文、林雨堂、周作人、張愛玲等。之所以說「重新」，是因為這些作家曾經「走紅」過，但後來很長一段受到了冷落，甚至其人其文都被打入了冷宮，而現在的走紅，不過是給予平反罷了。1980年代的中國社會主流是「撥亂反正」，連許多並不見得怎麼傑出的「右派」作家也平反了，何況這些曾經的「大師」呢！所以，在那些外國大師的中國學生之外，又增加了一批沈從文、張愛玲、林雨堂、周作人的弟子。八、九十年代的文學便因此顯得空前豐富、熱鬧和繁榮起來。

但在這種百花齊放的局面中，唯獨魯迅變得落寞下來。所謂三十年河東，四十年河西，文壇的風水也是如此，既然魯迅先生在那麼長的時期被當作偶像一樣供奉，現在把他從神龕上拉下來，坐一坐冷板凳，似乎也不算過份。陳獨秀晚年曾經撰文說過，當今毀譽之高之過者，莫過於對魯迅先生矣。有人把魯迅當作神，也有人把魯迅當作魔，其實，魯迅既不是神，也不是魔，而是一個人。這樣的話不可謂不中肯。但要做到這一點，卻並不容易。遠的不說，神話魯迅者一直就大有人在，妖魔化魯迅者更是不乏其例，那麼「新時期」以後呢？這兩路人也並未絕跡，甚至可謂江山代有才人出，一代更比一代強。新時期的造神者，大多是一些躲在書齋和學院內埋頭做學問的教授和理論家，他們採取的仍然不外乎那種將魯迅當作偶像供奉，讓大多數人對他「敬而遠之」的老辦法，依仗寥寥的幾本學刊或核心期刊，兢兢業業推出的研究成果，也僅限於專業的「魯學」圈子內，他們這樣做

的成果之一，便是使魯迅越來越像一個僅供解剖研究的標本和穿著舊式長衫的人物，變得既不可敬，也不可近，甚至像木偶那樣，顯得有些古板、教條、枯索，讓許多人尤其是年輕人望而卻步。所以，前些年有人提出魯迅是阻擋中國文學進步的一塊「老石頭」，非搬掉不可，也就不值得大驚小怪了。

相對於那種隊伍日益萎縮的「學術化」和「神化」魯迅的研究，「妖魔化」魯迅的影響則顯得聲勢浩大，蔚為壯觀、生氣勃勃得多。如果把當代文學看作一個不斷「去魯化」的過程，那麼，這種「去魯化」每向前邁出一步，都是以「批魯」、「非魯」和「罵魯」為前鋒的，而且每掀起一股新的「非魯」和「批魯」熱，大都與某一時期的社會文化思潮密切相關。因此可以說，解讀中國社會近三十年來的變化和發展，魯迅先生仍然是一個無法繞過去的人物。就這個意義上，魯迅在當代倒是從來不曾「落寞」過的。

其實，「非魯」也好，「罵魯」也好，也不見得是什麼壞事。因為如果是有理有據的批判，甚或富於「顛覆性」、「解構性」的標新立異之說，對於眾聲喧嘩的當代文化語境，或許都具有積極的建構效用。比如有人認為魯迅的小說比不上張愛玲、沈從文和鬱達夫，前幾年，作家王朔也在媒體上放言，說魯迅單憑那十幾二十幾個短篇小說，遠遠稱不上文學大師，而且這種看法贏得了不少人的附和與喝彩，等等。儘管我並不同意王朔的高見，如果按照他的說法，契訶夫、博爾赫斯，以及胡安·魯爾夫等人都不能列入「大師」之列吧？但這畢竟屬於學術觀點，見仁見智，人們盡可以放開喉嚨各抒己見，深入討論或爭論下去。可如果是打著學術和思想自由的名義，採取的卻是那種潑污水和栽

臢的大多數學人所不齒的手段，就無法讓人平心靜氣地去進行
「交流」了。比如去年魯迅先生逝世70周年之際，媒體上展開的
新一輪「批魯」熱潮中，上海的一位「著名文化批評家」寫了篇
文章，題目叫《殖民地魯迅和仇恨政治學的崛起》。文中通過一
些似是而非或道聽塗說的「考證」，赫然將魯迅推向了「仇恨政
治學」的創始人寶座。按照作者的觀點，「在經歷了長期的搖擺
之後，魯迅終於置棄了已經殘剩無幾的愛語，也就是徹底置棄了
愛的情感及其倫理，成為一個純粹的仇恨主義者」。貫穿在魯迅
作品中的，「一方面是由肆無忌憚的嘲笑和酣暢淋漓的痛罵構成
的雜文體話語暴力，一方面是冷漠絕望的遺書體話語仇恨，這兩
個要素便是殖民地魯迅精神的基石。」

　　作者還充滿詩意地描述和分析道：「仇恨政治學在話語和建
築的搖籃中脫穎而出。其中魯迅無疑是它的主要締造者。此外，
還有大批作家、文人和左右兩翼的政客，均捲入了這場浩大的運
動。在寒冷的北方窯洞，毛澤東無比喜悅地注視著這一上海石庫
門的話語革命。正在全力構築『毛語』的延安領袖，以非凡的熱
情，歡呼著與『魯語』的勝利會師，因為後者提供的仇恨與暴
力，正是毛澤東推行民族主義革命的精神綱領。……是的，在毛
澤東與魯迅之間存在著許多相似之處：他們都是鄉村知識份子，
出生於破產的鄉紳家族、在鄉下有一個怨婦式的妻子，熱愛文學
和天才橫溢，熱衷於建立話語權力體系、對都市（殖民地）充滿
鄉怨與恐懼，他們也都抱著大革命情結，流露出對紅色暴力的無
限熱愛，如此等等。但他們之間的最大不同在於：毛是一個理想
主義者，他一生都在進行實驗，以完成對一個理想的道德中國的
建構，充滿農民式的樂觀信念，並對世界保持著濃烈的愛意；而

魯迅自從抵達上海以後，便日益陷入恐懼、仇恨和絕望之中。他和殖民地都市迷津產生了嚴重失調，而他又無法改變這個格局。魯迅在石庫門裡迷失，完全喪失基本的道德辨認的能力。他性格中的黑暗面開始強烈浮現，並且支配了他的靈魂。」

更讓人驚訝的是，這位文化批評家在對魯迅作了這樣一番空前大膽的形而上推論之後，又以小說家的筆法和想像力，對魯迅進行了完全「形而下」的「解讀」。按照作者的「考證」，魯迅不僅曾經暗戀過被北洋政府殺害了的左翼女大學生劉和珍，和女作家蕭紅有染，而且是個「嚴重的陽萎患者」，並且成為導致他「最終喪失敘事和抒情能力而完全投靠文字暴力的另一原因」。「仇恨的話語鞭子飛舞起來的時候，也就是在殖民地罪惡遭到清洗之後，他才能感到肉體上的慰藉和歡娛。」這種純屬穿鑿附會的臆測和想像，顯然不再屬於學術範疇，而是一種赤裸裸的「潑污水」和「誹謗」了。

這位文化批評家的誅心之論，可謂將妖魔化魯迅的浪潮推到了一個前所未有的高峰。對於他的那些潑污水和誹謗，似乎並不值得我們一一去為魯迅先生辯誣，值得認真辨駁的，倒是他那套十分富於雄辯的「仇恨政治學」宏論。

應該說，所謂仇恨政治學的提出，絕非那位文化批評家興之所至，突然冒出的靈感，而是肇始於1980年代以來的「告別革命」思潮的進一步推演。既然要否定和告別革命，當然要將所有與革命有關的意識形態和文化斬草除根，徹底埋葬而後快。首當其衝遭致全面批判和清算的自然是中國革命的領導者毛澤東。一場「非毛化」的大圍剿持續了近三十年之久，至今仍方興未艾。而按照文化批評家的看法，「二十世紀下半葉發生在中國大陸的

普遍的魯迅崇拜思潮，實際上就是對仇恨話語以及暴力話語的崇拜。」毛澤東好像曾經說過，他和魯迅的心「是相通的」，所以才有那一系列「偉大」和「旗手」的評價。既然如此，魯迅被戴上一頂「仇恨政治學」的桂冠，也就顯得順理成章了。

實際上，提出這種「理論創見」的不僅僅是文化批評家一人，魯迅逝世70周年的前後，上海的一起新修訂歷史教科書事件，就在媒體上吵得沸沸揚揚，引起了各方面人士的廣泛爭議。我沒有見過這套新版歷史教科書，但據網路上流傳甚廣的《紐約時報》一則報導說，上海的新版歷史教材「聚焦於敘述經濟成長創新和外貿以及政治安定，尊重多元文化和社會和諧等，曾被視為歷史轉捩點的法國大革命和布爾什維克不再受到高度重視……在高中歷史課本中，毛澤東甚至被壓縮到只在介紹國葬禮儀的組成部分降半旗那一課出現。」不難看出，新版歷史教科書事件是濫觴至今的「告別革命」思潮的延續，也是知識界不少學術精英們長期以來孜孜以求地將中國拉入所謂西方主流文明秩序的進一步努力。復旦大學的一位歷史學教授在接受記者採訪時，將這種意圖表達得淋漓盡致：「我首先就不贊成魯迅對中國歷史的這種講法，魯迅的這種歷史觀就是過去農民起義歷史觀的一個組成部分。我們的小孩飽讀水泊梁山這些相互殺人的東西，再讀到魯迅對中國歷史的大簡化，他會飲鴆止渴，會產生前幾年我們知道的像馬加爵這樣的一種極端悲劇性的行為：既然我們打開書，我們的大文豪告訴我們，幾千年的中國就是人砍人的歷史，那今天我拿起刀來捅殺自己宿舍的同學，那並不是一個了不得的事情啊！」

如此看來，這位復旦大學教授的觀點和那位文化批評家，真

稱得上殊途同歸，足可以引為同道和知音了。按照他們的洞見，中國歷史上的每一次農民革命都是一群愚民和暴徒濫殺無辜的結果，至於20世紀上半葉的中國革命，無疑也是中國人違背世界文明理性，嗜血成性的一場人道主義災難。毛澤東不僅應該徹底退出歷史教科書，而且應該為他領導的中國革命給人類文明帶來的災難承擔「罪責」。至於魯迅，則由於他在其作品和文章中不遺餘力地宣揚和鼓吹革命的「暴力」和「仇恨」，也不僅應該為20世紀上半葉的中國武裝革命，還要為20世紀後半葉的社會主義革命，甚至應該為幾年前那個用刀捅死自己同學的大學生馬加爵承擔責任；以此類推，近幾年發生的諸如胡安海、王斌餘事件，魯迅也難逃幹係了。總之，魯迅成了一切社會暴力的罪魁禍首，他不承擔責任誰來承擔呢？老天啊，如果這種罪名成立，魯迅承擔的責任，就絕非只是退出歷史教科書，而真應該接受嚴厲的審判，甚至於要從墳墓里拉出來鞭屍了！

然而且慢。凡歷史固然都是人寫的，但編寫歷史的人並沒有凌駕於歷史之上，操著手中之筆任意割裂、歪曲歷史真相和歷史人物的特權。換句話說，你們「去魯化」也好、批判也好，甚至「潑污水」也好，都只是你們根據意願和好惡敘述和塑造出來的魯迅，真實的魯迅是否如此，不能全由你們說了算，還需要廣大的社會公眾來加以認定和辨別才能作數。

正如開頭說的，我原本已為魯迅離我們這個時代已經十分遙遠了，但現在有人既然不厭其煩地一再把他拎出來說事，倒使我心底悄悄產生了一種重新認識和走近魯迅的意願。

那麼，真實的魯迅究竟是一個什麼角色或模樣呢？他是否真的像文化批評家描述的那樣，是一個除了對身邊的幾個女性略微

有幾分溫柔的「愛意」之外，生理和心理上都陷入了難以自拔的陰鬱、冷漠和自私，妄自尊大，一味散布鼓吹暴力和仇恨的「變態狂」呢？

我的回答當然是否定的。恰恰相反，魯迅是一個真正對人類和社會充滿大愛的人。只是他的愛絕不是那種空洞抽象的所謂「博愛」。他愛的是那些長期受壓迫和剝削的「被侮辱和損害」的人群或階級。魯迅之所以得出中國五千年歷史都寫滿了「吃人」兩個字，正是緣於對這些被侮辱和損害者的深切愛和同情。當然，按照博愛主義者的說辭，愛是超越階級的，也就是說，不僅要愛那些被「吃」的人，還要愛那些「吃」人的人，就像耶穌傳道時說的那樣，「當有人打你的左臉，你就把右臉也送上去。」這樣的話放在教堂裡說說倒也頗為動聽，但如果放在現實社會裡，比如當一個人把刀架在你的脖子上，或者將你賴以維持生計的財物剝奪殆盡，使你幾乎難以苟活下去，並且在你身上再踹上一腳，罵一句「活該」時，我想無論是誰，恐怕也「博愛」不出口了。可是我們某些知識精英們，偏偏不承認這一點，既不承認「人吃人」的歷史和「人壓迫人」社會的存在，更不承認「哪裡有壓迫，哪裡就有反抗」在道義與法理上的正當性，硬是將他們自己都無法做到的「博愛」，當成普世價值強加給所有人，若不接受，便給你戴上一頂宣揚「階級鬥爭」、「仇富」甚或「仇恨政治學」的大帽子。當然，知識精英們是主張自由的，但往往只允許自己的「思想自由」，如果有人主張與其思想相左的「自由」，就斥之為違反人類主流文明，是逆歷史潮流而動。這樣的邏輯也夠霸道專橫了。

其實，對於這一類「自由主義者」或「知識階級」，魯迅先

生早已進行過鞭辟入裡的批駁。比如他在《關於知識階級》中，就曾經說：「幾年前有一位中國大學教授，他很奇怪，為什麼有人要描寫一個車夫的事情，這就因為大學教授一向住在高大的洋房裡，不明白平民的生活。歐洲的著作家往往是平民出身，所以也同樣的感受到平民的苦痛，當然能痛痛快快寫出來為平民說話，因此平民以為知識階級對於自身是有益的；於是贊成他，到處都歡迎他，但是他們既受此榮譽，地位就增高了，而同時卻把平民忘記了，變成了一種特別的階級。那時他們自以為了不得，到闊人家裡去宴會，錢也多了，房子東西都要好的，終於與平民遠遠的離開了。他享受了高貴的生活就記不起從前一切貧苦的生活了。——所以請諸位不要拍手，拍了手把我的地位一提高，我就要忘記了說話的。他不但不同情於平民或許還要壓迫平民，以致變成了平民的敵人。」

魯迅當然是不願意充當這樣的「知識階級」的（他稱這類人叫「阿貓阿狗」）。但不幸的是，他又無法完全擺脫「知識份子」這個身份，不僅要創作、敘寫「車夫」以及「祥林嫂」們的生活，還不聽人奉勸，不識時務地寫一些讓許多人「不待見」的時評和雜文，以致最終激怒了「知識階級」，群起而攻之，且一攻好幾十年，至今仍不肯甘休。

由此可見，魯迅是從「知識階級」中脫身而出的一個最大叛逆者。從知識階級中跑出後的魯迅，決絕地站到了他自己所說的「平民」，也就是毛澤東說的最大多數人民群眾的立場上。說魯迅是20世紀中國最早、最偉大的一位「平民知識份子」，倒也恰當；但如果將魯迅稱為「左翼知識份子」，則也許更為確切。這不僅因為魯迅參加過他平生加入的唯一一個文學團體「左聯」，

並被奉為其「精神導師」，還因為他從發表第一篇白話小說《狂人日記》起，就自始至終秉持著比他同時代任何作家更堅定和鮮明的左翼立場。而對於這一點，我們當今的許多學者和評論家是很少願意加以正視的。這也難怪。「左翼」或「左派」這個稱號，由於一度跟「極」沾上了邊，在近三十年裡，早已變得灰頭土臉、面目可憎，以至於讓許多人避之唯恐不及了。但在上個世紀前半期，則全然相反，左翼或左翼文學，是代表被壓迫和剝削的無產階級和工農大眾登上政治和文化舞臺的「前驅者」。用魯迅的話說，「這是東方的微光，是林中的響箭，是冬末的萌芽，是進軍的第一步，是對於前驅者的愛的大纛，也是對於摧殘者的憎的豐碑。一切所謂圓熟簡練、靜穆幽遠之作，都無需來作比方，因為這是屬於別一世界。」

這真稱得上一則「愛與恨」的宣言和告白了。只是這愛憎，肯定會讓那些不停嘮叨「博愛」的「知識階級」大失所望。但比較而言，魯迅對他們的失望也許更加徹底，他索性把目光投向了「別一世界」；所謂「別一世界」，是很少入「知識階級」法眼的普羅大眾以及他那個時代尚處於萌芽狀態的左翼文學。在魯迅看來，這才是中國以及文學的希望所在。所以，他對待年輕左翼作家們的態度才一反被人詬病已久的「冷漠」和「陰鬱」，而表現出少見的熱情和愛護。正如他在為蕭紅的《生死場》寫的序中所說：「這自然不過是略圖，敘事和寫景，勝於人物的描寫，然而北方人民的對於生的堅強，對於死的掙扎，卻往往已經力透紙背；女性作者的細緻的觀察和越軌的筆致，又增加了不少明麗和新鮮。精神是健全的，就是深惡文藝和功利有關的人，如果看起來，他不幸得很，他也難免不能毫無所得。」

　　然而，魯迅或許過於樂觀了些，如果他知道幾十年後有人從這種熱情與愛護中窺見的卻是「曖昧的情欲」，也不知會作何感歎？

　　關於魯迅對左翼文學和革命文學的滿腔熱情，在近三十年間的知識界，也幾乎是很少有人願意提及的。在許多人看來，既然中國處在一種「告別革命」和「反左」的全球化潮流中，支持左翼和共產革命，便幾乎成了支持暴力和仇恨的同義詞，不僅不能為魯迅增添光彩，反而變成了他一生難以抹掉的「污點」。殊不知革命並非只是無產階級的專利，比如對路易十六以及那些王公貴族們而言，法國大革命同樣是散發著血腥和恐怖的，但總不能因為它是資產階級發動，且修成正果後便一直高唱著自由和博愛的頌歌，就免除其播種過「仇恨與暴力」的嫌疑吧？可「自由主義者」們偏偏只把這頂「仇恨政治學」的帽子扣到了魯迅和共產黨人的頭上，這算不算是一種學術上的雙重標準呢？

　　至於那些內心裡對魯迅還多少留存一點尊崇的學者教授們，則想方設法地為魯迅找出各種理由開脫，一會兒稱他是啟蒙思想家，一會兒又稱他為自由主義者，甚至於極端個人自由主義者等等，可謂名目繁多，總之是想將魯迅重新拉回到他早已發誓與之決絕的「知識階級」中去。這大概是出於一片好心。可我琢磨，魯迅先生本人並不見得會領這份情。假若非要用當今知識界流行的概念，給魯迅重劃一下「成份」，我倒願意稱他為批判知識份子或者公共知識份子。因為在今天，無論是左翼還是右翼，對這兩個稱謂都還能夠接受和稱許的。

　　我這樣說，也並不是要淡化魯迅作為左翼知識份子的身份，而無非是想表明，用正統的觀點看，魯迅也許的確稱不上一個純

正的左派。在「左聯」後期，不是有一些左翼作家和批評家經常指責魯迅「不夠革命」，「保守」，甚至罵他是「資產階級」和「封建餘孽」嗎？對此，魯迅也毫不留情地給予了針鋒相對的回應和抨擊；但他抨擊的不是革命和左翼立場本身，而是那種動輒追問「階級成份」和猜測「動機」，將藝術和政治簡單掛鉤，粗暴、庸俗、教條化和宗派化的習氣。實際上，正是魯迅批評過的這種「左聯」作風，自上個世紀50年代後期起，將中國的文藝帶上了一條極端甚至危險的歧路。

中國的左派和右派，似乎都有一個共通的毛病，當他們「在野」時，每個人都以民主自由鬥士自居，充滿了社會批判精神，個個堪稱優秀的批判知識份子和公共知識份子。可一旦位居正統之後，便不約而同地變成了主流政治和主流文化的辯護士，對一切「異見」再也聽不進去，甚至必欲置之於死地而後快。比如一邁進「新社會」的門檻，都異口同聲地控訴和聲討「舊社會」的黑暗，而對「新社會」可能存在的陰暗面，就很少有人願意或敢於觸及了；進入「新時期」後同樣如此，許多被打成「右派」，拋棄到社會底層，「在野」多年的知識份子和文化人終於翻身，佔據了正統的地位，於是，控訴和聲討「文革」以及「十七年」的聲音便一直此起彼伏，如雷貫耳，但也從此難得聽到他們對「新時期」的陰暗面提出過什麼批判和異議了；此時若有人大著膽子提出「十七年」以及「文革」期間也有「光明」的一面的話，他們則會跳將起來，斥之為「文革餘孽」或「第三種人」，其兇悍程度，一點也不比從前的那些「極左份子」差多少。其實，任何社會都有光明與陰暗的一面。知識份子的職責之一就在於指出這些「陰暗面」，以有利於社會的不斷進步和完善。許多

人都知道這是「常識」，可真正能做到的實在少見。而魯迅就正是這「少見」者之一。他曾經說過：真正的知識階級，「對於社會永遠不會滿意的，所感受的永遠是痛苦，所看到的永遠是缺點，他們預備著將來的犧牲，社會也因為有了他們而熱鬧，不過他的本身——心身方面總是痛苦的。」

正是在這一點上，魯迅跟那些教條狹隘、自以為比誰都革命的「極左」人士以及所謂的公共知識份子，從根本上區別開來了；或者更進一步說，魯迅從骨子裡不可能依附於某一團體、黨派，而始終保有獨立思想的權利。就此而言，魯迅身上的確具有公共知識份子的風範，從不取悅於強權和強勢話語，哪怕這種強勢來自於他認同的某個「陣營」或自己的「同志」。只是無論怎麼獨立和批判，他的立場，或者說他的「愛與恨」，並沒有發生絲毫改變，而是始終如一地站在受壓迫的普羅大眾立場上，替他們說話，替他們代言。因此，相對於當今某些雖然自稱或被稱為公共知識份子或「異議人士」，卻總是自覺和不自覺地站在少數人和某些特權利益集團一邊、甚至爭相跑到白宮去向美國總統邀功請賞的人來說，魯迅比他們要貨真價實，從而也高大得多。

曾經在網上看到一則帖子，大意是反右期間，某民主人士有一次當面問毛澤東：假如魯迅還活著，他的處境會怎樣？據說毛澤東沉吟了一下，答曰：他可能會坐牢。對此，有人大肆借題發揮，也有人不願意相信。我則寧願相信真有其事。以魯迅一以貫之的性格和作風，他是寧死也要說真話並捍衛「言論自由」的權利的。

不錯，魯迅曾經滿懷熱忱地將中國的希望寄託在共產黨人身上，但這並不意味著他會不加甄別地贊同和縱容「革命之後」，

一個政黨可能出現的官僚化、特權化以及腐敗傾向；尤其如果當政黨可能蛻變為一種特殊利益集團，從而背離自己的初衷，與「最大多數人民」的利益發生衝突時，他會毫不猶豫地站到人民的一邊，並為之吶喊和請命。我還相信，魯迅如果真的活到上個世紀50年代，他肯定會被劃為「右派」。至於當年那些被打成「右派」的知識份子和民主人士，是否都像魯迅那樣是替「最大多數人民」代言，而不只是為某個「特別的階級」代言，則是另外一回事。

我們甚至還可以進一步設想；假如魯迅活到「新時期」會怎樣呢？首先，他也將跟大多數「右派」一起，被摘掉頭上的「帽子」，為思想解放和人道主義大聲疾呼，從而又一次走在時代的最前列。但如果再往後，比方說在「新世紀」呢？面對諸如貧富懸殊、三農問題、國企改制以及醫療教育改革存在的「陰暗面」，魯迅可能會再一次同那些鼓吹新自由主義，竭力想把中國拉到所謂西方主流文明秩序的「知識階級」或者「新右」們決裂開來，重新變成一個堅定的左派或新左派。而對於近幾年萌動著的底層文學和新左翼文學，魯迅也絕不會像某些批評家那樣居高臨下地橫加指責和挑剔，視之為劣等文學，並一味要求其關注靈魂或者普遍的人性，彷彿「靈魂」和「人性」能夠脫離人的具體生存，在真空中單獨存在；他只會像當年對待柔石、白莽、葉紫和蕭紅、蕭軍們那樣，如扶持大石底下的萌芽一般，以拳拳之心，伸出自己熱情的雙手的！

這當然也只是一種極其主觀的推測。但我想如果魯迅先生地下有知，可能也不會反對。以他的愛憎，只要大多數人的尊嚴和利益受到損害和剝奪，他都會堅定不移地站在「普羅大眾」一

邊，為他們的不幸、掙紮和抗議進行辯護，包括為前些年的孫志剛以及最近發生的黑磚窯事件中那些死無葬身之地的民工和童工，並且賦予其抗爭同樣具有「天賦人權」的正當性。而倘使這也叫宣揚「暴力」和「仇恨政治學」的話，那我真不知道這世界上還有什麼叫做正義和良知了。

好在無論是右的還是左、或者中的人士，大都承認這個世界上需要正義和平等；而只有當自由、博愛乃至和諧，真正建立在正義平等的基礎之上，談起來才不顯得晦澀和空泛。明白這一點後，如何評價魯迅，倒顯得無關緊要了。

前些日子，聽說北京的中學語文教科書也開始「換血」。據媒體介紹，魯迅的《狂人日記》等篇什被盡數拿下，取而代之的是金庸的《雪山飛狐》之類。這無疑是掌握文化領導權之後的「知識階級」或右翼人士們，繼上海新版歷史教科書之後的又一重大舉措或勝利。網上網下又該有許多人彈冠相慶，狂歡一場了。

不知怎麼，我心裡卻異乎尋常地平靜。我想，敬也好，罵也好，刪也好，最終恐怕都將無損於魯迅半分毫；更不會像某些人一廂情願的那樣，從歷史和人心深處將他徹底抹掉。

因為，歸根結底，魯迅的精神是不死的。

（2008年）

何謂「抱怨文化」

　　在新浪文化博客上看到北大張頤武教授的一篇文章《守護「中國夢」的光芒》，頗有感觸，忍不住想就文中的觀點談一點淺見。

　　按照張教授的洞見，「80後」和「90後」青年中間流行一種「抱怨文化」。他認為，現在一些年輕人「只要求社會為自己創造更好的條件和更好的生活，卻忽視和忘記了個體的奮鬥的重要性，忽視和忘記了個人對於社會的責任」，「在網路上的不停的抱怨、相互傳遞消極的情緒，用中國社會確實存在的種種問題來作為個人無能為力、消極等待和抱怨的『正當性』」。他不無憂慮地指出，「一種以對社會問題的否定達到對於社會的否定，以對幸福感的要求合理化和正當化個人對於社會的不負責任的消極心態的狀況，確實在一些年輕人中發展。這種『抱怨文化』的特點是：一是將對於幸福感的要求和個人的奮鬥對立起來，二是將社會的責任和個人的責任對立起來，用強調前者來消解後者。」

　　張教授言之鑿鑿，似乎充滿了對青年對社會的責任感，但我還是覺得他的論說過於武斷，缺少足夠的信服力。首先，我就不大贊同他將青年們對社會問題的批評簡單地冠以「抱怨」甚至「文化」的命名。所謂「抱怨」，總難免讓人想起舊小說中的「怨婦」，是一種自怨自艾、無所作為的弱者形象。這是否是一種普遍現象？顯然值得討論。無容諱言，在高度商業化背景下成長起來的「80後」「90後」，不少人的確耽於物質上的滿足和享

受，心理素質脆弱，對生活的承受力也比較差，但以我的觀察，他們身上也具有前代人不具有的一些優點，比如善於接受新知識新觀念，我行我素，敢於發表特別是通過網路袒露自己的真實心跡，以及對社會問題的見解，有時甚至會採用一種極端或激烈的方式。給我印象至深的是，2008年奧運會期間，西方某些國家借所謂「拉薩騷亂」頻頻挑起歪曲和抹黑中國的浪潮之際，正是一批以「80後」為主體的中國青年，掀起了聲勢浩大的愛國運動，一些城市還發生了抵制家樂福的行動。這批參加抵制行動的「80後」因此被稱為「四月青年」。一向自居「思想前沿」的精英們這一次遠遠落在了青年們後面，或者說站在了與青年乃至民族利益相異的立場上。我記得，當時某些人就曾聲色俱厲地指責青年們是狹隘民族主義和「義和團」。當然，他們的指責很快在一片義正詞嚴的反駁聲中隱匿了。新一代中國青年通過自己的熱血之舉，有力地證明了他們是能夠擔負起社會責任的，是我們民族的希望和未來之所在。

當然，我並不是將張教授此次提出所謂「抱怨文化」同那些指責「四月青年」的精英們相提並論。我想表明的是，「抱怨」其實也可以是行使社會批評的一種方式。根據我的觀察，即便是「抱怨」，「80後」「90後」中的大多數人也並非如張教授指責的那樣，放棄或忽略了「個體的奮鬥的重要性」，更不是「將社會的責任和個人的責任對立起來，用強調前者來消解後者」，他們中的許多人恰恰是從自身生存現狀出發，看到了當今社會存在的種種不公和缺失。抑或即便存在某種「消極」心態，責任也不在青年，而是社會沒有為他們的個人發展和奮鬥提供合理的制度保障和基礎。一個真正健全民主的社會，對一切哪怕是過激和刺

耳的批評，都應該具備足夠的容忍和包容力，而不是動輒對之進行輕率乃至不負責任的猜度和斥責。這也是一切文明社會應有的胸襟和風度。張教授曾經將韓寒當做「中國崛起」的象徵以及個人奮鬥的典型大加褒揚，姑且不談這種言論是否適當，但據我所知，韓寒在取得世人矚目的個人成就的同時，也經常在其博客上發表各種不乏尖銳激進的社會批判言論，張教授顯然不會把韓寒的「批判」當做「抱怨文化」的例證，這是因為韓寒是當之無愧的強者，找不到任何「發洩私憤」的嫌疑。按照張教授的邏輯，「抱怨」是弱者的專利，根本沒有行使社會批判的資格；如果照此推演，富士康青年員工的「十三跳」以及那些屬於「弱勢群體」的農民工和被拆遷戶以自戕或自殺發出「被侮辱和損害」的抗議，同樣不能算正當的社會批判，而只能是他所質疑的「抱怨文化」。在我看來，這跟某些人在「富士康十三跳」發生之後，以統計學為依據說中國工人的自殺率「並不高」所表現出的那種高蹈和冷漠，簡直如出一轍，是一種徹頭徹尾的強者文化的表現。它傷害的不只是包括青年在內的整個弱勢群體和底層民眾的感情和尊嚴，還是對公平正義理念的一種違背。

一向以構建「新新中國論」為己任的張教授擺出這樣高蹈的姿態，顯然不是偶然的。他在《守護「中國夢」的光芒》一文中開篇就以美國父母教育子女的經驗為例，諄諄告誡中國的父母和青年，千萬不要忘記「個人的奮鬥和努力」。在張教授眼裡，美國不僅是全世界所有國家效仿的成功典範，美國式的個人奮鬥也應該是全世界所有青年學習的榜樣，所謂「中國夢」也只是「美國夢」的翻版。在他看來，中國自1840年以降的近、現代史以及1949年開始的新中國「前三十年」歷史是不存在的，中國的歷史

只能從三十年前的「改革開放」才真正開始。這也是張教授提出
「新新中國」和「中國夢」一系列宏論的邏輯起點。換句話說，
美式資本主義是世界歷史的「終結」，除此都應該排斥到主流文
明秩序之外而加以徹底的否定。大概正是基於這種認知，他才理
直氣壯地將包括「80後」「90後」在內的一切批評現成社會秩序
的聲音，當作消極的「抱怨文化」加以貶斥，從而否定了人們追
求和建設一個更加合理社會和想像未來的可能性。

　　我絲毫無意於否認社會學家和心理學家對青年和其他人群
中也許存在的某種「消極」心理情緒進行把脈以及合理疏導的必
要性，但張頤武先生面對錯綜複雜、充滿歧義的中國歷史和現實
時，採取的這種閉目塞聽和畫地為牢的認知方式，讓我實在難以
苟同。一個人也好，一個社會也好，如果一味地沉浸在「歷史終
結」的幻覺中，對任何批評乃至懷疑的聲音採取近乎本能的拒
絕，甚至不惜以冠冕堂皇的名義進行誤讀和貶損，不僅可能造成
新的思想專制，還將對人和社會的不斷發展和完善，形成極為有
害的鉗制。

　　而這，正是需要引起人們特別警惕的。

（2010年）

易中天先生的幽默感哪裡去了

20多年前在武大讀書時選修易中天先生的《中西比較美學》，每次去上課總是要提前趕到教室占座位的；若稍晚一步，不僅找不到座兒，連走道也擠得滿滿當當，想「見縫插針」都難了。

易先生的課的確講得好。一門在別的老師那兒也許枯燥乏味的課程，到了他這兒卻妙語連珠、趣味橫生，容納好幾百人的大教室裡不時引起哄堂大笑。易先生當然不是一味地逗樂耍嘴皮子，而是話裡藏鋒、旁徵博引，將極為敏感的現實話題十分巧妙地插入枯澀抽象的學術思辨當中，讓人心領神會、會心一笑；易先生不僅口才好，還有表演才能，講到出彩處，他甚至會像說書那樣連比帶劃地哼唱起來，那種幽默風趣、不拘一格的講課風格，在當時的武大算得上是一道亮麗的風景吧？

那時候，中文系的不少學生都是易先生的鐵杆粉絲。記得畢業離校前夕，我和一位同學特地去易先生的府上拜訪他。所謂「府上」，其實只是一套小的不能再小的二居室（也許是一居室？），師生仨在不足五平米的客廳談了一會兒，就告辭了。儘管這只是一次禮節性的拜訪，但我們這些學生對易先生的敬重之情由此可見一斑了。

從武大畢業沒多久，我就聽說易先生從武大調到廈大了。關於他調離武大的原因，我偶爾從相聚的同學議論中得知，不外乎是受壓制、懷才不遇之類。我對此篤信不疑。易先生離開武大時才是個講師，以他的個性和才情，這樣的冷遇也在預料之中。想

當初，國學大師程千帆也是受不了冷遇和排擠「憤而出走」的。但易先生到廈大後並沒有馬上「紅」起來，而是繼續落寞了一段時間。據早我兩年畢業的校友、詩人野夫披露，他做書商期間，還幫易先生出過一本書，印數只有五千冊。其實作為學者，這樣的「落寞」本是常態，許多公認的學術泰斗如錢鐘書、陳寅恪莫不是在一種甘於寂寞的狀態中終成大家的。在我心目中，易先生似乎也可以在學術領域成為引人矚目的「大家」的。

但後來的情形大大出乎了我的意料。易先生自從登上央視的「百家講壇」後，很快變成了文化界的熱點人物，他那些侃三國談水滸的通俗文化讀物幾乎在一夜之間風靡圖書市場，印數動輒上百萬，連當初野夫幫他出版後無人問津的那本書也被出版社重新包裝後成了暢銷書。易先生現在的影響，早已溢出了文化界，跟余秋雨、趙本山等人一道，成為了深受大眾追捧的文化偶像和網路紅人，他的每一步行蹤每一句言論都能引起無數人的關注和熱議。近來，易先生更是把興趣從「百家講壇」式的神侃和戲說歷史，轉向現實關懷和公眾感興趣的一些話題，以至有人驚呼，易中天實現了一次「華麗轉身」，由「知道分子」變為「公共知識份子」了。

我一反常態地對易先生這種「轉向」產生了興趣。之所以說「一反常態」，是因為在他紅遍大江南北的這些年裡，我很少去湊熱鬧，不僅沒拜讀過易先生的一本著作，甚至從未收看過他在百家講壇的節目，即使偶爾點到那檔節目，也只是停留幾分鐘便換到了別處。當然，易先生的「說功」和「做功」依然很出色，比當年在武大時可謂更上層樓、爐火純青了，但就個人趣味來說，我一向對國人經久不衰、樂此不疲的「歷史癖」以及百家講

壇推崇的那種戲說神侃歷史的輕薄風氣不以為然，甚至避之唯恐不及。可這一次不同，易先生從「戲說歷史」的神壇上下來，從遙遠的古代返回到了塵土飛揚的現實世界，開始針砭時事、臧否人物，成為「公共知識份子」了。

我多麼願意像當年在武大時那樣，繼續聆聽他對我們共同置身的這個時代發表各種真知灼見啊。但在看了易先生的一些言論之後，我很失望。坦率地說，易先生對現實問題發言時，不僅沒有相應的獨立立場，而且與大眾趣味靠得太近，不少觀點跟文化界流行的說辭如出一轍，缺少一個知識份子應有的高度和視野。也就是說，他仍然在用百家講壇那套把通行的歷史常識變換成討巧機趣的方式，來觀照和討論現實問題。他的許多話過於淺顯，即使一個普通的大學生也能說得出來。比如在一篇關於「堅守真實」的答記者問中，他抽象地強調「說真話」，卻不知「說真話」只不過是知識份子或個人表達意見的基本前提。就拿他反復提及的「公民」為例，由於每個人所處的社會身份和處境不同，其對同一事物作出的判斷也可能迥然相異。尤其在社會劇烈分化，價值已趨多元的時代，立場有時比「說真話」更加重要。無視這一語境，片面強調所謂「堅守真實」，顯然是對於另一種「常識」的盲視。

大概正是出於這種「盲視」，易先生在回答記者關於當代中國真正具有「書生傻氣」的文人（他推崇的知識份子理想人格），才不假思索地說出了「韓寒」的名字。在他看來，韓寒那些充滿青春期狂躁症和表現欲的言論，僅僅因為說出了許多人都能看到、而且並不需要多少勇氣就能說出來的「社會真相」，便堪稱當代知識份子的典範，卻對於韓寒「只反官府，

不反資本」背後隱藏的投機主義立場完全視而不見。易先生當然不是沒有看到，乃是因為他實質上跟韓寒站在同一立場的緣故。這一點也不奇怪。撇開年齡和知識背景的差異，他們倆都是強大市場培植出來的文化產物。沒有資本就沒有市場，這一內在邏輯在兩個人的成功經歷中得到了最有力的驗證，所以他們才死死盯住資本和市場的積極效用大唱讚歌，才對資本和權力合謀形成的新的特權控制閉目塞聽。說到底，同樣作為文化資本市場的「既得利益者」（韓寒語），易先生對韓寒的「稱許」，實乃一種惺惺相惜的行為。

前兩天看到一條被炒得沸沸揚揚的消息，《水煮三國》作者成君憶在央視做節目時，當面對易先生提出批評，稱易之所以能火是因為觀眾好糊弄，並且舉例說：「易中天老師曾經講曹操小時候持刀挾持過一個新娘子，並說曹操的這個行為是調皮。」成君憶因此稱易先生沒有道德感，他講了一個故事，認為學者比殺人犯更壞，應該被打進十九層地獄，因為他傷害的是別人的靈魂。易先生當即變色，厲聲斥責成憶君「不能這麼說」。隨後不少「易粉」在媒體和網站發帖指責成君憶，反指其是沒有道德的「小人」，連成本人也寫了一封致易先生的道歉信，而易先生在博客上一面說不需要成道歉，一面又稱，「我堅持的是人權和法治的原則」，指成君憶「觸犯了人類文明的底線，還建議他「向歷代為了思想自由獻身的先賢道歉」，儼然真理在握，不容冒犯。後來我看了成君憶記述的事發經過，覺得他的表述雖然有些唐突，不無助長「因言獲罪」的嫌疑，但以我的理解，成的本意也許並非如此，更不是指易先生一人，他只是用講故事的方式，主張知識份子應該為自己的言論承擔道德上的責任。這種觀點我

以為是站得住腳的，尤其是在價值混亂的當下文化界，不失為一種剴切之論。但易先生無視這一點，揪住成的言語莽撞興師問罪，則明顯小題大做了，一點也不像我記憶中那個幽默睿智的易老師。其實，如果當時易先生大度地一笑了之，或者就此對知識份子的「道德責任」發表自己的高見，恐怕不僅不能讓人懷疑他的「道德感」，反而會讓人們對他從善如流的風度肅然起敬吧？

易先生對成君憶的過度反應，使我想起前些時趙本山在一個研討會上因某學者對其提出批評時勃然大怒的事件。這兩件事情接踵發生不是偶然的，它至少表明，資本市場打造出來的某些文化紅人的心態已經嚴重膨脹扭曲，越來越習慣高踞於大眾之上，聽不進任何批評和質疑的聲音了。

寫到這兒，我不禁懷念起二十年前武大時的易先生了。如果說那時的易先生可親可敬，充滿了幽默感，真的稱得上他推崇的「書生意氣」，現在的易先生則有些盛氣凌人了。

當然，作為當今大眾文化市場上的風雲人物，易先生不必恪守自己二十多年前的言行和風範。時代造就了易先生，易先生也義無反顧地選擇了這個時代。用三國裡的一句話來說，是周瑜打黃蓋，一個願打一個願挨，何況，易先生不僅沒挨這個時代的「板子」，而且正寵紅得發紫呢。

（2010年）

人民需要張悟本

先講一個故事：

上個世紀六十年代中期，江南水鄉。阿芳嫂的女兒小妹患了急性肺炎，被送到公社衛生院搶救，醫生錢濟仁對小妹見死不救，婦女隊長田春苗見此情景痛切地呼籲：這種狀況再也不能繼續下去了！正在這時，毛澤東主席發出「把醫療衛生工作的重點放到農村去」的指示，公社黨委同意湖濱大隊黨支部派田春苗到公社衛生院去學醫。但田春苗卻遭到公社衛生院院長杜文傑和醫生錢濟仁的打擊和刁難。田春苗不畏卡壓，在醫務工作者方明等的幫助下，勤奮學習。她目睹了患腰痛病的老貧農水昌伯受到錢濟仁的刁難，杜文傑又不准她和方明為水昌伯治病，田春苗憤然回到大隊。在黨支部和貧下中農的支持下，她辦起了衛生室，背著藥箱，為群眾服務。阿芳嫂的兒子得了急病，公社衛生院拒絕出診，並卡住田春苗的處方權，不准水昌伯取藥，田春苗連夜冒雨采來草藥，及時挽救了小龍的生命。在田春苗的影響和帶動下，公社許多大隊紛紛成立衛生室，培養自己的赤腳醫生。這些都遭到杜文傑的反對，他對田春苗施加種種壓力，並摘掉了衛生室的牌子，沒收了田春苗和公社赤腳醫生的藥箱。杜文傑以名利為誘餌，辦起赤腳醫生集訓班，田春苗和赤腳醫生一起揭穿了杜文傑的陰謀，田春苗與方明等將水昌伯接進衛生院，用老石爺獻出的土方進行治療。水昌伯服藥後，原來麻木的雙腿突然劇痛起來，杜文傑借此大造輿論，誣衊田春苗和方明謀害貧農，企圖轉

移人們的視線。田春苗走訪了老石爺，證實水昌伯的病是好轉的表現，而且需要加大藥的劑量。她不顧生命危險，試嘗含有毒性的加大劑量的草藥。這時錢濟仁妄圖暗中下毒謀害水昌伯，嫁禍於田春苗；杜文傑以搶救為名，調來救護車要把水昌伯劫走。這些都被田春苗識破後，杜文傑最後又利用職權禁止水昌伯繼續服藥，無理將藥碗砸碎。田春苗和群眾更看清了杜文傑的嘴臉，更堅定了把農村衛生事業辦好的信心。

這是電影《春苗》的故事梗概。今天三四十歲以上的人大都看過。之所以提起這部文革時代的老電影，並非我有「懷舊癖」，而是因為我發現最近一段被媒體和網路炒得熱熱鬧鬧的「神醫」張悟本的經歷跟電影裡女赤腳醫生田春苗有幾分相似。上世紀五六十年代，由於絕大部分醫療資源和人才都集中在城市裡，廣大的中國農村跟現在一樣，人民群眾缺醫少藥，看不起病，面對這種現狀，毛澤東發出了著名的「六二六指示」：「告訴衛生部，衛生部的工作只給全國人口的百分之十五工作，而這百分之十五中主要還是老爺。廣大農民得不到醫療。一無醫生，二無藥。衛生部不是人民的衛生部，改成城市衛生部或城市老爺衛生部好了。現在那套檢查治療方法根本不適合農村，培養醫生的方法，也是為了城市，可是中國有五億多農民。城市裡的醫院應該留下一些畢業後一年、二年的本事不大的醫生，其餘的都到農村去。四清到××年掃尾，基本結束了，可是四清結束，農村的醫療、衛生工作沒結束啊！把醫療衛生工作的重點放到農村去嘛！」所謂「赤腳醫生」就是那個時期湧現出的「新生事物」之一。

何謂「赤腳醫生」？我搜索了一下百度關於赤腳醫生的詞條：

　　赤腳醫生是真正為窮人服務的天使。行醫的精神內核是什麼？是誠意，是真心！赤腳醫生雖然沒有潔白的工作服，常常兩腳泥巴，一身粗布衣裳，但卻有最真最純最熱的為人民服務之心。而樸素實用的治療模式，滿足了當時農村大多數群眾的初級醫護需要。反觀當今的醫療機構，缺少的正是這種平民意識。病房越來越豪華，收費越來越天文，大而無當的醫療體系使得醫患矛盾越來越突出，早已淡出歷史的「赤腳醫生」又重回人們記憶也就不奇怪了。

　　「赤腳醫生」在21世紀可以理解為國外的保健醫師，他為群眾提供的是24小時，即時的不需要排隊的貼身醫療服務。普通的傷風、咳嗽、常見的外傷的時候，「赤腳醫生」能夠幾分鐘內為你提供醫療服務。和城市的醫療服務相比，等車、排隊、繳費、3分鐘看病相比，「赤腳醫生」制度值得今天的醫改部門認真學習。

　從中可以看出，赤腳醫生的行醫辦法跟張悟本差不多，用的也是中醫草藥的土技術。

　張悟本之所以「走紅」，並非他主觀上踐行了這種「赤腳醫生」精神，而是一開始就跟某些醫療機構和書商的推波助瀾和大力包裝有關。他們這樣做並非因為群眾吃不起高價藥，而是自身的利益驅動使然，張悟本只不過是他們慧眼相中的一個賺錢工具而已，可當張悟本被走投無路的缺醫少藥者當做救命稻草捧成神醫後，他們坐不住了。因為如果任由張悟本那套「把吃出來的病吃回去」的「異端邪說」被廣大人民群眾接受，許許多多的大

醫院就會出現門可羅雀的景象，那個龐大的利益集團就會受到直接的威脅，好不容易靠醫療產業化建立起來的利益鏈條也會發生斷裂，這無疑是掌握著高科技和先進醫療資源的人和機構所不能容忍的，所以他們才一改最初的沉默不語，又是組建專家團隊批駁，又是調用政府權力「封場子」，並借助強勢媒體對張悟本發起了絕地反擊。一介草根的張悟本自然不是他們的對手，何況他的「食物療法」像田春苗使用的民間草藥那樣，原本就缺少現代醫學的支持，因此理所當然很快由「神醫」變成「巫醫」，從神壇上落下馬來，成為了眾矢之的。

在電影《春苗》的結尾，赤腳醫生田春苗勝利了；今天的張悟本則像孫猴子那樣，翻了個筋頭雲也沒翻出如來的掌心，又結結實實地掉到了地上。那個如來不是別人，就是前面所說的利益集團。張悟本的失敗是必然的。因為他生活在一個所有社會資源被精英集團掌控的時代，他是獨自在跟一個龐大無比的利益集團作戰；從這個意義上說，張悟本遠遠沒有田春苗那麼幸運。因為田春苗不是一個人，她背後站著像她一樣心系千家萬戶的成千上萬的赤腳醫生，以及真心實意地擁護他們的人民群眾。更重要的也許是，那個時代的人民群眾是國家的主人翁，人民的利益高於一切；而現在，精英特權集團的利益高於一切，並且沒有任何力量對他們構成制約。

當然，張悟本不是田春苗。張悟本沒有前者那樣「全心全意為人民服務」的精神境界，他只是靠「個人奮鬥」和偶然的機遇，意外地取得了成功，一個小小的「食品營養師」，無意中變成了特權利益集團的「共謀者」和「籌碼」，這從他把掛號費提高到200元的行為可見一斑。但這不能完全怪他，特定的時代只

能造就特定的人，即使田春苗生活在今天，她的表現也許不會比張悟本更好。在一個幾乎每個人都在追逐利益最大化的時代，張悟本如何能夠獨善其身呢？

張悟本事件引發激烈爭議，是積鬱已久的醫療以及更大範圍內的社會公正問題的一次大釋放、大暴露，僅僅盯著張悟本開出的「食物療法」是否科學，甚至從「偽造身份」之類的個人品行對其進行道德指控，都是一種只見樹木不見森林的迂腐之舉，或者是特權利益集團為了混淆視聽刻意製造的一個陷阱。人們應該睜大眼睛，清醒地認識到這場紛爭背後隱藏的實質，從而使那些被少數人壟斷的社會資源重新回到廣大人民群眾的手中。果若如此，被各種利益群體送上輿論祭壇的張悟本，也算是真正為人民做了一份貢獻。

還是回到電影《春苗》上來。李秀明扮演的赤腳醫生田春苗以她如火如荼的熱情和健康美麗的形象，永遠定格在了那個毀譽參半的時代。張悟本呢，或許只能像許多紅極一時的熱點人物那樣曇花一現，很快被人們所遺忘。但人民對社會公正的渴求絕不會就此停止。只要杜仁傑、錢濟仁們一天不轉變維護自己特權的立場，少數人佔有和剝奪多數人資源的問題一天得不到解決，就還會出現張悟本、李悟本這樣的人物。

因為，人民需要「張悟本」！

（2010年）

楊友德是暴民嗎

最近看到一則報導，為了反對強制拆遷，武漢東西湖農民楊友德自學「阿凡達」，在自己承包的田地裡搭了個「炮樓」，用自製的火炮兩次打退了拆遷隊的「進攻」。

56歲的楊友德承包了25畝地，2029年到期。在這片田地裡，楊友德開展多種經營——養魚、養牛還種植棉花和瓜果。去年楊友德聽說自己的25畝地被徵用了，但是由於補償沒有談妥，他拒絕搬出。後來拆遷方就多次放話出來，說要對他動手。為了保證自身安全，今年年初，楊友德將一輛手推翻斗車的前部鐵皮拆掉，在翻斗裡面放置了一箱禮花彈，準備對抗拆遷隊。今年2月6日，30多人的拆遷隊伍來到地頭準備強征。楊友德就點燃了禮花彈，拆遷隊員因躲在鏟車後面，毫髮無損，等禮炮放完後，他們沖出來把楊友德打了一頓。為了汲取教訓，楊在親友的幫助下做了一座「炮樓」，並改裝了「武器」。5月25日下午，又有一支一百多人的拆遷隊，戴著鋼盔拿著盾牌，在推土機和挖掘機的掩護下，再次來到楊友德的承包地裡。楊發現後立即爬上炮樓，朝拆遷隊放了幾炮，他們便被嚇住了，沒敢繼續向前推進。

楊友德此舉引起了媒體和網民的關注，有人認為楊「炮擊」拆遷隊是一種合法的維權行為，與那些以自焚或自殺抵制強制拆遷的「消極抵抗」相比，屬於「積極抵抗」。也有人認為楊自製土炮，武力抗「法」，已經超出了「合法抗議」的範疇，是一種不擇不扣的「暴民」行徑。兩種觀點針鋒相對，莫衷一是。

　　以筆者之見，楊友德的「炮擊事件」，涉及到兩個關鍵問題：一是拆遷隊所倚仗的地方規章制度或曰「土政策」是否代表了國家法律？如果「土政策」同國家法律乃至憲法相衝突時，作為公民的個人是否有權反抗「土政策」，從而在捍衛個體權利的同時維護憲法作為「國家根本大法」的權威性？二是如果承認這種反抗的正當性，那麼，公民的「抵抗權」是否應該得到法律的保護？

　　在進入討論之前，我們不妨瞭解一下美國電影《哈利之戰》。

　　哈裡是一個普通的美國國民。電影的開篇，是哈裡折疊棄之牆角的一面國旗。這說明哈裡是一個認同美利堅民族的愛國的公民。當稅務局不合理地向愛好收藏軍品的姑媽徵稅甚至征討房子的時候，哈裡則站起來反抗這種不合理的制度。從法律角度講，稅務局，作為地方職能機構，它的規章制度，並不具有法律效能。但是，在權力的操縱下，稅務部門卻將老太太給逼死了。哈裡這個時候向稅務局表達其抵抗，以維護自己的合法權益。在影片中，哈裡開著裝甲車（老太太的收藏品）找稅務局討公道，還闖進電視大樓裡發表了演講，隨後哈裡就被軍警圍在老太太的倉庫裡。哈裡於是開著裝甲車奮起反擊。激戰數日之後，終於在媒體的介入之下，哈裡取得了最後的勝利。

　　這部講述「一個人對國家的戰爭」的電影，在中國觀眾看來也許有些荒誕不經，但它揭示的其實是一個非常重大的主題，即相對於國家權威，公民抵抗權同樣具有神聖不可侵犯的性質。它彰顯的與其說是美國的「憲政精神」，還不如說是任何一個現代

國家的公民都應該擁有的民主權利。在現代國家，或許只有憲法才具有「不證自明」的合法性。其他所有法律法規制度，都必須站在公民權利的目光中，接受合不合法的審視。之所以如此，是因為法律並不總是合理的。真正的法治精神，是允許公民對權威說「不」（當然是在維護公民權利的意義上）。如果一個法律不允許人說「不」，而只強調服從服從再服從，那這個法律只能是「惡法」——畢竟，法，也是人制定出來的——為此，美國作家和思想家梭羅寫出了他的政治學名篇《論公民的不服從》，來論證公民的「抵抗權」。

梭羅說——

> 政府的權威，即使是我願意服從的權威——因為我樂於服從那些比我淵博、比我能幹的人，並且在許多事情上，我甚至樂於服從那些不是那麼淵博，也不是那麼能幹的人——這種權威也還是不純正的權威：從嚴格、正義的意義上講，權威必須獲得被治理者的認可或贊成才行。除非我同意，否則它無權對我的身心和財產行使權力。從極權君主制到限權君主制，從限權君主制到民主制的進步是朝著真正尊重個人的方向的進步。民主，如同我們所知道的民主，就是政府進步的盡頭了嗎？不可能進一步承認和組織人的權利了嗎？除非國家承認個人是更高的、獨立的權力，而且國家的權力和權威是來自於個人的權力，並且在對待個人方面採取相應的措施；否則就絕對不會有真正自由開明的國家。我樂於想像國家的最終形式，它將公正地對待所有的人，尊重個人就像尊重鄰居一樣。如果有人

履行了鄰居和同胞的職責，但卻退避三舍，冷眼旁觀，不為其所容納的話，它就寢食不安。如果，一個國家能夠結出這樣的果實，並且聽其儘快果熟蒂落的話，那麼它就為建成更加完美、更加輝煌的國家鋪平了道路。那是我想像到，卻在任何地方都不曾看到的國家。

梭羅以詩意而充滿哲理的文字，闡述了國家權威和個人權利互相依存的關係以及公民「服從」和「不服從」的前提條件。不僅如此，梭羅還身體力行，為了反抗州政府的不合理稅賦，跑到遠離大城市的瓦爾登湖隱居了五年，以此表明他關於「不服從」的政治主張。當然，跟中國公民楊友德和美國公民哈裡相比，梭羅的行為是一種「消極反抗」。這與梭羅遵從的非暴力主義理念有關。所謂「非暴力主義」，源於托爾斯泰的「勿以暴力抗惡」和甘地的「非暴力不合作運動」。但這並不能成為取消「暴力不服從」的生成基礎。再以美國為例，在任何國家，國旗都是最重要的民族象徵，而美國最高法院裁決燃燒美國國旗不能被宣佈為非法：因為它是言論自由的一種形式，是公民表達抵抗權的形式。抵抗權，也不只是簡單概念上的反抗和暴力。它有多種抵抗的形式，從服從，到不服從，一直到暴力革命；遷徙、不執行、抵抗，都是抵抗權的表達方式。而暴力革命乃是公民對國家抵抗的最高形式。當一個國家墮落為黑社會的擴大版時，它對社會成員的掠奪與壓迫就總有被暴力革命所反抗的那一天。

就此而言，楊友德以自製土炮抵抗強制拆遷案的「不服從」行為，傳達出的是國家法律被「土政策」僭越和踐踏之後，社會成員試圖通過與「暴力拆遷」對等的「武力抵抗」，尋求國家權

威和憲法支持的無奈之舉。正如楊友德在回答記者提問時所說，「對於強拆，我看到很多人用消極的抵抗辦法。比如往自己或家人身上澆汽油，把家人燒死。我不願這麼幹。我覺得這是不相信共產黨的表現。我和他們不一樣，我不想傷害自己。而且我相信是下層瞎搞，上層是光明的。所以我不會燒死自己。我這種方法，講起來和國家的治安管理條例不符合。但我沒有辦法，這是非常時期的非常方法。」楊友德喜歡把維權叫戰鬥，或者說「打仗」。在他家裡，擺著《物權法》和一本厚厚的法律政策全書。很多條款，他都能全文背下來。這無疑表明，楊友德具有一個現代公民應有的知識素養，其行為顯然可以看做是他自覺維護公民權利的理智之舉。所以，當記者問他怕不怕有人說他是「暴民」時，才理直氣壯地回答：「我不同意。一個人在暴力的方面，你要看他產生的環境。我不是強買強賣，國家有法律有政策規定，我不是多要，我不是暴民！」

上世紀六十年代，毛澤東曾就「拆遷」問題有過一段著名的話：「早幾年，在河南省一個地方要修飛機場，事先不給農民安排好，沒有說清道理，就強迫人家搬家。那個莊的農民說，你拿根長棍子去撥樹上雀兒的巢，把它搞下來，雀兒也要叫幾聲。鄧小平你也有一個巢，我把你的巢搞爛了，你要不要叫幾聲？於是乎那個地方的群眾佈置了三道防線：第一道是小孩子，第二道是婦女，第三道是男的青壯年。到那裡去測量的人都被趕走了，結果農民還是勝利了。」

很顯然，毛澤東是贊成農民對不合理的「土政策」採取抵抗行動的。而對於今日之「楊友德事件」，人們與其在他是不是「暴民」這個問題上糾纏不休，倒不如思考一下：現行法律

工具為何對那些肆無忌憚地侵犯和剝奪公民權利的「土政策」表現得如此軟弱乃至於熟視無睹？當違法以「官權」的面目出現時，很少受到追究，而當個人為了「維權」觸動某些「土政策」時，「官權」則可以冠冕堂皇地聲討和採取一切手段去「平息」。這種官權與民權之間的不平等，不僅與現代民主和法理精神相悖，而且是對我國作為社會主義國家的「人民民主」理念的嚴重侵害。

楊友德曾反復表示，他相信法律，相信國家，「瞎搞」的只是「下面的人」。所謂「下面」，其實就是那些代表某些特殊利益集團的權力部門。用梭羅的話說，就是「政府是人民選擇來行使他們意志的形式，在人民還來不及通過它來運作之前，它同樣也很容易被濫用或誤用。」

面對這種國家權力被「濫用或誤用」的現象，明智的辦法不是給用土炮「武力維權」的楊友德戴上一頂「暴民」帽子了事，而是應該加快建設政府和民眾之間的疏通管道，並通過重建憲法的權威，遏制官權和資本的無休止蔓延，以避免社會矛盾進一步惡化，從而使社會主義的「人民民主」和西方憲政框架下的「公民權利」在新的歷史條件下相容共生。只有這樣，中國才可能走上一條消除歷史積怨，充滿和諧與和解精神，真正實現公平正義的光明大道。

這，或許就是「楊友德事件」帶給我們的寶貴啟示。

（2010年）

全球化，還是殖民化？
——奧克蘭對話錄之一

2011年4月9日
紐西蘭奧克蘭市北岸，雷瑞路29A

【湯姆・溫斯頓（Tom Winston），奧克蘭大學博士，以下稱溫斯頓】

溫斯頓：從政治學角度講，全球化這個概念在國際學術領域的廣泛使用，是從上個世紀90年代開始的。具體說，或許始於亨廷頓教授那本影響深遠的著作《文明的衝突和世界秩序的重建》。

劉繼明：我很早就讀過《變化社會中的政治秩序》，但《文明的衝突》一直沒機會讀。

溫斯頓：按照亨廷頓教授的觀點，文明間的關係是競爭性共處，即冷戰和和平；文明的衝突具有或可能具有兩種暴力形式，最可能的一種是來自不同文明的地區集團之間的戰爭，最危險的是不同文明中的主要國家之間發生的核心國家戰爭（CoreStateWars）；未來不穩定的主要根源和戰爭的可能性來自伊斯蘭的復興和東亞社會尤其是中國的興起；西方和這些挑戰性文明之間的關係可能是極其困難的，其中美中關係可能是最危險的關係。但是現在中美之間的關係似乎主要是合作，而不是對抗。

劉繼明：對今天的許多中國人來說，中美關係幾乎被當作了

改革開放的標誌。三十年來，中美之間的貿易合作以及文化交往
始終是最重要的。

溫斯頓：幾年前我在北京學習中文，同一些同學聊天，他
們開口閉口就是美國。在他們那兒，對外開放好像就是向美國開
放。（笑）

劉繼明：沒錯。中國的市場經濟實際上就是美國模式。對
許多經濟學家來說，只有美國才是真正的自由市場經濟。上個世
紀90年代初，中國剛剛啟動市場經濟改革，充斥報刊書籍的都是
「市場」這個詞兒，那會兒，人們一般習慣用「市場化」這個概
念，對中國人來說，「全球化」這個詞還有些陌生。

溫斯頓：你能記得這個詞是從什麼時候開始正式被中國的學
術界和公眾接受和使用的嗎？

劉繼明：這個真說不大清楚。2002年，中國作家協會在魯迅
文學院開辦了一個「中青年作家高級研討班」，這個班上的大部
分學員都是當時中國文壇比較活躍的中青年作家。我也在這個班
上。記得來自浙江的艾偉有一次非常鄭重地問我，你覺得我們這
個時代的關鍵詞應該是什麼？這個問題有些突然，我一時不知道
怎麼回答。後來還是艾偉自己回答了，他嘴裡輕輕吐出的就是
「全球化」這個詞。我當時心裡咯噔了一下。其實，對於「全球
化」我絲毫也不陌生，可當有人，尤其是一位同行把它當作「我
們時代最重要的關鍵詞」時，我似乎才給予了足夠的重視，甚至
警覺。

溫斯頓：為什麼是「警覺」呢？在我看來，中國的市場經濟
改革，是一場主動的社會革命，所謂的「市場化」，其實也就是
「全球化」的中國式表述。

劉繼明：事情遠沒有這麼簡單。「全球化」是一個比「市場化」大得多的概念。如果說「市場化」的確是中國「主動」選擇的改革，「全球化」則明顯是一種世界大趨勢的蔓延，包括中國在內的「第三世界」，具有某種「被動」的意味。

溫斯頓：你的意思是，中國是「被全球化」的？

劉繼明：可以這麼理解吧。但這只是問題的一個方面。在今天的中國，全球化早已超出了「市場化」所承載的經濟學意義，而變成了一種強大的政治邏輯，或者叫意識形態。如果說起初中國多少有些不得不被捲入的姿態，那麼現在，當它業已置身於一片汪洋大海之中時，頑強地生存並發展起來了。用中國流行的一句說辭，就是中國離不開世界，世界也離不開中國了。

溫斯頓：我有點疑惑：所謂的「世界」是一個整體嗎？從冷戰前及冷戰後的今天，從來就不是。世界始終存在著各種各樣的矛盾和衝突，種族的、利益的、資源的，還有地緣政治等等，從來就沒有停息過。對於這些衝突，那些大國以前是通過戰爭手段加以解決，十九世紀以前，表現為西班牙、英國和葡萄牙對拉丁美洲、大洋洲和非洲的武力征服，也就是殖民主義；一戰和二戰時期以及冷戰階段，則表現為強國之間的火拼和對峙。用列寧主義或毛主義者的分析，這是一個由資本主義到帝國主義的發展階段。但從上世紀末，以冷戰結束為標誌，戰爭不再是解決國家之間利益衝突的主要手段，隨著科技和資訊技術的進步，強國越來越採用經濟和文化手段去達到以前用戰爭才能達到的目的，這是後殖民時代的典型表徵。但全球化並不能掩蓋世界仍然有少數強勢集團主宰和控制的現實。對於受控國家來說，所謂的「雙贏」更多時候也許只是一廂情願的幻覺。

劉繼明：你其實想說，中國也是這些「受控國家」之一吧？

溫斯頓：中國在經濟上的確比過去強大了許多，但從大的世界格局上講，作為第三世界國家，它還是沒有擺脫這種被動的地位。按照傑姆遜的分析，第一世界掌握著文化輸出的主導權，可以將自身的意識形態看作一種佔優勢地位的世界性價值，通過文化傳媒把自身的價值觀和意識編碼在整個文化機器中，強制性地灌輸給第三世界，而處於邊緣地位的第三世界文化則只能被動接受，他們的文化傳統面臨威脅，文化在貶值，意識形態受到不斷滲透和改型。

劉繼明：傑姆遜的後殖民文化理論，在九十年代的中國曾經是一門熱鬧的學問，不少學者都試圖用他的理論揭示中國面臨的處境。可讓我納悶的是，當今天的中國徹底捲入全球化的境遇之中後，中國的學者們對傑姆遜反倒不再問津了。是他的理論已經失效，還是覺得第三世界的文化危機已經解除或者不存在了嗎？

溫斯頓：我想這種情形不單出現在中國，所有第三世界和身處邊緣的國家都差不多。從葛蘭西的「文化霸權」到福柯的「話語理論」，一直到賽義德的「東方主義」，都處於被冷落的位置。我覺得這跟新自由主義從九十年代的崛起有關。

劉繼明：對。新自由主義以「華盛頓共識」作為標誌，宣告了一種新的強權文化和政經模式開始登上世界舞臺，而中國正是較早作出積極呼應的國家之一，新自由主義所宣導的市場自由化和個人主義哲學，九十年代後幾乎成為了一種最為流行的東西，從主流知識界到流行文化無孔不入。法國社會學家布林迪厄曾經在同德國作家君特・格拉斯的一次對談中說：「我把新自由主義視為一種保守革命，這是一種奇怪的革命，它恢復過去，卻

把自己打扮成進步，把倒退本身改變成進步的一種形式。它做得如此好，以致那些反對它的人反而被弄成倒退者。這是我們兩個都在忍受的處境：我們隨時要被當成過時者、『曾經』者、倒退者。」這是對新自由主義的絕妙諷刺。

溫斯頓：是的，世界的發展越來越超出了一些新馬克思主義學者及後殖民文化理論家們的設想。新自由主義主張的其實是一種消弭差異的單極化世界，也就是將文明的衝突和融合，悄悄置換成了由強國輸出價值觀的政經模式的帝國主義行徑。這說明，西方強國並沒有走出傳統殖民主義的那種「宗主國」的心態，只不過巧妙地進行包裝後再四處派發。用葛蘭西的話說，就是處於中心之外的「邊緣」地帶的殖民地，對宗主國在政治、經濟、文化、語言上的依賴，使其文化記憶深深打上了「臣屬」的烙印。歷史在被中心話語重新編織中受到「認知暴力」的擠壓。在西方人或宗主國的「看」之下，歷史成為「被看」的敘述景觀，並在虛構和變形中構成「歷史的虛假性」。

劉繼明：這是「後殖民文化」的題中之義，雖然我不認為用後殖民理論還能夠準確地解釋今天的世界，但就是這一點，當今中國的主流知識界也有意無意地遺忘或者故意忽略了。他們義無反顧地投身到「全球化」這面顯赫的旗幟之下，根本無視殖民主義─後殖民主義─全球化之間的內在關聯，用一句中國的古話叫掩耳盜鈴。他們過於一廂情願了，在一個依然由西方主宰的世界裡，整天嚷嚷著「我們是一家人」，甚至把自己當成了主人，熱衷於營造所謂「中美國」和「新新中國」的夢囈，而全然忘卻了自己所屬的文化身份乃至記憶。

溫斯頓：我不十分瞭解中國知識界的情形。但按照美國亞

裔女學者斯皮瓦克的觀點，要想抹去「臣屬」殖民化色彩以恢復本民族「歷史記憶」和重新書寫自己的文化身份，首先要以解構主義的去中心方法，解析宗主國文化對殖民地文化所造成的內在傷害，揭露帝國主義在意識形態領域裡的種種偽裝現象，並將文化研究與經濟、法律、政治研究打通，從而恢復歷史記憶的真實性。其次，從歷史敘事入手，用西方馬克思主義的「批判理論」揭示帝國主義對殖民地歷史的歪曲和虛構，建立與之相悖的反敘述，使顛倒的歷史再顛倒過來。

劉繼明：這一點非常重要。但對於大多數中國人來說，實在太健忘了。對於本民族的歷史，似乎特別樂於被「看」，甚至喜歡借用他人的眼睛去看。哪怕他人明明戴著有色眼鏡或者蓄意改寫和歪曲，也和盤接收，並且刻意地迎合。這顯然是一種典型的「臣屬」心態。我最近看了中國學者索颯的一本書《豐饒的苦難：拉丁美洲筆記》，很有感慨。作為一個長期遭受過歐洲老牌資本主義國家「殖民」和掠奪過的大陸，拉美的知識份子和人民對殖民主義本質的認識十分清醒，對修復和保持自己民族身份和記憶的渴望也迫切得多。1992年全世界包括中國都在隆重紀念哥倫布「發現新大陸」500年，歌頌其豐功偉績時，墨西哥卻爆發了聲勢浩大的反殖民主義遊行示威活動，在墨西哥地鐵站打出了一行醒目的標語：「哥倫布是500年前走錯了路的一個流氓！」拉丁美洲人還把「發現」這個西班牙詞語拆解，重新組合成「揭示掩蓋」，他們認為紀念「500周年」的任務在於揭露長期被掩蓋的殖民主義罪行。拉美的知識份子對歐洲和美國在民主自由旗號下推行的擴張主義政策保持著十分清醒的認識：歐洲人把剩餘勞動力趕到殖民地，維護了本國的民主；殖民主義者又把掠奪殖

民地人民的土地和資源用來維持自己那部分人的民主。與此同時，拉美人對抗擊殖民主義戰爭中犧牲的民族英雄始終深懷敬意，而對那些賣國求榮的人深惡痛絕。與此迥然相異的是，中國卻不斷有人對外一味地美化殖民主義，對內貶損甚至污辱那些抵禦外侮的英烈，表現出一種十足的「臣屬」和奴性。

溫斯頓：你說的這種傾向不是一種普遍現象吧？據我所知，在中國的知識界和民眾中間，還是存在一些不同聲音的，比如新左派、民族主義，等等。

劉繼明：不同聲音當然有，但我說的那種傾向在中國具有相當的影響力。如果你瞭解中國的主流媒體就會注意到這一點。在中國，許多持新自由主義立場的知識份子就被稱為主流知識份子，從某種意義上說，新自由主義同後殖民主義是一種同構關係；而你說的新左派和民族主義，其實處於弱勢和邊緣地位，經常被打壓甚至污名化的。

溫斯頓：我是否可以認為，在你的邏輯當中，「全球化」同「後殖民」是同一個意思？

劉繼明：可以這麼說吧，但我覺得還是用「殖民化」更合適一些，或者用「新殖民主義」也可以。

溫斯頓：為什麼？

劉繼明：按照後殖民文化理論家們的觀點，「後殖民」是殖民主義的新階段，就像賽義德描述的那樣，帝國主義在今天已不再是從事領土征服和武裝霸權地進行殖民主義活動，而是注重在文化領域裡攫取第三世界的寶貴資源並進行政治、意識形態、經濟、文化殖民，甚至通過文化刊物、旅行考察和學術講座的方式征服後殖民地人民。但最近十多年的現況表明，帝國主義並沒有

完全放棄「領土征服和武裝霸權」，只不過變得更加高明罷了。從蘇東解體、轟炸南聯盟、入侵伊拉克和阿富汗，直到最近中東和北非一些國家接連發生的權力更替和武力干預事件，無論叫「顏色革命」還是「鮮花革命」，都是一種赤裸裸的政權顛覆行為，與殖民主義時代的入侵和佔領並無實質性的差別，不同的只是具體的形式和手段而已。在這一點上，亨廷頓關於文明衝突的過程中爆發戰爭可能性的論斷，應該說是頗有預見性的。因此，所謂「全球化」只不過是殖民主義的一件新的時尚外套罷了。最近中東和北非發生的事件就是最好的例證。

溫斯頓：它們可能只是局部的，突發性的吧？

劉繼明：不不，我不這樣認為。從911以來日益頻繁的偶發性衝突逐漸演化成更大規模的地區動盪乃至戰爭絕非偶然，幕後都離不開美國和某些歐洲強國的操縱。鐵的現實表明，文明的衝突加劇的後果，不是融合，恰恰有可能導致更為劇烈的爭鬥。從這個意義上說，911和伊拉克戰爭是美國等國家越過價值觀和文化輸出的界限，重新操起舊殖民主義的征服手段，迫使弱國接受其殖民統治的分水嶺。對石油資源的掠奪當然是他們覬覦的目標之一，但這並不是全部目標。對美國等西方強國來說，真正的目標是他們從冷戰結束以來就開始日益膨脹的野心，即建立一個由他們主導的單極化的資本主義世界。為了這一目標，他們往往不擇手段。最近，中國學者何新出版了一本書《誰統治著世界》，他認為，20世紀的冷戰實際上是共濟會成員國與國際共產主義運動兩大陣營爭奪世界控制權的鬥爭，冷戰以共濟會一方取得勝利而告終。因此冷戰後所謂的全球化和國際新秩序就是共濟會所設計的全球政治、金融和市場資源配置的新秩序。

溫斯頓：何新先生這部著作我沒有看過，只是從媒體上見到過一些評論，特別是關於「共濟會」，我也只是略有所知。

劉繼明：我以前也對「共濟會」不甚了然，根據何新先生的研究，共濟會是全球最有權力的精英俱樂部，自17世紀在倫敦創立以來，它就以宣揚和傳播自由作為基本教義，這個組織的最終目標是建立由美英權力世襲精英控制下的世界政府，進而建構西方主導的世界新秩序，讓美英少數精英家族主宰全世界。共濟會超越於黨派之上，核心成員由美英政商界的最高統治者構成，歷任的美國總統不論來自那個政黨幾乎都是共濟會的成員。目前國際共濟會總部分別設在美國和英國，經濟來源由美英金融財團提供。美國現任總統奧巴馬、英國前首相佈雷爾、金融大鱷索羅斯、巴菲特、美國聯儲局前主席格林斯潘等人都是共濟會的會員。共濟會控制著美國許多具有重大影響力的盟會、學會和基金會，包括美國外交委員會、美國企業研究所、傳統基金會、洛克菲勒基金會、比爾蓋茨基金會、骷髏會等。這個恐怖的圖案是骷髏會的標誌，表面上骷髏會是耶魯大學的一個校友會，實際上卻是美國最神祕最有權勢的幕後政治組織。成員包括總統、最高法院大法官、國會議員、商界鉅子、專家學者。美國前任總統老布希和小布希父子都是它的會員。

溫斯頓：這麼說，何新先生對共濟會的研究，可以作為你關於「全球化」是殖民主義新階段的觀點的有力佐證了。

劉繼明：實際上，即使沒有何新對共濟會的研究成果，911以來英美等國的一系列擴張政策和行動，已經足以證明他們正在加快控制全世界的戰略，最近一段時間，中東和北非一些國家發生的多米諾骨牌式的所謂「鮮花革命」，便是他們的最新

成果。

溫斯頓：這使我想起中國的一句成語：樹欲靜而風不止。你怎麼看卡紮菲這個人，還有他的命運？

劉繼明：卡紮菲是當今世界還健在的少數幾個能夠同西方強國對抗的政治家之一，他站在普通民眾的立場和致力於本民族利益的維護，使他有資格受到廣大第三世界人民的尊敬。當然，他的後期因不斷向美國等國家妥協、讓步，希望以此為利比亞換來必要的生存空間，但後果是美歐步步緊逼，以致出現了今天的局面。這恐怕是他始料未及的。

溫斯頓：可在許多人眼裡，卡紮菲上校跟薩達姆那樣，是一個不折不扣的獨裁者。

劉繼明：何止是卡紮菲，穆巴拉克這位曾經的美國盟友（薩達姆同樣如此），不是也被人當作獨裁者趕下臺了嗎？卡斯楚、查韋斯就更不用說了。對於美國等西方強國來說，只要被他們視為政治和國家利益上的對手，「獨裁者」這頂帽子是逃不掉的。相反，如果你是他們推行的世界新秩序的擁護者，即使比卡紮菲更「獨裁」，也會受到他們的保護。這就是殖民主義者的邏輯。

溫斯頓：很顯然，你是反對多國聯軍對利比亞動武了。

劉繼明：坦率地說，我一聽到「多國聯軍」這個詞兒，就想到中國曾經遭受「八國聯軍」入侵的恥辱歷史。當初，他們也是打著民主自由的旗號屠殺義和團的。

溫斯頓：我理解你的感情。但據我所知，中國民間特別是互聯網上，有不少知識份子以及青年，對西方幹預中東和北非局勢是持支持態度的。

劉繼明：這說明西方強國以「全球化」旗號的新一輪殖民主

義帶有極大的蠱惑性。對於第三世界國家來說,由於年輕一代流行的個人主義趣味和業已形成的「你中有我我中有你」,互相依存的國際經濟格局,使得每個國家在採取行動之前,都必須考慮到自身的利益。這跟十九世紀以前殖民地人民所處的境遇完全不同,那時的敵我關係涇渭分明,民族利益同個人利益是互相聯繫在一起的,現在則完全不一樣的,因而需要尋找新的應對方式。

溫斯頓:你是否認為自己是一個民族主義者?我知道,這是中國近幾年出現的一股新的政治或文化思潮。

劉繼明:我覺得,對本民族以及那些身處邊緣地帶的弱勢民族的尊嚴和身份的維護,本質上是對人的尊嚴的捍衛,是一種正當的權利;人不是一種孤立的存在,而是與所屬種族、社群以及文化緊密聯繫的。

溫斯頓:你的這種看法在中國似乎很難得到你前面說的主流知識界的支持。因為,按照中國學者汪暉的判斷,中國自九十年代以來執行的是一條新自由主義的路線。

劉繼明:你說的可能是事實,但未必是全部。中國的事情遠比人們想像的複雜許多,我們應該用變化的眼光去看。

溫斯頓:在西方語境中,「民族主義」經常被人用來攻擊一些非西方國家,在紐西蘭,我曾經不止一次地跟人辯論過,包括某些華裔的中國學者。你是我見到的第一個明確表示支持民族主義的中國知識份子。我知道這需要勇氣。

劉繼明:謝謝你的理解。我只是說出了我作為一個普通中國人的感受。

（2011年）

斷裂與續接
—— 奧克蘭對話錄之二

2011年5月8日
紐西蘭奧克蘭市北岸，雷瑞路29A

溫斯頓：我曾經從斯諾的《西行漫記》、費正清教授的《劍橋中華人民共和國史》，以及紐西蘭裔的路易·艾黎根據自己親身經歷寫成的一些著作，以及奧克蘭大學保羅·克拉克教授的《中國的文化革命》，瞭解過新中國成立之前和之後的許多重要事件。可是當我為了學習漢語在中國的北京語言大學待過三個月之後，我發現自己看到的中國跟書本裡認識的中國幾乎完全對不上號。那期間，我去過上海，深圳、西安，還有中西部的幾個省份，當然，也去了毛澤東的故鄉湖南韶山。我發現中國實在太大了，特別是地區與地區之間的差距之大，以至不像是一個國家，倒像一個洲，比方說歐洲、拉丁美洲。貧窮地區連肚子也填不飽，富裕的地區好像比歐洲一些國家還富。讓人覺得有些不可思議。回紐西蘭後，我一直找不到關於中國的整體印象。這是為什麼？

劉繼明：其實你這種感覺，不僅是你，就連我這樣地地道道的中國人有時候也會有。比如我有時候從農村老家回到居住的城市，常常覺得像是從另一個世界回來的，好比讀一本書，章與章之間是脫節的。

溫斯頓：彼此之間幾乎是斷裂的。我的博士論文的題目就叫

113

《斷裂的中國》。

劉繼明：「斷裂」這個詞很形象。中國的歷史往往就是以一種斷裂的方式向前發展的，從古代到近代，一直到現代，五四與滿清，新中國與民國，改革前同改革後，都是如此。

溫斯頓：這是不是中國歷史上革命的發生過於頻繁有關？

劉繼明：當然是有關的。革命即造反，造反則意味著對既定秩序的顛覆和否定。所以這也是為什麼像中國這樣擁有悠久歷史的國度，往往更容易出現歷史虛無主義思潮的原因。

溫斯頓：除此之外，是不是也跟中國文化中缺少宗教支撐有關？

劉繼明：中國的學術界有不少人持這種觀點，但我覺得並不完全是這樣。俄羅斯有東正教傳統，但近代以來，從十二月黨人到布爾什維克，再到蘇聯解體，同樣「革命」不斷⋯⋯

溫斯頓：理清這樣複雜漫長的歷史邏輯，對於我們的討論可能難以勝任，咱們是不是把話題的範圍縮小一些，比如改革前和改革後？對於我來說，這兩段歷史的更迭很富於戲劇性，也是最讓我感到好奇的地方。

劉繼明：唔，我也這樣想。你知道，剛過去不久的2009年，中國和全世界同時迎來了幾個大的紀念活動，法國大革命200周年，俄國十月革命90周年，中華人民共和國成立60周年和改革開放三十周年。當然，對於中國來說主要是後兩個。中國從官方到知識界熱鬧了好一陣子，學者們紛紛拿出重頭文章，試圖對新中國成立後的60年，或者更重要的是對改革開放後的三十年作出蓋棺定論式的評價，在比較和臧否改革開放前後「兩個三十年」的聲浪中出現了兩種截然不同的觀點。一種是對「前三十年」，也

就是俗稱的「毛時代」給予全盤否定，從「反右」、「大躍進」到「文革」，都被當作社會主義實踐失敗的「罪狀」。據此認為，毛時代是中國溢出「世界主流文明」、陷入倒退的三十年，只有從1979年中共的十一屆三中全會開始，隨著改革開放，中國才重新回到「主流文明秩序」。這個「重新」，實際上就是回到20世紀初葉的五四運動前後和1949年以前。上世紀八十年代，中國的著名學者李澤厚曾經提出過一個十分響亮的論斷「救亡壓倒啟蒙」，他的意思是說五四運動後，中國因陷入抗日和民族救亡運動，使得「五四」提出的科學和民主的啟蒙任務被迫擱置下來；推而論之，中國淪入「主流文明」之外還包括「五四」至改革開放之前，也就是中國共產黨登上歷史舞臺並創建新中國的整整六十年。李的這一觀點對中國的知識界影響十分深遠，八十年代達到高峰，至今仍餘音未了。按照這一邏輯，1979年開始的改革開放，不僅是對「世界主流文明」的回歸，而且變成了「溢出」中華人民共和國前三十年歷史之外的一頁另類篇章，或者壓根兒就沒什麼關係了。

溫斯頓：我想，持這種觀點的人是把鄧的「改革開放」當成了與毛的中國革命和創立新中國相對立的另一場「革命」，而不是同一政治制度內的「改良」。如果這種觀點能夠成立，鄧就成了蘇聯的戈巴契夫或葉利欽，但事實顯然並不是這樣。那麼，你說的另外一種觀點呢？

劉繼明：另一種觀點把新中國60年的兩個三十年看成一個整體，並且充分肯定「前三十年」中國社會主義革命和建設的「巨大成就」。尤其是毛畢其一生追求的「為大多數人民謀利益」、反對任何形式的壓迫和剝削以及關於社會平等的一系列價值觀，

應該被當作社會主義中國的核心價值，是中國革命和中國共產黨賴以存在的合法政治基礎。對於飽受非議並且在中共黨的十一屆三中全會以決議形式「全盤否定」的文化大革命，也有人呼籲給予重新評價，認為毛髮動文革的目的是為了防止資本主義復辟，打擊黨內已經形成的官僚階層，就效果來看，雖然出現了一度失控的局面（如局部地區發生武鬥），但文革後出現的以保障絕大多數人民福利的教育衛生革命，官員積極下基層「與群眾打成一片」，工農兵走上政治舞臺，廣泛參與國家政治經濟生活以及「四大自由」、「鞍鋼憲法」等「新事物」，表明文革也取得了積極的成果。有人還援引某些國外學者的研究，駁斥了現在普遍認為文革時期中國的國民經濟瀕臨崩潰邊緣的說法，用大量資料證明中國在「十年文革」當中，經濟發展的速度遠遠高於印度，並且處於世界的前列。與此同時，這些人還對「改革開放」後中國出現的諸如貧富分化、社會的道德水準嚴重下滑，官員腐敗，私有化過程中國有資產大量流失以及人民的民主權利名存實亡等問題進行尖銳批評，從而對已經延續三十年的改革的方向和性質提出了質疑。

　　溫斯頓：經過你這麼一介紹，我好像看到了中國的兩張面孔，一張是「革命中國」，一張是「改革中國」，兩張面孔為了爭奪各自的「肖像權」各執一詞，互不相讓。（笑）

　　劉繼明：你這個比喻很生動。

　　溫斯頓：可不可以把「改革中國」面孔的人叫「右派」，「革命中國」面孔的人叫「左派」？

　　劉繼明：可以這麼說吧。

　　溫斯頓：就我知道的，中國目前存在兩大派別：右派（也可

以叫自由派）和左派，別的可能還有，如民族主義。但這兩個派別是最主要的。對嗎？

劉繼明：當前的中國處於各種思想交鋒特別激烈的時期。實際上，無論是左派還是右派，三言兩語很難說清楚。就拿左派來說吧，內部構成十分複雜，既有新左、極左、又有中左和自由左派。各自都有不同的政治主張，爭論非常激烈。右派的情形也差不多。

溫斯頓：聽了你的話，我有一個印象：似乎中國現在的環境比較寬鬆，能容許不同意見的自由表達。這是不是說明中國已成為了一個多元社會，至少在文化和思想上？

劉繼明：這種情形也是逐步出現的，特別是互聯網普及後。但是否已經是一個多元社會，還不好說。如果站在左派和右派的立場上，也可能雙方都不滿意，比如右派可能覺得政府對他們的某些政治經濟上的建議和要求置之不理甚至打壓，雖然他們在很多時候處於社會的主流；而左派則會為自己的邊緣處境憤憤不平，因為中國現在的絕大部分媒體都是被右派和資本掌控的，左派除了少數的網站和報刊，很難在主流媒體上發出自己的聲音，當然，這種情況也在慢慢發生變化。另一方面，政府對社會意見的承受度也在增強，比如由原來的一味地堵塞到現在的容忍甚至採納。但這種容忍是有限度的，比如他可以容忍哪怕十分激烈的批評，但絕不容許發展或蔓延成規模化的所謂「群體事件」。對於中國的各級政府官員，維護社會穩定往往成為考慮其政績的一個重要指標。中國清華大學的教授孫立平以及新加坡學者鄭永年都曾指出，片面發展經濟的GDP主義，使中國社會的上層和下層嚴重斷裂，八十年代的「改革同盟」變成了「利益同盟」，在這

個過程中，原本應該是受益者的許許多多民眾逐漸被甩到了高速發展的中國的「外面」，甚至成為了受害者，整個中國存在著被特殊利益集團以「改革」的名義所挾持的危險。

溫斯頓：這個「特殊利益集團」指的是什麼？

劉繼明：簡單地說，就是權貴或官僚資本集團。

溫斯頓：有人說，現在的中國從性質上說，是權貴資本主義，你同意這種看法嗎？

劉繼明：早就有人這樣講過了。但我說過，中國的事情比較複雜，任何簡單的概括或命名都難免會瞎子摸象。就拿重慶來說吧，我以前並不怎麼關心重慶的事。不就是唱紅打黑麼，政府打擊黑幫責無旁貸嘛，美國、俄羅斯、日本不照樣打黑？這裡面恐怕找不出多少意識形態的成份來吧？重慶打黑的最大成果是挖出了一個以文強為首的團夥，從司法局長到公安局副局長、刑警大隊隊長等一大幫人，這些公安司法系統掌握著百姓身家性命的官員，都是黑幫組織的保護傘。那個文強收受了好幾千萬的賄賂，還有寫在他名下的房產據說連他自己都不清楚，我在電視上看到，他把幾千萬鈔票藏在院內的水池裡，堆在一起簡直像一座小山。就是這麼一個腐敗透頂的官員，在該不該判死刑這個問題上，媒體上還引發了一場激烈的爭論。

溫斯頓：中國是世界上少數保留死刑的國家之一，國際上一些人權組織好像經常向中國提出廢除死刑的要求。

劉繼明：應不應該廢除死刑這是另外一個問題。但在中國目前的司法體制下，如果像文強這樣罪大惡極的腐敗官員都不能判死刑，死刑倒真的可以不必施行了。不贊同判文強死刑的人中間不少是一些推崇西方法制的學者和專家，也就是人們常說的「自

由派」。我發現一個奇怪的現象，當有些高官和富豪犯罪後面臨重典甚至死刑時，這些所謂的自由派人士往往會站出來為他們發出從輕或免死的籲求，可是當那些一貧如洗、無足輕重的草根民眾為了最基本的生存權和尊嚴觸犯刑律後，卻從未見到他們提出過類似的籲求。最近，發生在中國西安的「藥家鑫案件」，讓自由派又一次得到了充分表演的機會。法律面前人人平等本來是一個盡人皆知的道理，但這些深諳現代法治精神的人士不僅沒有秉持這一理念，卻公開傳遞出對「特權犯罪」的寬容乃至同情。按照盧梭和薩特等西方賢哲的觀點，知識份子作為社會的良知，應該始終對弱者保持一種同情和憐憫。可是在中國的某些知識份子那裡卻完全顛倒過來了。這是讓我感到匪夷所思的地方。

溫斯頓：可否具體解釋一下「權貴意識形態」這個概念？

劉繼明：按照一些學者的研究，中國三十多年的改革，是一個權利和資源不斷從大多數人向少部分人集中的過程，這少部分人中間包括企業家、政府官員以及主流知識精英。這種「權貴同盟」也叫做「利益鐵三角」，其觸角已經深入到中國社會的各個方面，並且逐漸培植起一種權貴意識形態。這種意識形態正在對中國的政治、經濟和文化產生越來越強的蠶食和影響。

溫斯頓：中國的這種情況，有點像拉丁美洲。拉美在實行新自由主義的政策後，也經歷了這麼一個權利和資源被少數金融寡頭和政客壟斷的過程，但是根據經濟學的理論以及歐美資本主義國家的經驗，財富在經過這樣的集中之後，會有一個重新向下散發的過程，也就是所謂的「漏斗效應」。也許中國的某些知識份子認為中國應該經歷這麼一個過程？

劉繼明：拉美推行新自由主義政策很大程度上是美國幹預

的結果。但是它在取得短暫的發展之後，並沒有出現真正的經濟「崛起」，反而陷入了新一輪的貧窮和動亂，最近十多年拉美一些國家出現的左翼政黨重新執政和以查韋斯為代表的拉美社會主義運動，便是這個飽受新舊殖民主義掠奪的大陸試圖尋找自己的發展道路的一種選擇。

溫斯頓：在你看來，拉美社會主義運動的興起，是否給中國帶來了某種啟示？

劉繼明：這種「啟示」似乎不只是來自於拉美，而更應該來自於中國自身的歷史。中國在20世紀中葉波瀾壯闊的社會主義革命和建設雖然經歷了許多曲折，而且在今天備受爭議，但正是在這一時期，中國才成為近代以來真正獨立的擁有完整工業體系的和人民民主的現代民族國家。所以有學者主張，應該將傳統的社會主義實踐和儒家文化結合在一起，從中整合出一條獨特的發展道路，而不是今天片面效仿美國的發展模式。

溫斯頓：這聽起來有點像孔夫子的中庸之道。

劉繼明：中國古代的智慧告訴我們，當你慌不擇路匆匆走了一段，發現前面有可能是一片泥淖之後，休整一下重新出發或許是比較可行的辦法。這至少比總是摸著石頭過河或者一條道走到黑付出的代價小得多。

溫斯頓：中國激進的自由派好像不願意「休整」和「重新出發」。像吳敬璉、張維迎這些資深的經濟學家，他們一直在呼籲政府加快政治體制改革步伐，因為在他們看來，中國許多嚴重社會問題正是由於政治體制改革滯後造成的，這一點，正好跟左派理論家們的判斷相反。如果按照右派們設計的方向，中國顯然就會步東歐和俄羅斯的後塵，走上一條西方式的道路，也就是中

國媒體上經常說的「全盤西化」。但是有一點左派的理論家也承認，中國的民主化進程的確太慢，正像一些西方觀察家批評的那樣「只說不練」。

劉繼明：在中國，無論是右派還是左派，都希望進行「政治體制改革」。但他們各自理解的「政改」大不相同，甚至是南轅北轍的。比如右派想走美國人的道路，左派中的許多人則希望重新整合毛時代的政治和文化資源，將西方憲政與社會主義的人民民主結合在一起。這兩種力量互相牽扯，都希望影響中國的發展方向。

溫斯頓：「革命中國」和「改革中國」兩張面孔互不相讓，都想把對方撕掉，自己爭做唯一的那張「面孔」！

劉繼明：這也正是中國的決策層在處理一些國內和國際問題時，往往會顯得猶疑不定的原因。這就是你談到的兩張面孔的中國的現實。「革命」與「改革」的此消彼長，折射出兩種不同價值和利益的激烈衝突。在今天的中國，革命像一個揮之不去的幽靈，牢牢攀附在中國的大地上，具體說，攀附在廣大中下層人民的精神深處，沒有人能夠抹掉它。

溫斯頓：沒有人能夠抹掉……也包括毛嗎？

劉繼明：對中國來說，毛澤東是革命之父。毛一生追求社會平等的實踐，使他成為最大多數勞動人民和一切被壓迫者的守護神。三十多年來，中國的主流知識精英窮盡所有手段來對這位他們心目中的「獨裁者」進行妖魔化，但結果適得其反，延續十多年的新的「毛澤東熱」讓毛在中國廣大的民間成為了一尊真正的「神」；毛甚至成為了廣大受壓迫和受剝削者心目中的耶穌，他的誕辰還被許多人當作中國的「聖誕」來紀念。

溫斯頓：噢，我在網上看到過這種說法。

劉繼明：你平時瀏覽中國的互聯網嗎？

溫斯頓：有時會上去逛逛，但不經常。

劉繼明：你如果熟悉中國的一些網站和論壇，會發現許多熱門帖子都是關於毛澤東的。

溫斯頓：我偶爾也看到過一些，但裡面有很多人批評和謾罵毛的，用語輕佻、惡毒，讓我這個外國人都難以接受，不敢相信這是在談論一位仍然被認為是他們國家締造者的偉人。這種情況在別的國家幾乎是見不到的。

劉繼明：這正好說明毛曾經怎樣劇烈地改變了中國和中國人的命運。既然改革中有受益者和受害者，革命同樣也存在受損者（革命前的那些特權階級如地主、資本家），隨著時間的推移，這種「慘痛記憶」會不斷發酵、變形，成為一種陰鬱的精神遺傳，正像在大多數普通中國人的心裡，毛時代將作為他們「失去的樂園」被永遠銘記一樣。

溫斯頓：這似乎是「斷裂的中國」的又一個證明。革命與毛，對於高舉鄧理論的中國共產黨和政府來說，顯然會難以面對吧？

劉繼明：按照官方的意識形態，中國共產黨已由革命黨轉型為執政黨，這其實是「去革命化」的另一種表述。但革命所蘊含的價值觀是中共繼續執政的道義乃至合法基礎，沒有了這種基礎，中共的政治生命將會變得十分脆弱。作為中國革命的化身，毛也與中共不可分割，中國革命之所以取得勝利，是因為毛和中共承諾的社會主義理想吸引了那麼多的人義無反顧地投身進去，並且有不計其數的人付出了生命的代價。毛生前曾說，我們要對

人民還清這筆債。「還債」，其實就是中共執政的合法來源。

　　溫斯頓：但現實的情況卻像我們前面分析的那樣，中國正在成為一個財富和資源被少數人掌控的國家，而這似乎跟馬克思在《共產黨宣言》中宣揚的宗旨背道而馳，也是對毛的理想的背叛。我想，這也是多年來中共領導層對毛的態度顯得曖昧和尷尬的原因吧？

　　劉繼明：中共面臨的考驗正在於此。毛不可能完全復活，但中共可以從他那兒尋找靈感和精神上的動力，療救自身的潰爛，重新贏得人民的支持。

　　溫斯頓：只要不是你死我活，而是和平地從「革命中國」和「改革中國」之間「嫁接」出一個新的中國來，我想不僅是對於中國自己，對全世界來說也將是一件幸事吧。

　　劉繼明：呵，你也變得「中庸」起來了！（笑）

（2011年）

現實、政治與作家的選擇
——奧克蘭對話錄之三

2011年6月8日
紐西蘭，奧克蘭大學

溫斯頓：在中國，作家這個職業和知識份子這個稱謂是一種什麼樣的關係？

劉繼明：你的問題實際上已經區分了這兩者的差異，作家是一種職業，而知識份子更多是一種責任，他們之間可以是互相關聯，但也可能是風馬牛不相及的，關鍵取決於每一個作家的選擇。比方說，某個作家把寫作僅僅當作一門謀取名利的手藝，一個講故事者，或者是語言敘述技藝的操練者，那麼你就很難把他看做一個知識份子。

溫斯頓：你的意思是，中國作家並不把自己跟「知識份子」聯繫在一起？

劉繼明：就近十年和二十年來看，我認為相當一部分作家是這樣，而且還包括一些文學評論家。

溫斯頓：這倒有些出乎我的意料。根據常識，不僅在西方國家，就是在紐西蘭這樣一個小小的島國，一般人都是把作家，尤其是那些有影響的作家當作知識份子，或是知識份子的一部分看待的。

劉繼明：在中國，不少名氣很大的作家不僅不認為自己的工作同知識份子有什麼瓜葛，還經常對「知識份子」諷刺挖苦。如

果某個作家在公眾中獲得了「知識份子」的頭銜，很有可能被同行們視為異己，疏遠和躲避，甚至會揣測他是不是有某種不純的動機，比如政治上的。

溫斯頓：哦，為什麼會是怎樣呢？

劉繼明：作為知識份子，少不了會對政治事務發表看法，而且在中國的現當代歷史上，知識份子從來就是跟政治緊緊聯繫在一起的。從五四開始，知識份子甚至成為了一股獨立的政治力量，持續不斷地對政治經濟和文化施加影響。但在中國，權力一旦被威權政治所控制時，身處政治漩渦中的知識份子往往最容易受到傷害。這種情況到反右和文革期間體現的格外強烈。所以，三十多年來，中國作家差不多都患上了一種政治恐懼症，這種恐懼症產生了一種新的流行文學觀念，就是文學應該遠離政治，甚至現實。

溫斯頓：中國作家對現實和政治的態度令人同情，但是不是也有些反應過度了？

劉繼明：自古以來，中國的傳統文人就喜歡由一個極端跑到另一個極端。比如政治上得意時滿腦子以天下為己任的念頭，失意時則很容易沉溺於文人化的小趣味。上世紀80年代，中國學者劉小楓寫過一本影響很大的書《拯救與逍遙》，他通過中西兩種文化的比較，揭示了這種逍遙自樂的文化性格。實際上，這種性格在中國當代作家中體現得也很充分，像王蒙、劉心武這些人，是新時期中國文學史上開風氣之先的作家，但他們後來都不約而同地變成了對現實政治漠不關心的「逍遙派」，王蒙重述《道德經》和《逍遙遊》，儼然成了老子和莊子的當代傳人；劉心武則一門心思地研究起了《紅樓夢》，最近還寫了一本《續紅樓

夢》。

溫斯頓：王蒙和劉心武好像被稱為「傷痕文學」之父來著。

劉繼明：像我這一代人幾乎都是讀王蒙、劉心武這代作家的作品長大的。記得20多年前，我還是一個文學青年，在北京的一次會上見到王蒙時那種激動，絲毫不亞於現在的小青年見到自己崇拜的明星。

溫斯頓：現在不「崇拜」了嗎？

劉繼明：這種感覺早就沒有了。實際上，作為作家的王蒙和劉心武，他們的創造力或思想力很多年前就已停滯，對於現在的中國，更是無力繼續思考了，有時候，他們甚至成為了影響新的思想和文學發展的保守力量。

溫斯頓：如果是這樣，真叫人遺憾的。其實，某一部分作家按照自己的興趣寫作是再正常不過的，不同的作家應該有不同的選擇。可是如果所有的作家都這樣，就有點兒奇怪了。

劉繼明：所謂的「純文學」思潮正是在這種背景下出現的。表現普遍的人性和特殊經驗逐漸成為了文學的宗旨，比如人的欲望、夢想、身體，等等，只要不跟現實政治沾邊。當然，還有文學的形式本身，從語言到敘事技巧什麼的。

溫斯頓：這一點我倒是有所瞭解。我讀中國被稱為現代派和先鋒派作家的一些作品，還有90年代出現的新生代作家的作品，都有這種感覺。他們中間的確有一些好的作品。但我還是不大理解，文學表現「人性」，為什麼非要離開現實政治不可呢？南非作家庫切的《恥》算得上是一部現代派的小說吧，但它隱含的政治主題是顯而易見的。我覺得文學對政治不應該是排斥的關係，作家也不是遠離政治才會寫出好的作品。不是這麼一種邏輯。法

國的左拉、羅曼・羅蘭、薩特、加繆，還有俄羅斯的托爾斯泰、索爾仁尼琴都是十九世紀以來世界公認的傑出作家，也是將作家的職業同知識份子結合的典範。但這些人往往都跟他們那個時代的現實政治發生過非常密切的聯繫。

劉繼明： 我十分認同你提到的這些人用他們的作品和實踐對文學以及作家對這個職業的詮釋。但中國的許多作家特別是比較年輕的一代也許並不這樣認為。他們可能更願意推崇和認同比如向卡夫卡、馬拉美、龐德、卡爾維諾、博爾赫斯、納博科夫甚至日本的村上春樹這些作家和詩人。

溫斯頓： 這些作家都具有強烈的形式主義和自由主義傾向。

劉繼明： 對，中國文學八十年代後期開始，正是將這樣一種傾向當作西方現代文學的傳統來接受和模仿，並且逐步發展為當代中國的主流文學的。

溫斯頓： 據我所知，對於這種文學觀念，曾經有人提出過批評。

劉繼明： 對「純文學」最早提出質疑的是目前旅居美國的李陀，他跟高行健都曾經是八十年代初期的現代派文學運動主將。

溫斯頓： 我知道李陀的名字，但我對他早期的創作不瞭解，確切說，他是以一位具有鮮明個性的左翼批評家的身份進入我的視野的，比如我拜讀過他關於「毛文體」的文章。他現在不在中國了嗎？

劉繼明： 大約是八十年代後期，他就去了美國，但現在每年一半時間住在美國，另一半回國內居住，與中國的一些知識份子和作家保持著比較密切的聯繫。我曾經與他見面和交談過兩次，第一次是在北京紫竹院他的家裡，另一次是前年在北京清華

大學召開的一個會議上。李陀是一個思想敏銳、富有魅力的人，按照你的標準，作家和知識份子的要素在他身上體現得很充分。（笑）像當年由他引發的「純文學」爭論一樣，前兩年李陀又提出文學應該重新關注現實和政治，他有一個判斷，未來的中國文學很可能是充分政治化的。

溫斯頓：這個觀點很有些「左派」的味道。我認識的不少紐西蘭作家也都有左派傾向。

劉繼明：哦，這跟中國的情形恰恰相反。中國作家中幾乎清一色的右派，左派寥寥無幾。也不僅僅是中國，全世界都差不多。布林迪厄說過一句有趣的話：「有些人在1968年相信自己遠比我左傾，而現在我甚至必須把我的頭扭到右邊來看他們——準確地說，我看到的是極右。」當然，拉丁美洲的情況可能不太一樣。

溫斯頓：據我所知，中國在八十年代，對拉丁美洲的文學曾經很感興趣，其中一些作家如瑪律克斯、略薩等，就對馬原和莫言這樣的先鋒派作家產生過影響。可這些人卻是著名的左派。在我看來，拉美作家的特點恰恰是跟現實政治聯繫得很緊密的。

劉繼明：沒錯。但大多數中國作家在接受拉美文學時，看重的不是他們跟現實政治的聯繫，而是所謂的魔幻現實主義。比如瑪律克斯那部著名的小說《百年孤獨》，許多中國作家津津樂道的只是他不同凡響的敘述方式、語調以及那種魔術般的想像力，而對於小說揭示的殖民主義給拉丁美洲帶來的精神創傷和痛苦現實很少去注意。

溫斯頓：正像你說的那樣，這恐怕還是跟中國作家的「政治恐懼症」有關係。

劉繼明：對，有些作家認為跟政治走得太近，會使文學重新淪為政治的工具，正如歷史上曾經發生過的那樣。

溫斯頓：可是我覺得，逃避現實政治並不能給文學帶來更多的「自由」。好的作家往往是在與政治的對話中獲得更高的自由。

劉繼明：在這個問題上，由於體制和文化上的差異，中國作家同西方作家可能有不同的認識。但根據我的觀察，西方文學尤其是近些年的歐美文學，實際上也跟中國差不多，去年我在武漢同到訪的法國作家蜜雪兒·維勒貝克交流，就覺得他的文學觀跟大多數中國作家甚至是年輕作家的比較接近。他新出的一部小說叫《一個島的可能性》，將高科技和神祕的東方文化糅合在一起，從敘述到內容到具有濃厚的玄幻色彩，從中看不到絲毫的現實氣息。而你知道，中國的不少小說，尤其是一批80後寫的小說，也都是這種味道的。

溫斯頓：我承認，文學的娛樂化和商業化是一種世界性的趨勢。這也是全球化帶來的後果之一。但我覺得，文學的責任在很大程度上是要抵抗這種趨勢和文化上的趨同性。

劉繼明：現在中國院線電影進口外國片多半是美國大片，連歐洲片都很少，至於阿拉伯或拉美的根本見不到。這就是你所說的文化趨同性的典型表徵。

溫斯頓：中國人是不是對強勢文化特別容易接受？

劉繼明：你這種說法比較客氣。我理解你的真實含義是，中國人容易拜倒在強勢文化面前，用中國的一句俗語說叫傍大款。中國文化中的確有這樣的因子。尤其是近三十年來，從政治經濟到文學藝術，中國走的基本上是一條唯西方化的道路。比如有的

中國導演和作家，他們拍電影和寫作，一開始就把目標盯著奧斯卡獎、金熊獎和諾貝爾獎，以被西方主流社會接受為莫大的榮耀。有的作品剛出版，作者便擺出一副準備奔赴西方文學領獎臺的架式，滿口的世界主義腔調。在他們眼裡，所謂世界文學就是西方文學，至於其他範圍的比如阿拉伯、非洲的藝術和文學，根本就不在他們的視線之內。

溫斯頓：這一點跟拉丁美洲也有所不同。拉美雖然比中國經歷過嚴重許多的殖民主義歷史，但他們的知識份子和作家，普通民眾，始終對各種改頭換面的新的殖民文化保持著警惕，甚至不惜採用比較極端的方式來進行抵抗。拿所謂的拉美魔幻現實主義來說，其實就是一種反抗殖民主義和用文學方式幹預現實政治的潮流。

劉繼明：對。我以前讀胡安‧魯爾夫的小說，瑪律克斯的小說，略薩的小說以及聶魯達的詩歌，也有這種感覺，這些作家除了在藝術上富於創造性外，他們內心深處湧動著一股對黑暗現實的強烈批判精神。更為重要的是，他們對現實的批判，不是像中國許多作家那樣，不約而同採取的是西方制定的標準，而是站在本民族的立場上的。我記得瑪律克斯在一個訪談中專門談到過文學與政治的關係。他認為，在拉丁美洲，一切都與政治有關，「只要我們還生活在我們所生活的世界上，不積極參與政治是一種罪過。如果我有什麼事沒有忘記也永遠不會忘記的話，那就是我是阿拉卡塔卡鎮的報務員的兒子。」他還直言不諱地說：「我喜歡革命，不是為了死亡，而是為了生活，為了所有的人生活得好些，有好酒喝，有好汽車坐……物質財富不是資產階級的特權，而是被資產階級盜取的人類的財產；我們要把它奪回來分配

給大家。」這使我想起了薩特，在上個世紀六十年代的法國五月風暴中，他從書齋裡出來，站到了遊行隊伍的最前列，甚至親自走上街頭散發由他主編的《人民報》，也就是從那一刻起，他由一個哲學家兼文學家成為了一個知識份子，二十世紀最有影響力的知識份子。

溫斯頓：20世紀是文學和知識份子的世紀。但冷戰一結束，這一切就成為了歷史。用那位日裔美國人福山的話說，歷史終結了，緊接著到來的就是全球化。作家和知識份子紛紛放下思想的武器，臣服於經濟和科技帶來的各種物質享受裡，成為了不思進取的中產階級中間的一員。他們以為獲得了自由，其實是鑽進了一個看不見的軟繩編成的大網裡。

劉繼明：我在歐洲旅行時也有這種感覺（包括在紐西蘭），歷史好像真的已經走到了盡頭。人們除了整天坐在街頭的露天咖啡館裡喝咖啡和葡萄酒，實在找不到什麼值得他們去思考和探尋的事情去做了。歐洲人和美國人也許有充足的理由這樣認為，但占世界大多數人口的其他國家呢，比如中國，難道也可以心安理得地閉著眼睛接受這種安排嗎？可是，我們身邊每天發生的事情同歐洲和美國多麼不同啊！很顯然，如果我們沒有忘掉自己的民族身份，承認文學應該揭示人的真實境遇，就不能滿足用西方人的眼睛看世界，看我們自己，甚至為了迎合西方，通過寫作虛構出他們樂意看見的圖景來。這就是薩義德在《東方主義》一書中曾經分析過的情形。其實不僅在中國，包括越南、柬埔寨等許多亞洲國家，都被這種後殖民主義文化籠罩了。對於這些國家的作家和知識份子來說，寫作似乎就是為了向西方那些文化和經濟上的「宗主國」繳納各種各

樣的文化供奉，然後領取獎賞，甚至成為了「利益同盟」的一員。中國有人把精英叫做「精蠅」，把教授叫做「叫獸」，這說明「知識份子」是否還存在都成了一個問題。

溫斯頓：你的話讓我想起前不久中國作家畢飛宇的《玉米》獲得的亞洲文學獎。有意思的是，這個以獎勵用英語出版的亞洲作家的創作的獎項頒發了四屆，其中就有三位中國作家獲獎。前兩位是薑戎的《狼圖騰》和蘇童的《河岸》。而且三部中國作品的譯者都是一個叫葛浩文的美國漢學家，有人建議乾脆這個獎改名叫「葛浩文獎」。對此你這麼評價？

劉繼明：既然要求用英語出版，這個獎的標準和趣味顯然是西方的。這一點，從獲獎的幾部作品也看得出來。在我看來，《狼圖騰》是一部公開宣揚社會達爾文主義和強權文化的小說，至於後兩部作品，作者都是中國很有才華也很有影響力的先鋒作家，包括《河岸》、《玉米》在內，他們的許多小說都致力於表現普遍的「人性」，他們筆下的中國歷史和現實往往被抽空，充分地寓言化了，政治與人的關係往往被簡化為「施虐」和「受虐」，而這正是為了滿足西方對中國強烈的獵奇和窺視欲設置的。這當然不只是一種個案，而是許多中國作家採用的一種敘事策略。甚至在不少批判性的作品中，也按照這種策略對歷史現實進行了刻意的取捨和配置，以便敘述出一個能讓西方滿意和接受的「中國」。在我看來，這正是後殖民文學的典型模式。

溫斯頓：照你這樣分析，與其說中國作家是在逃避現實政治，還不如說是以「彼一種政治」取代「另一種政治」。這倒是跟殖民主義的文化邏輯不謀而合了。

劉繼明：用汪暉的話說，就是「去政治化的政治」。

溫斯頓：如果這樣認識中國文學，是否顯得有些片面？

劉繼明：這當然不是當代中國文學的全部。實際上，就像你發現中國有兩張面孔，彼此之間是分裂的，中國的文學也可能有多張面孔。用任何一張代替另一張都是冒失的。而中國文學與政治這種表面上比較鬆散的關係，也為作家選擇不同的立場提供了生長的土壤。所以在描述和判斷中國文學時，必須看到它的複雜性和另外的面向。

溫斯頓：你前面提到的李陀的文學主張，可以看作是這種複雜「面向」的依據嗎？

劉繼明：當然不只是李陀一人，其實還有不少作家和學者，越來越不滿意中國文學的現狀，並且通過自己的寫作做了大量的努力。比如張承志、張煒和韓少功，以及「底層文學」的一些作家。

溫斯頓：你列舉的幾位作家我知道，他們都是中國文壇的重要作家。特別是張承志，他的《心靈史》我讀過三遍，還有他的政治和文化隨筆。從他的作品中我感受到一種拉丁美洲作家才有的氣質，那就是對弱者的同情，對殖民主義和強權的反抗。我更願意把他看成是一位薩特和瑪律克斯式的知識份子。

劉繼明：你的評價恰如其分。但張承志在中國的主流文壇並不受重視，比較邊緣化的。對他來說，選擇那樣一種寫作立場，需要非同一般的勇氣。

溫斯頓：你剛才提到「底層文學」，我曾經從日本的中國問題專家、東京大學教授尾崎文昭的文章裡有所瞭解，後來我又讀到了你的那篇《我們怎樣敘述底層》，就我知道的，這篇文章被翻譯成了日文和英文，最早我是在紐西蘭的一份雜誌上看到的。

但我讀的具體作品較少，印象最深的是曹征路的《那兒》，這部中篇小說通常被看作是「底層文學」的代表作，對嗎？

劉繼明：是這樣。曹征路是近十年來中國文學中十分重要的作家，他還有一部長篇小說《問蒼茫》，也是很重要的作品。

溫斯頓：我有個感覺，「底層文學」很大程度上繼承了中國文學史上的「左翼文學」，站在底層勞動者的立場上，對中國的現實政治持一種批判的態度。

劉繼明：「底層文學」雖然具有強烈的社會批判色彩，但它的構成比較複雜，如果用「左翼文學」概括似乎並不完整。對了，中國藝術研究院的李雲雷是一位研究「底層文學」的年輕學者，你可以讀一讀他的文章，或許對你會有幫助。

溫斯頓：「底層文學」的確是一個新的現象，通過對這樣一種寫作現象的研究，會有助於我搞清楚：中國文學同現實政治可能會建立一種什麼樣的新的關係，是否會產生出一種既有別於西方，也有別於拉丁美洲的文學呢？

劉繼明：啊，這是一個很有價值的課題。

溫斯頓：剩餘的一點時間，我想就你的長篇小說《江河湖》和你交流一下。抱歉的是我還沒讀完，但已經接近尾聲了。

劉繼明：也許你並沒有必要把它讀完，這對你來說可能太費力。

溫斯頓：我的確很久沒讀過這麼長的小說了。小說寫到了中國現代史上發生的許多重大事件，對我一個外國人來說，理解起來不那麼容易。

劉繼明：從篇幅來說，《江河湖》並不算長的，不少中國作家的長篇小說動輒上百萬言，我從去年到今年的大部分時間，都

在讀張煒的《你在高原》，整整十卷本，四百多萬字。

溫斯頓：四百多萬字？天哪！比你這部小說長了近10倍。我就是想讀也缺少這個勇氣了！

劉繼明：但這是一部很了不起的作品，與迄今為止所有的中國小說都不一樣，在我看來，一部偉大小說應該具備的它都具備了。

溫斯頓：我還沒有讀過這部「偉大小說」，所以現在我們還是要談你的《江河湖》。（笑）我感興趣的是小說中的兩個人物甄垠年和沈福天，但最感興趣的還是沈這個人。因為甄垠年這個人在以往的中國小說中並不少見，可是沈就不同了。小說中，他好像是一個「極左」份子，這個身份在中國似乎是個令人討厭的形象，可是你卻把他當作「正面人物」來寫的，並且肯定了他身上許多東西，比如他對社會主義中國的追隨和認同。而不是像有的小說在描寫這類人物時是一種政治投機或人格缺陷者。和沈處於對立面的甄則是一個自由知識份子的形象，對社會主義中國從感情到理智上都持一種牴觸的立場。可你對他同樣持肯定甚至欣賞的態度。對這一點我感到有些困惑。

劉繼明：為什麼困惑呢？

溫斯頓：因為按照我的理解，你對沈與眾不同的描寫，帶有為中國的社會主義辯護的意味，我知道，當代中國很多小說在反映那段歷史也就是你說的「前三十年」時，都是一種批判或完全否定的筆調。但令人不解的是，你同時又肯定了站在完全相反立場的甄。這是不是自相矛盾呢？

劉繼明：我也許可以用毛澤東一個著名的論斷來回答你，矛盾和對立統一是事物發展的普遍規律。他還說過一句話，凡是

有人群的地方就有左中右。在描寫沈福天和甄垠年時，我尊重和肯定了他們兩個人在特定歷史中各自不同的價值。當然，作為作者，我不可能沒有自己的傾向，但這只是面對歷史和政治而言，面對人物，我卻不能替任何人「辯護」，或者站在某個人的一邊去否定另一個人。這涉及到小說的敘事倫理。

溫斯頓：你這樣回答還是不能讓我滿足。我以前從蒂洛·迪芬巴赫博士翻譯的那本《大城市之外的中國—張煒、劉繼明、劉慶邦的小說和散文》中讀到過你的一些短篇小說和隨筆，你一直在致力於對革命和改革後出現的問題進行反思。《江河湖》實際上也有這樣的努力。

劉繼明：這部小說對於我來說更多地是一次嘗試，嘗試用篇幅較大的長篇小說去處理複雜的歷史經驗和難題。

溫斯頓：我相信，這樣的追求不僅對你，對許多中國作家都是一種挑戰。我承認，我對你的下一部作品充滿了期待。

劉繼明：謝謝。

（2011年）

新左翼文學與當下思想境況

　　劉繼明：「左翼文學」在近兩年似乎頗受關注，差不多成了一個熱點，但無論是創作還是理論，都呈現出異常複雜，甚至含混的現象，比如作為一個歷史性概念，「左翼文學」在二十世紀中國的起伏流變以及它和國外左翼政治文化思潮的關係；作為一種曾經產生過廣泛影響的文學現象，現在是否形成了一種可以稱為「新左翼文學」的創作思潮？等等，都表明了其中蘊含著一個巨大的意義空間，值得給予進一步的探究，至少，它為我們把握當前中國的複雜思想狀況和現實境遇，提供了一條別樣的認知通道。

　　曠新年（清華大學中文系教授）：我對這個題目感到有些疑慮，中國目前有沒有所謂「新左翼文學」？文學傳統自有它的力量，《中國現代文學研究叢刊》2002年第1期曾推出「左翼文學筆談」，「人民性」這個概念重新也被召喚出來，《文藝理論與批評》2005年第6期曾推出「文藝與人民性」的專題。這個話題可能直接與曹征路先生的《那兒》這篇小說有關。《那兒》在《當代》雜誌2004年第5期發表以後，產生了很大的影響，被認為是2004年最重要的小說之一，一部中篇小說受到如此眾多的關注和討論，這種盛況是空前的，這是1980年代中期以後所未曾有過的事情。

　　劉繼明：《那兒》的出現，的確稱得上中國文學進入新世紀之後最為重要的文學事件。但它剛發表時，並未受到文學界，尤

其是主流評論界的重視，最初只是在小範圍內引起了一些關注，如左岸網站，對這部小說表現出異乎尋常的興趣，並在網站上展開了熱烈的討論，到後來，影響才逐漸擴散開來。這種現象在以前由幾家權威期刊和評論家獨掌文壇話語權，互聯網尚未形成影響之前，幾乎是不可能的。

曠新年：《那兒》發表後，有些人把《那兒》歸入左翼文學的傳統。《文藝理論與批評》雜誌發表了季亞婭的《「左翼文學」傳統的復甦和它的力量》。李雲雷在《轉變中的中國與中國知識界——〈那兒〉討論評析》中對圍繞《那兒》所展開的熱烈爭論作了很好的梳理。他指出，《那兒》之所以受到廣泛關注，與1990年代以來中國知識界和思想界的背景密切相關。離開思想界、文學界的爭論，我們將難以解釋《那兒》為何會引起這樣的熱情。新左派與自由主義的爭論、「純文學」反思、郎顧之爭、MBO與國企改革等上個世紀末延續下來的一系列爭論都進入了這篇小說中。《那兒》切合了新的思想，重新審視了文學與現實、文學與政治的關係，是新的左翼文學的一個起點。曹征路先生在李雲雷的訪談裡也談到他的創作與1990年代以來思想界對改革的爭論，特別是自由主義和新左派的爭論對他的影響。曹征路還談到，中國人歷史觀的變化和對工人階級的重新認識。《那兒》重新關注和思考工人階級的命運，直接介入了對於改革的反思。張碩果先生有一個觀點非常有意思：《那兒》不是一篇關於工人的小說，而是一篇描寫當代中國「左派」知識份子命運的小說。

劉繼明：《那兒》或左翼文學的「復活」，除了得益於你上面提到的近年來幾大思潮的影響，顯然還有一個更重要的精神

源頭，即已經消亡多年的「無產階級革命文學」傳統。這個傳統最初從蘇聯傳播到中國，在二、三十年代漸成氣候，到四、五十年代以後作為一種極為強盛的主流文學模式，變成了社會主義意識形態的重要組成部分。「革命文學」也可以稱之為「左翼文學」、「社會主義文學」和「人民文學」，對階級意識、人民性的強調，是其主要敘述特徵，但從1980年代開始，隨著傳統馬克思主義和毛澤東思想的不斷邊緣化，這一影響甚眾的文學潮流便基本上被拋棄掉了。對於這段錯綜複雜的歷史流變，你曾經在《人民文學：未完成的歷史建構》一文中作過頗為詳盡的梳理和總結。正如你所說：「20世紀『人民文學』的出現和發展是一個曲折的歷史過程，『人民文學』與『人的文學』成為了20世紀文學發展中重要的碰撞和衝突。這種歷史進展並不是能夠僅僅由文學自身獲得解釋，它是由社會歷史條件所決定的。『人民文學』是一種想像的邏輯，是一種新的文化創造，是一個尚未完結的歷史建構。」但在八十年代，我們那時候都在念大學吧，無論從課堂，還是報刊上聽到或見到的都是對「左翼文學」的聲討和否定，尤其是延安時代的解放區文學和新中國成立後的五、六十年代文學，都被不少理論家判定為是一種文學的倒退，被整個兒扒拉到其時已經聲名狼藉的極左政治垃圾堆裡去了。包括對一些作家的評價也完全顛倒了過來，比如像趙樹理、柳青、周立波等，浩然就更不用說了，而另外一些曾經遭受冷遇的作家如沈從文、張愛玲、林語堂乃至周作人則被重新發掘出來，獲得了從未有過的追捧。這當然與八十年代的思想解放運動和人的「覺醒」以及對文學的主體性詢喚有關。在許多當代文學研究者看來，這是一個文學現代化的建構過程，它同後來中國社會融入全球化和西方

主流文明的大趨勢是一脈相承的。

在當時，我們對這股大趨勢都持一種熱情擁抱和歡呼的態度，很少有人表示過懷疑。直到九十年代中期以後，這種狀況才有所改變。對此，祝東力在《我們這一代人的思想曲折》中說：「整個八十年代，我們這代人被籠罩在上代人的影子之下。批判中國歷史，否棄中國革命乃至近代以來全部反帝反殖的左翼傳統，質疑國家、民族、集體，嚮往西方的政治、經濟、科技以及語言、文化和學術思想。不必諱言，八十年代的知識體系、價值觀念和審美趣味在相當程度上是可恥地反人民和殖民地化的。」可謂比較生動地剖析了這一代人曾經受的難以言傳的精神隱疾。為什麼會這樣？這顯然與1990年代以後中國社會的急遽轉型引發的現實矛盾密切相關。這種矛盾在知識界導致的一個直接成果就是「新左派」的崛起。現在看來，「新左派」的出現在中國思想文化界堪稱一個劃時代的事件，因為在這之前，整個知識界和文學界瀰漫著新自由主義和現代派、後現代派的思潮，中國人的思維幾乎完全被一種狂熱的發展主義理念所主宰和控制了，「新左派」頭一次對此發出了懷疑的聲音。人們開始思考究竟選擇一條什麼樣的發展道路更符合自己的國情，以及怎樣認識當下中國的真實處境，等等，開始重新納入人們的視野，包括社會公正、平等的傳統社會主義價值觀，也再次成為了評估社會進步的重要指標。從這個背景下考察，「左翼文學」的出現，似乎就成為了某種歷史的必然吧。

曠新年：中國聲稱處在「社會主義初級階級」，正在走一條「有中國特色的社會主義道路」。今天全世界和中國人自己對於中國都各有各的看法，這些看法相互矛盾，甚至大相徑庭。

1990年代以來，就存在著「闡釋中國的焦慮」。解釋和命名是一種掌握和控制的方法。每一個人看到中國的不同方面，每一個人看到一個完全不同的中國。一位外國人說，在中國沒有不可能的事情。現在的中國也許用得著狄更斯在《雙城記》的開頭說的一句話：「這是最好的時代，這是最壞的時代。」「改革開放」和「新時期」作為一個歷史時期已經延續了將近30年。「改革開放」以後成長起來的一代人早已經從大學畢業了，他們一出生就沐浴在改革開放的「春風」之下，他們對於社會主義歷史的瞭解完全來自於「傷痕文學」的敘述。今天我們面臨著全新的問題：全球化、權力資本化、兩極分化、減員增效、遍地貪污、全面腐敗、三農問題、教育產業化和醫療產業化等等。我們不得不超越上個世紀80年代「改革開放」的眼光。

劉繼明：民間曾經有一種流傳很廣的說法：今天的中國是最壞的社會主義加上最壞的資本主義。1979年以來，「社會主義」被官方意識形態定義為「發展生產力」，但資本主義同樣作為一種以發展生產力為主要目標並且取得了巨大成就的社會制度，它跟社會主義之間的根本區別在哪裡呢？鄧小平當初提出改革開放不問姓社姓資，也許更多處於一種實用主義的考慮和權宜之計，可當中國社會出現因片面發展經濟帶來的諸多現實矛盾之後，執政黨就暴露出了它自身的合法性危機，如何化解這種危機，不僅涉及到怎樣評價今天的中國社會，還關係到如何破解當前面臨的一系列思想難題。

曠新年：改革開放以來短短二十多年的時間裡，中國經歷了5000年文明史上最劇烈的巨變。中國的社會、經濟結構和文化、道德都急遽地發生了深刻的變化。中國迅速地造成了最嚴重的地

區和階級分化，成為世界上基尼係數增長最快的國家，這裡發生著世界上最嚴重的腐敗，世界最大範圍的生態環境破壞。中國成為了「世界工廠」，快速釋放出了巨大的物質財富，但並不是所有人都分享了它。「改革開放」可以1989年為界分為兩個不同的階段。1980年代的改革是自下而上的，1990年代的改革是自上而下的。新自由主義和新權威主義構成了1990年代中國主流的意識形態。在1989年以後，中國知識界構造了「自由與民主」、「效率與公平」的對立，以「自由」的名義反對「民主」和「平等」，以「效率」的名義將腐敗合理化。「改革開放」越來越像一場「零和博弈」：在少數人暴富的同時，最廣大的社會群體第一次淪為了絕對意義上的「弱勢群體」。權力、資本和知識的利益集團已經結成緊密、穩定的聯盟。今天的中國社會是一個沒有責任的上層和一個被全面剝奪的下層。這種兩極格局已經定型。社會學家將當前的中國稱為「斷裂的社會」。中國的形象是非常矛盾、曖昧的。「中國形象」與社會基礎嚴重斷裂。作為一個成長中的大國，現在中國到了一個非常關鍵的時刻。中國有著迅速的經濟增長，巨大的生產能力。在世界上同時存在著「中國威脅論」和「中國崩潰論」兩種截然不同的看法，「中國崩潰論」的論調已經談論了十多年了，但是中國卻至今沒有崩潰。在中國，專制與自由同體，暴富與貧窮攜手，樂觀和悲觀並存，希望與失望共生。

劉繼明：中國當前的這種社會狀況，顯然是「左翼文學」產生的重要現實基礎，也是左翼思潮在消失二十多年之後重新崛起的一個歷史誘因。但嚴格來說，「左翼文學」並非始於《那兒》這篇小說，它真正復甦的信號應該是從張廣天導演、黃紀蘇編劇

的戲劇《切・格瓦拉》就開始了。有人可能還記得《切・格瓦拉》剛上演時的熱鬧情景，但這部作品的影響起初還僅限於戲劇領域和一些城市青年亞文化群落，很少有人將它同當時的中國思想境遇聯繫起來加以考察。其實，《切・格瓦拉》的意義就在於它修復或重新啟動了失傳多年的革命文學記憶，將無產階級美學傳統以一種理想主義的姿態和先鋒的面目並置到中產階級文化正方興未艾的21世紀之初。但由於它一開始就採用的那種商業運作方式，多少削弱了其隱含的異端思想鋒芒，而逐漸演變成了一種流行的文化符號和標籤。可以說，張廣天以另一種形式呼應了當時正處於上升勢頭的「新左派」，儘管張本人對「新左派」理論並不認同，甚至公開指責過新左的某些學者和理論主張，但那顯然只是新左內部的一種表達策略上的分歧，在精神實質上他們是一母同胎的。

應該承認，新左從一開始就不是一個具有完整理論創見的思想群體，其代表人物身份的蕪雜和思想資源的各執一詞，都無法掩蓋自身的曖昧和遊移不定，他們當中既有西方新馬克思主義的中國信徒，也有民族主義的追隨者，更有中國傳統社會主義的擁護者。這種現象不僅使他們看待中國問題的方式千差萬別，也導致了對中國社會的不同認知態度，因此，新左的批判力度遠沒有一些人想像那樣強大，足以從各個層面對中國社會構成實質性影響的新自由主義的抗衡和「阻擊」力量，而是在相當長的時段內都處於相當邊緣的位置。猶太裔美國學者邁克爾・沃爾澤在分析美國的右翼力量為什麼長期居於主流時曾經指出，右翼知識份子與活動家往往能表達簡單、明確和堅定的政治理念，而左翼知識份子缺乏這種確定性，因為左翼已經不再擁有類似於馬克思主

義的總體理論的支持，他們不再敢輕率地將所有的社會問題歸結於一個根本性的大問題。雖然他們仍然發表批判見解，卻只能針對（諸如教育、健康保險、社會保障、勞動力市場或者公民自由等等）具體問題做局部討論。左翼知識份子好像失去了完整的價值觀與世界觀。這似乎應驗了福柯的論點，「普遍知識份子」已經消失，只剩下了專家。但在意識形態譜系的另一端情況恰恰相反，「普遍知識份子」正生意興隆：他們的「自由市場理論」具有解釋一切的效力，可以使其信奉者對所有問題抱有「歸根結底」的見解，再結合美國主導民主化的理論，以及上帝神聖支持的信念，他們甚至自信對世界上所有地方的所有問題都有簡單明確的答案。邁克爾‧沃爾澤雖然針對的是美國的狀況，但也可以用來解釋中國的左翼力量為什麼始終局限於精英知識圈，而很少流布到更廣泛的社會群體當中，乃至對主流意識形態構成支配性的影響了。

當然，中國的新左有一個不斷發展和嬗變的過程，它真正在中國語境下產生實質性影響還是近兩年，尤其是你上面羅列的如國企改革和三農問題引發一系列嚴峻的社會矛盾之後，隨著一批經濟學家和社會學家的積極介入，新左所宣導的價值觀才逐漸引起全社會和國家決策層的關注。到最近頻頻掀起的關於「市場經濟」和「計畫經濟」、物權法及改革問題的爭論，更是對這些社會矛盾和難題的一次集中回應。

曠新年：改革的一個最明顯的結果就是底層的出現。正如蔡翔在《底層》的散文中所寫的：「權力和金錢可恥地結合。『窮人』的概念再一次產生。」在討論《那兒》的時候，許多人將它與所謂「底層敘事」聯繫起來。陳曉明發現，底層的苦

難成為當今小說敘事的主體故事，同時對底層苦難表現伴隨著仇恨與暴力。邵燕君在《「底層」如何文學？》中說，2005年以來，「底層」問題成為了當前文學最大的主題，翻開文學期刊，到處可以見到「底層」的影子。有的作家在表現苦難時抽象化、概念化、寓言化和極端化，「底層敘述」變成了不斷刺激讀者神經、比狠比慘的「殘酷敘述」；有的作家以簡單的「城鄉對立」、「肉食者鄙」等線性邏輯理解複雜的「底層問題」，以苦大仇深作為推動故事的情緒動力，於是「底層敘述」變成了隱含的「仇恨敘述」；還有的作家既沒有底層經驗，又缺少底層關懷，只因題材熱門、「政治正確」，也來分一杯羹，尋求「入場」的快捷方式。

你在《天涯》2005年第5期發表的《我們怎樣敘述底層？》中也提到，「底層」正在成為一個頗受關注的話題，從知識界、文學界到大眾媒體，都能聽到這個很久以來幾乎被遺忘了的詞彙。底層問題浮出水面，折射出當前中國社會的複雜形態和思想境遇。你批評底層敘述將「底層」抽空，變為中性的、袪除了意識形態和歷史內涵的「弱勢群體」等詞語，化為人道主義修辭，而作為文化、社會、歷史、政治的同特定的現實語境的複雜糾結和粘連卻被連根斬斷了。

「底層」問題很容易產生兩種傾向：一種是道德化的傾向，也就是你所說的「底層秀」。正如你所說的：如果所謂「關注底層」變味成主流意識形態、精英文化和大眾媒體為自己臉上塗抹的道德脂粉和肆意揮灑廉價同情心的佐料，還不如讓底層問題仍舊回到那個被遺忘和拋棄的歷史角落。另一種傾向就是審美化。「苦難」和「底層」獲得了某種具有普泛性的所謂純文學品格，

被抽象化或「內心化」。對「底層寫作」、「關注底層」這樣的說法，我一直懷疑和不信任。有一次，我對一位朋友說，底層寫作要用鞭子狠抽。

劉繼明：蔡翔的《底層》發表於1995年，但為什麼距今十多年之後又重新引起關注？其中一個重要原因顯然是隨著中國社會貧富懸殊的日益拉大，人們開始強烈意識到強調社會公正和平等的緊迫現實意義。這是新左煥發出廣泛社會影響的一個標誌。但此時新左的話語資源也已經從原來的簡單移植西馬，開始轉向對中國本土社會主義經驗的重新認識和整理。要知道，曾經主宰中國近半個世紀的社會主義實踐是由於政治權利的非正常更迭突然中斷的，儘管此後二十多年的改革開放幾乎完全消弭和顛覆了這場激烈的社會運動，但其推行過程中形成的一整套價值觀並沒有連根拔除，而是像種子一樣蟄伏在許多人的精神深處，一旦遇上與之相適應的土壤，便會蓬勃生長起來。這從1990年代以後毛澤東熱在中國一波接一跛地興起，至今仍然方興未艾就可以看出來。當然，也可以從中國傳統文化中「患均不患貧」找到更深層的精神基因。所以，「底層」才在近幾年突然變成一個全社會關注的問題。在毛澤東時代，中國的平等指數曾經居於世界前列，現在則已經退居到了130多名，不知不覺之間，中國社會出現了以農民和工人為主體的龐大的「底層」，而曾幾何時，工人和農民還是這個國家的「主人」。這樣大的反差無疑是底層問題一經浮出水面，便成為一個無法回避的問題的根本原因。

儘管「底層」問題將中國潛伏多年的現實困境最大限度地公開化了，但這一概念本身還是隱含著諸多含混的歧義。現在無論持新自由主義立場的人士，還是新左翼人士，乃至所謂既得利

益集團都在談論底層，但他們各自選取的話語姿態和解決方案都不盡相同，甚至南轅北轍，這都是「底層」概念本身的含混造成的。作為一個歷史概念，「底層」既是一些馬克思主義理論家曾經採用過的社會分析方法，如葛蘭西和盧卡契，也是那些主張自由市場經濟的理論家所認同的一種結構形態，最典型的就是社會學界流行的社會分層理論。在這些理論家看來，「底層」問題不僅不能消解市場競爭的內核，反而證明了通過競爭形成不同的階層，使利益在各個階層之間流動的社會原動力。所謂平等只能是起點和機會上的平等，結果永遠不會平等的觀點，這顯然只是新自由主義者們為其尋找合法的倫理依據的一個藉口，但目前中國社會最大的困境是連起點和機會離最基本的平等也相去甚遠。

所以，我覺得「底層」概念不僅無助於解釋當下的中國現實矛盾，反而掩蓋了其中的真實面目。前不久看到餘華在一篇訪談裡提到汪輝曾經對他說，過去所有的階級都消失了，卻天天要講階級鬥爭，現在出現了這麼多階級，反而不談階級了，這似乎無意中揭示了我們現在面臨的一種尷尬局面。正是在這個意義上，我認為左翼文學的「復甦」，為我們敘述當下中國社會提供了一個更為有效的認識角度。

曠新年：我對我們現在討論的這個題目的根本懷疑之處是，今天中國是不是存在一個真正有活力的左翼？在資本主義全球化的時代裡，全球左翼運動失敗和沉沒了。資本主義自誕生以來從來沒有如此躊躇滿志過，甚至宣告歷史已經終結了。今天對於資本主義的野蠻力量，左翼沒有組織起任何有力的防守狙擊，對於資本主義已經喪失了一種真正有力的批判力量以至可能性。全世界左翼都把最後的希望寄託在中國，希望中國出現奇跡。我則認

為，這種希望多少有些奢侈。不久前，我看梁漱溟的晚年口述《這個世界會好嗎》這本書，深有感觸。1980年的時候，梁漱溟很樂觀地說：「我認為很自然地要走入社會主義，資本主義要轉入社會主義。」他的話今天聽來恍如隔世。因為今天社會主義已經被污名化了。幾年前，錢理群老師說，「這二十年來我們思想界最重大的一個失誤，就是我們對中國的社會主義思潮沒有經過認真的清理和研究」。他認為，社會主義遺產是我們可以繼承、借鑒的一種資源。問題是，為什麼社會主義在今天不能成為一種資源？一位朋友說，許多人覺得一絲不掛的資本主義要比三點式的社會主義痛快實在。社會主義有著可怕的歷史負擔和現實陷阱，尤其是在中國這個「社會主義國家」，談論「社會主義遺產」無疑是一種巨大的困境。

不僅全世界左翼全面沉淪，而且中國的左翼也正處於分化之中。最近一兩年，中國的政治似乎有一種左轉的勢頭，但是，左翼思想卻在進一步衰退和窄化。前不久，我令人喪氣地發現一些左派的朋友急遽地轉向民族主義和精英主義。這種轉變是「一國社會主義」必然的結果，在一國之內不可能產生真正的共產主義思想，沒有國際，就沒有共產主義，因為共產主義運動一開始就是「國際」的，必須突破民族的局限。這種民族主義轉向並不是個人主觀上的原因，而是因為歷史條件的限制。在許多年以前，當一位在美國的朋友說到民族主義是中國左翼思想的一個重要的起點的時候，我就告訴他民族主義與左翼思想之間最終的生死對立。有些左翼朋友表示要堅守原來的立場。但是，不進則退，非生產性的空洞堅守，思想的空間會不可避免地陷落。在2004年右翼思想開始頹敗的同時，左翼思想也同樣失去了動力。2006年，

不論是左翼還是右翼都喪失了思想的衝擊力。

我們面臨想像力貧乏和失敗的問題，這種想像力的失敗就像1960年代以後的蘇聯，最終導致政治活力的消失和民族的崩潰。當然，問題的根本在於，由於特定的世界格局，今天中國想像的空間是極為有限的，因為今天中國在所謂「歷史終結」的單極世界條件下遠遠不如1960年代當時兩個陣營並存時代的蘇聯可以想像的空間。不過，另一方面，1970年代的蘇聯只剩下僵硬退化的官僚機器，這個體制選拔出來的是越來越平庸和無能的接班人，和蘇聯不同的地方在於，今天中國存在一個活躍的、生機勃勃的市場，即使這個市場是權錢交易的場所，充滿污穢和不公。這個市場全面擁抱全球化，直接接軌世界市場，它充滿著無數的越界交換和生機盎然的活力。我感覺到今天不論是所謂左派還是右派都面臨著想像力的失敗，都提不出任何新的有力的遠景和方案。1990年代以來，我們嚴詞譴責烏托邦、理想主義，「現實」越來越強大，「理想」和幻想失掉了自己的位置。很少像這個時代這樣，沒有為理想留下絲毫空間。理想、觀念和激情曾經經歷過巨大的創傷和徹底的失敗。在1989年之後，我們對正義和理想徹底失去了信心，而一個失去正義的國家，是黑暗的國家，是絕望的國家。這種黑暗和絕望奇妙地轉變成為1990年代物欲的瘋狂。我們闖入了一個無根、無道、無法的「消費主義」天堂。

劉繼明：我非常認同你這種疑慮和擔憂，但現實又似乎並不完全像你描述的那樣悲觀。冷戰結束後，我們面對的的確是一個社會主義體系全面崩潰的時代。但這並不是像福山預言的歷史的總結。中國的社會主義由於不斷地「去意識形態化」，越來越只是一具寫在憲法上的空殼，但同蘇聯相比，還是存在許多差異。

其中最重要一點就是毛澤東從五十年代起，就開始採取一系列政治措施，以避免蘇聯從史達林時代起就形成的那種僵硬退化的官僚體制，這使得中國的社會主義實踐很早就帶有濃厚的平民主義色彩，對諸如平等公正的追求遠比蘇聯和其他社會主義國家更加深入人心，雖然毛澤東的社會主義實踐最終還是以失敗而告終了，但它畢竟以表面的形式殘留了下來，這也是中國為什麼沒有像蘇聯和東歐那樣全面解體的原因之一。包括左翼的聲音日益強健和公開化，以及你所說的近幾年官方呈現出「左轉」傾向，提出「創建和諧社會」、「建設社會主義新農村」等舉措，也是傳統社會主義遺產在發揮潛作用的一種表現。傳統社會主義在中國留下的諸多負面影響，固然是今天的左翼力量感到棘手和瞻前顧後的一道難題，但這也許恰恰表明了左翼在合理地吸收傳統資源基礎上，尋找新的可能性的希望所在。

中國二十多年來在經濟上取得的成就，的確正在成為越南、古巴甚至朝鮮這些堅持傳統社會主義體制的國家仿效的樣本，這可能是傳統的社會主義價值觀面臨進一步瓦解的徵兆。但從世界範圍來看，左翼的力量並沒有全面消失，在有的地區如拉丁美洲甚至出現了某種勃興的趨勢，委內瑞拉總統查韋斯和巴西總統盧拉的上臺和他們所採取的一系列政策調整，明顯遏制了美國在全球範圍推行新自由主義的企圖。即便在西方國家，也並不是所有人對中國的經濟改革持歡呼雀躍的態度的。實際上，也有不少左翼人士和群體對此進行了認真地清理和批判，他們所作的工作絲毫不亞於國內的左翼，在某種程度上甚至更深入、更直截了當。比如發表在美國的《每月評論》上的一篇文章《中國與社會主義─市場改革與階級鬥爭》就異常尖銳地指出：「中國的經濟經

驗至今依然對困難重重的社會主義建設有足多可供借鑒之處。然而，當前的經驗大體上是反面教材。不幸的是，中國政府的『市場改革』規劃原本說是要為社會主義恢復生機活力，卻使國家墜向越來越資本主義化、也越來越受外國支配的道路，對國內與國際都造成了龐大的社會成本。更加不幸的是，許多進步份子（包括許多仍支持社會主義的人）依舊為中國的經濟政策辯護，並鼓勵其他國家採納類似的政策。」而且對中國的知識界提出了尖銳地批評。這是否可以看作社會主義價值觀和中國的左翼力量在未來仍然具有發展空間的一種啟示？

當然，現實的情形也許比想像的複雜許多。這也正是需要我們對左翼和左翼文學進行深入探究的前提吧。

曠新年：我們常說，眼見為實。我們親眼所看見的就是現實嗎？我記得一位作家說過，寫作是一種質疑。自1980年代中期「新寫實」潮流以後，自然主義代替了現實主義。當「分享艱難」的所謂「現實主義衝擊波」出現以後，寫作成為了一種對於現實的妥協、屈從，甚至勾結。我把它看作是現實主義的死亡。如果要談論現實主義，我們必須在與自然主義的區分中重新喚醒現實主義。

實際上，每個人對於現實的看法都是不同的，有一些隻看到表面的現實，看不到蘊藏的正在生長的現實。愛德格‧莫林和安娜布裡吉特‧凱恩在《地球‧祖國》一書中區別了兩種不同的「現實主義」：一種是不對抗現實，並且去適應它；一種是重視現實，以便改變它。比如抗戰前，周作人的許多朋友都勸他離開北平。可周作人卻認為，中國抗戰沒有前途，中國和日本作戰是不可能的。然而，在中國西北的延安這個偏僻的小山溝裡，毛澤

東卻預見了持久戰和中國的最終勝利。為什麼周作人會成為漢奸？許多議論基本上言不及義，根本的問題是周作人對於現實的看法。事實上，某些在當時看起來是異常強大、無邊無際、堅不可摧的現實是短暫脆弱、不堪一擊的。就像蘇聯帝國，在它倒塌的時候，人們都感到非常意外。當它已經發生了的時候，許多人還在感歎：這怎麼可能？《地球·祖國》一書中寫道：「歷史不斷地向我們表明，在當時看來十分明顯和占壓倒優勢的現實何等脆弱。例如從1940年6月到1941年10月間，希特勒德國對全歐洲的統治表現為壓倒一切的歷史現實。德國軍隊在1941年夏天推進到高加索山脈。莫斯科和列寧格勒兵臨城下，其陷落似乎無可懷疑。法國戰敗後成為德國的附庸。地處歐洲邊緣的英國在轟炸中蜷縮著。美國置身於戰爭之外。現實主義的做法似乎應該是適應不可抗拒的現實：向戰勝者屈服。然而戴高樂在1940年夏天看到了另一種現實。當大多數人以為戰爭已經結束時，他卻認為戰爭剛剛開始。」

今天無邊無際的、無情和野蠻的資本主義是一種最強大的現實，權力和資本對於勞動與人性的摧殘是一種不可反抗的「真理」，公平、正義和人性的尊嚴是一種遙不可及的可笑幻想。因此，問題在於，我們能不能看到正在萌芽的或者蘊藏的現實。現代文學的本質是想像。文學是靈感，是一種預見，是某種臨界狀態的東西。文學並不是簡單地描寫現實、反映現實，而是發現現實，甚至創造現實。

談論左翼文學無可避免地涉及文學與政治的關係。文學無法回避政治就像文學無法不使用語言一樣。但是，長期被迫的去政治化已經變成了一種集體無意識和政治正確。文學的政治化首先

要使人們意識到「純詩」並不足以構成文學的標準，「純詩」只是一種極端的文學實驗。文學不能服從於某種外在於它的政治，政治性常常正是文學性本身，形式就是內容的形式。就像盧卡契在某一天突然發現卡夫卡是現實主義一樣，左翼文學並不限於形式主義的現實主義。左翼文學正如內容上的激進性和批判性一樣，也必然充滿形式上的實驗性和探索性。左翼文學一旦穿上了1930年代蘇聯官方「社會主義現實主義」的制服，也就開始陷入了不可擺脫的危機。

劉繼明：這涉及到我們對左翼文學的基本認定。左翼文學的一個重要藝術源頭無疑是現實主義，甚至還有批判現實主義，現實批判應該是左翼文學的一種至關重要的表達立場，但中國的左翼文學到延安時代以及新中國建立後的五六十年代，社會主義現實主義和革命現實主義成為主流之後，基本上就喪失了這種批判的品格，所以，作為一種思潮的左翼文學到這一時期也就消失了。但現在看來，即便社會主義現實主義和革命現實主義也並非一無是處，像高爾基的《母親》和柳青的《創業史》這類經典作品，其中蘊含的理想色彩仍然是文學創作的一種值得珍視的品質。實際上，正如一些評論家指出的那樣，現實主義的確不能僅僅當做一種創作方法，而還應該具備一種認識世界的態度和立場，既要對黑暗的現實狀況給與毫不留情的揭露和批判，同時也要出示一種諸如社會平等和公正的理想價值和情懷。但左翼文學是否就只能是現實主義的呢？這的確值得商榷。比如法國未來派的阿波里賴爾和蘇聯的瑪雅科夫斯基，他們的許多作品裡都有對資本主義甚至社會主義陰暗面的尖銳批判，不少現代派藝術家如野獸派的代表人物畢卡索和魔幻現實主義的瑪律克斯都有鮮

明的左翼傾向，畢卡索後來還加入了西班牙共產黨。阿富汗戰爭和911暴發之後，瑪律克斯對美國的批判也最為尖銳。這是否說明，新左翼文學具有一種超越現實主義的可能？

這也涉及到我們對當前中國左翼文學和底層敘事的評價問題。陳曉明在那篇《「憎恨學派」或「後左翼」的新生》中談到，「左翼文學喚起的不只是一種立場和態度，更重要的是它建立起的藝術法則，它確立的情感和審美趣味，他給定文學的價值和功用，這些都是中國當代文學共同體所熟悉的，它們經常被劃歸在籠統而冠冕堂皇的現實主義名下。而且大的理論批評語境，這都使『後左翼』文學的生命花樣翻新而源遠流長。」他在另一篇文章《後人民性與美學的脫身術》還具體分析了左翼文學和底層敘事中存在的現代主義藝術趣味。儘管這位先鋒批評家依舊採用了他一貫的「後學」方法，但他的這種闡釋應該說是頗有見地的。這也表明最近兩年的不少左翼和「底層」文學作品運用的的確不僅僅是所謂現實主義方法，而是糅合進了不少現代主義的藝術因素。這顯然與1980年代後期濫觴的先鋒派文學影響有關，這也再一次證明，在今天的語境下，左翼文學跟以前的舊的左翼文學和社會主義文學呈現出更為豐富的面貌，也為我們用「新左翼文學」來命名這股興起的創作潮流提供了實踐上的佐證。

應該說，這種藝術變化同當下社會形態的複雜性也是一致的。在當前，我們無論談論左翼文學、底層敘事，還是社會主義意識形態，都無法用以前那種非此即彼的階級鬥爭方法來進行分析。因為階級衝突雖然繼續存在，甚至在當前的中國暴露出異常激烈的程度，但階級成份的構成遠比過去複雜、微妙，不同階級之間的利益博弈既有對立，又有互相重疊和纏繞，人們對同一社

會問題和事物的態度也不像過去那樣涇渭分明，而是呈現出你中有我、我中有你的狀態。比如最近關於改革的論爭，很難確定誰在真正反對改革。即使有人在各個改革中淪為徹底的受害者，但仍然對改革存在著某種希望，區別之處只是需要什麼樣的改革，或者說改革能否為更多社會成員帶來福利。在這種背景下，產生革命衝動的社會基礎已經被全球化的浪潮衝擊得支離破碎，很難形成一股整體性的力量了。這也就是陳曉明說的「左翼文學」「不只沒有純真的革命主體，革命的目的論依然是一個沒有謎底的啞謎」的內在原因。就此而言，新的左翼思潮的確面臨著你所說的想像力缺失和力量式微的處境。

曠新年：2005年由「改革年」變成了「反思改革年」。有人認為，改革已經出現了一個拐點，已經到了一個轉捩點上。強勢的利益集團把改革意識形態化，反覆「改革不可動搖」的咒語，這就像文革後期「文化大革命就是好，就是好」的歇斯底里一樣充滿焦慮，然而無效。有關改革的論爭，起因於改革過程中出現的嚴重利益失衡。精英越來越霸道與專橫，精英與大眾之間、強勢群體與弱勢群體之間的裂痕在加深。不管改革怎樣被神化，改革造成了嚴重的利益分化，這種利益分化造成的巨大裂痕再也無法掩蓋和回避，不爭論再也不可能了。孫立平說，改革共識已經破裂。他認為，中國已經進入一個「利益的時代」。1990年代中期之後，改革越來越被利益集團所控制，改革已經表現為一種深刻的利益分歧。准「善意取得」，不准「惡意討薪」。竊鉤者誅，竊國者侯，最後演變為一場利益和財富掠奪的戰爭，並且以既得利益集團利益最大化為結局。前一段時間，在網上廣泛流傳的一個帖子《我是含著眼淚寫這段話的：去你媽的「陣痛」！》

表達了對於改革的另一種不同的聲音。網上有一篇帖子講，現在在中國最可怕的事情是無處講理。我認為，這樣的縫隙正是文學生存和大顯身手的空間。文學應該把這個「理」講出來，這是文學應該和能夠承擔的責任。雪萊把文學看作是立法者。許多人把文學家視為先知和預言者。一個階級，一個民族最根本的失敗不在於政治和經濟上的失敗，而在於文化上的失敗。而文學又是文化創造的一個非常重要的部分。

李雲雷在《底層寫作的誤區與新「左翼文藝」的可能性——以〈那兒〉為中心的思考》中說，90年代的一些作品，比如餘華的《活著》、劉震雲的《一地雞毛》、池莉的《冷也好熱也好活著就好》、劉恒的《貧嘴張大民的幸福生活》等，都是表達一種苟活的哲學；《那兒》則描寫了無論如何也活不下去之後的「市民」，被迫起來反抗的故事，而他們所找到的資源，也只能是社會主義對「正義與和平」的要求。我在2003年寫的一篇文章《寫在傷痕文學邊上》中提出告別「傷痕文學」。整個新時期文學的書寫越來越成為了對於當代文學的否定，它把當代社會主義實踐甚至整個20世紀的歷史實踐看作是一種創傷，於是提出了「告別革命」的口號。但是，實際上，革命在20世紀中國從來就沒有停止過，只不過有時是從左的方向發生，有時是從右的方向進行。正如改革開放初期所說的那樣，「改革也是一場革命」。或者像張五常所說的那樣，「可以用專制的手段搞市場經濟」。改革走極端如同文革走極端。一者是不顧一切地打擊資產階級，一者是不擇手段地培養資產階級，目標雖然不同，但是手段卻是一致的。

「傷痕文學」和「傷痕學術」有著密切聯繫。20世紀結束

和21世紀的到來，中國的主流學術已經從「傷痕學術」轉變成為了「買辦學術」。不論是左翼還是右翼，不論是官方還是個人，都以「國際學者」，以參與學術的國際貿易為榮。在中國當前主導的思想和知識視野是所謂「回歸世界主流文明」，這種觀點簡單地將美國定位為「文明」。在這樣一種視野中，不僅沒有亞洲、非洲、拉丁美洲的參照和背景，而且甚至也沒有歐洲的參照和背景。至今為止，現代化是一個西方資本主義殖民化和使其他民族被迫喪失自我的過程。對於中國來說，現代化一開始並不是目的，而是作為一種「救亡」的手段出現的。日本學者溝口雄三認為，這樣一個洋務運動的過程將要持續三百年的時間，再過一百年，中國會展現自己的文明特點，到22世紀，人們也就可以用中國的、印度的原理來考慮世界的問題，那時洋務運動就該結束了。中國和印度這兩個亞洲大國引人注目的崛起，將給歷史增加新的內容。中國作為一個成長中的大國將被迫尋找自己的發展道路。

　　文學的想像力離不開思想的滋養。寫作的調整和解放有待於思想資源的變化。走出「傷痕文學」有待對於「傷痕學術」的全面反思。新的文學需要新的敘事和新的想像。在《那兒》的評論中，我將《那兒》稱為工人階級的「傷痕文學」，我主要是把《那兒》的出現作為一種症候來看。是否像改革初期的「傷痕文學」一樣，《那兒》的出現也預示著一個新時期的開始？改革開放已經進行了將近30年，已經超過改革開放前的時間。今天，中國已走到了一個新的轉折關頭，是走向一個少數寡頭利益集團控制的中國，還是走向一個自由、民主的中國，這需要每一個中國人的參與、思考與努力。

劉繼明：說到「傷痕文學」，恐怕也需要進行重新認識和評價。以前我們剛學習寫作和上大學那會兒，報刊上鋪天蓋地的都是「傷痕文學」，現在文壇上，不少作家也是那批靠寫傷痕文學起家的人。在他們的敘述中，大躍進也好，反右也好，文革也好，簡直是一個黑暗和恐怖得無以復加的人間地獄，似乎所有的中國人都過著朝不保夕、暗無天日，受盡凌辱的生活。這在很長時期內支配著我們對那段歷史的認識。也成為了現在的許多更年輕一代作家敘述這段歷史的權威摹本，連不少第六代導演拍攝的電影反映那個時期的生活時也故意把光打得昏黃慘澹，鏡頭也搖搖晃晃，人物的表情也愁慘不堪，比文革年代反映解放前生活的電影有過之而無不及。但真實的情形果真是這樣嗎？姜文拍過一部反映文革時期青年人生活的電影，他將那部影片取名為《陽光燦爛的日子》，單從這個片名就可以看出姜文是針對那種流行表現模式的故意反動。事實上，「傷痕文學」只不過是知識精英們根據自身特殊經驗對文革或毛澤東時代充滿個人情緒的一種控訴，遠不能取代所有人尤其是工人農民對那個時代的集體記憶。但由於知識精英們掌握著話語權，工人農民們則淪為了沉默的大多數，所以在很長時間給人一種印象，似乎他們敘述的便是全部的歷史真相。這種狀況到近些年才略微有所改變，由於互聯網的出現，使許多以前無力發出自己聲音的普通民眾開始在網上講述他們的文革記憶，極大地矯正和修補了「傷痕文學」給人們帶來的歷史盲視症，將一個完整的毛澤東時代重新呈現到當代人的面前，從而也引發了人們對知識精英敘述的懷疑和不信任感。但這種敘述模式在主流文學中仍然被沿襲著，比如莫言、餘華和嚴歌苓最近出版的小說《生死疲勞》、《兄弟》和《第九個寡婦》，

人物和情節一出場也照例是傷痕文學的模式。歷史的複雜性在他們那兒蕩然無存，那場改變了幾代中國人命運的社會主義實踐被這些作家按照現行意識形態和西方眼光打造成一出出荒唐的善惡悲情劇。這也再一次充分表明，中國作家的思想懶惰和想像力的貧乏到了一種令人吃驚的程度。

中國知識份子自古以來就有一種依附權貴的傳統。封建時代自不必說，文革時如此，改革開放時期同樣如此，區別只不過是以前他們依附在無產階級革命上面，後來則依附在「改革」上面。革命時期拚命剪除異己，將政治上的敵人置之於死地而後快，改革時期則將一切異己力量追逼到「反對改革」的受審位置上，都是一種典型的二元對立的極端方式。人文主義思想和真正具有現代文明特質的多元化思維在中國知識份子身上從來是稀薄的，唯我所用的。毛澤東說知識份子一貫擺脫不了依附的本性，不是依附在資產階級這張皮上，就是依附在無產階級這張皮上，倒是恰如其分的。

也正是在這個意義上，我們討論今天的左翼思潮和「新左翼文學」，有必要強調它的獨立立場，也就是說，它即使獲得了某種道德上的優勢和「正確性」，也不應該謀求跟國家意識形態建立一種依附關係，而必須始終與之保持著適當的距離，距離感是文學寫作和思想表達的一個重要前提，沒有了距離感，任何自由的表達都可能受到傷害乃至徹底喪失。文學當然離不開政治的輻射，但文學不能服從政治，一個純粹的作家和知識份子，最好不要覬覦去充當政治上的「顧問」和智囊團成員，而應該站在比政治更高一級的層面上，對一切政治實踐和人類生活提出種種質詢和籲求。但今天中國的知識份子除了這

種思想上的短視症，還普遍表現出一種理想和激情的缺失。這當然是中國革命特殊的「歷史負擔」造成的精神創傷。美國學者莫里斯‧邁斯納在《馬克思主義、毛澤東主義與烏托邦主義》一書中說過：「社會大革命總是由對未來的完美社會秩序的烏托邦憧憬所推動，但革命一旦結束，這種輝煌的烏托邦憧憬也就隨之消失。」幾乎所有中國人現在就承受著這種「烏托邦」消失之後種下的苦果。關於烏托邦，韋伯曾經指出，「人們必須一再為不可能的東西而奮鬥，否則他就不可能達到可能的東西了。」卡爾‧曼海姆也說：「如果摒棄了烏托邦，人類將會失去塑造歷史的願望，從而也會失去理解它的願望。」這句話似乎是針對中國知識份子而說的，因為，在一種幻滅情緒支配下的中國知識份子，將一切帶有理想主義色彩的行為和言說都作為一種失敗的證據而摒棄掉了。這正是今天相當一部分中國知識份子喪失理想和激情，變得唯利是圖的根本原因。

曠新年：中國今天一個重要的問題是精英與底層、知識份子與民眾在利益和情感上徹底斷裂。一個可怕的現象是，中國有9億農民，但是農民沒有可能表達自己的利益，發出自己的聲音。1980年代批判代言人這樣的說法，能不能代言確實是個需要討論的問題。如果不能代言，知識份子只能表達自己的利益，九億農民沒有自己的話份，無法表達自己的聲音，這是什麼結果？被壓迫者如何形成他們自己的力量，如何發出他們自己的聲音，如何建立起他們自己的知識？

今天中國是世界上對時間和速度最敏感的國家，處在一種明顯的時間進程裡面。中國擁有巨大和複雜的物質空間，「一國兩制」，「一個國家，四個世界」。但是，今天中國的空間感被

巨大的時間焦慮所壓抑，意識不到它的空間之廣闊巨大與複雜異
質。在這樣一種高速度中思想很自然地被排斥在外，在中國，你
確實能夠感到時間和空間關係之間的一種深刻的辯證法。你能夠
強烈地感覺到時間消滅空間。1930年代，史達林說，「落後就要
挨打」。這在某種意義上是對的，史達林以快速的工業化贏得了
打敗納粹德國的時間，但是，蘇聯卻也為「趕超」付出了巨大的
代價，並且最終蘇聯似乎是不可避免地崩潰了。蘇聯的工業化和
現代化有一種根本上的脆弱性。因此，在某種意義上，我希望中
國的速度能夠慢一點，能夠把速度降下來，留一點時間給思考，
來感覺、關心和思考它的空間。

　　梁漱溟在1980年樂觀地談論的民主和法制在今天仍然是遙遠
的目標和夢想。民主是一種制度安排，但又不僅僅是制度問題。
沒有民主，就沒有社會主義。如果沒有工農力量的成長壯大，民
主和自由就不可能真正到來。對於中國來說，確實正如哈貝瑪斯
所言，現代性是一個「未完成的方案」。所以，中國的左翼力量
和「左翼文學」，必須從中國的土地上重新出發，才有可能找到
新的出路。

（2007年）

底層文學，或一種新的美學原則

李雲雷（《文藝報》新聞部主任）：現在不少人對底層文學持批評的態度，尤其是一些比較活躍的評論家。而我認為底層文學是一種「先鋒」，如果說1980年代提出的「新的美學原則」只不過是簡單地以一種西方的、現代主義的、精英階級的既定美學標準來規範中國文學，那麼在今天的底層文學中，則蘊含著一種「新的美學原則」的可能性，這種美學原則是中國的而不是西方的，是人民大眾的，而不是精英的，是容納了各種創作方法而不只是現代主義的。這樣一種「新的美學原則」，當然還處於萌芽狀態，需要歷史與作家去創造。我們從對一些作品的評價能夠感受到文學界存在著相當大的分歧，比如關於《那兒》，有不少評論家批評它的「藝術性」不高，但在另外一些人看來，卻認為它表達出了他們的心聲，他們談論這部小說時充滿了欣喜和激動；另外如《色戒》，有一些人認為它的藝術價值很高，但另外一些人看了卻極為憤慨，認為是對烈士和民族情感的一種侮辱和褻瀆。而我自己，在歷史與美學之間有時也是矛盾的，我跟曹征路先生討論過這個問題，他認為我在理論上「還不夠徹底」，我承認他說得有道理，但也並不完全同意他的看法。你怎麼看？

劉繼明：關於底層文學及其相關問題的爭論，近來似乎有一種蔓延之勢，這應該是好事，因為它至少表明，底層文學已成為新世紀中國文壇一種無法回避的存在，而在不久以前，主流文學界及其批評家們還大都擺出一副高高在上、不屑一顧的姿態呢。

同時我也注意到，現在介入討論的評論家，甚至包括那些被指認為底層文學代表人物的作家，基本上都在各說各的，很難在基本層面上形成一定的共識。這跟新時期以來曾經出現的一些文學思潮很不一樣，比如尋根文學、先鋒文學和新寫實小說，人們很容易把握它們的特徵，都能清晰地歸納出幾條來。但現在無論是持肯定態度的人，還是持否定態度的人，他們對「底層文學」的理解往往南轅北轍，彷彿談論的壓根兒不是同一個話題，以至在不少人眼裡，底層文學幾乎變成了一團理不清的亂麻。

李雲雷：我所理解的「底層文學」是這樣的：在內容上，它主要描寫底層生活中的人與事；在形式上，它以現實主義為主，但並不排斥藝術上的創新與探索；在寫作態度上，它是一種嚴肅認真的藝術創造，對現實持一種反思、批判的態度，對底層人民懷著深切的同情；在傳統上，它主要繼承了20世紀左翼文學與民主主義、自由主義文學的傳統，但又融入了新的思想與新的創造。這只是我個人的理解，「底層文學」是開放的，但也有其較為清晰的內核，現在有些人把底層文學當成了一個雜貨鋪，什麼都往裡面放。

劉繼明：有人把上世紀五、六十年代的工農兵文學，七、八十年代的農村題材小說，傷痕文學，以及九十年代的新寫實小說，統統納入到「底層文學」這個範疇來討論，並據此認為現在的底層文學沒有什麼新東西，不過是老調重彈而已。這種似是而非的看法至少有兩個誤區，其一，他們把底層文學簡單地當成了一種創作題材，就像以前有人經常掛在嘴邊的「農村題材」、「城市題材」或「工廠題材」一樣。其二，他們忽略了底層文學既是中國現當代文學發展到今天的一個邏輯過程，同時也是中國

九十年代以來錯綜複雜的社會變化催生出的必然產物。如果無視這一點，隨意混淆和擴大底層文學的內涵與外延，就等於取消了其作為一種近些年才出現的創作思潮的意義。

李雲雷：討論底層文學既要從文學自身的發展出發，也要充分考慮到它與歷史以及所處時代的關係，否則只能越說越糊塗。從文學史上來看，比如田間的「鼓點詩」，在抗戰時期是時代的最強音，再比如五六十年代的政治抒情詩，是在公開場合朗誦的，但在我們這個時代，似乎已經不能欣賞這樣的藝術了，因為我們的公共空間日益縮小，只能在狹小的私人空間、在被隔絕的人際關係中來理解藝術。打破藝術的等級，讓藝術不再是那些「胖得發愁」的人欣賞的小玩意，而讓它成為一種更多人接受的形式，在社會發展中發揮積極的作用，這是「左翼文學」大眾化的一個追求，這一追求在1940—1970年代進行了探索，並沒有成功，但其出發點卻存在著合理的內核，而且有一些寶貴的經驗值得汲取。正是在這悲壯的探索中，我們可以看到超越資本主義現代性的努力，而在今天，我們的文藝界幾乎完全認同了資本主義現代性的「普適性」，匍匐在一種既定的美學標準之下，而失去了超拔的想像力，這在總體上不能說不是一種失敗。

我覺得真正的研究者不是去嘲笑歷史上的那些探索者，而應該從中總結歷史的經驗與教訓。最近北京大學出版社出版了《回顧一次寫作》，其中收錄了謝冕、洪子誠、孫紹振、孫玉石、劉登翰、殷晉培在1958年編寫的《新詩發展概況》，他們個人的學術經歷，以及他們現在對《新詩發展概況》的回憶與反思。如果說《新詩發展概況》很典型地表現了1950年代的文學觀念，而學術史與回憶則很典型地表現了他們1980年代以來的文學觀念，將

這樣兩種不同的美學觀念並置在一起，我想在編者來說是大有深意的，他們以此將不同時期的「新的美學原則」並置在一起，並使之相對化，從而提醒我們反思，1950年代與1980年代各自美學原則的優點、缺點與特點，而我想，以底層文學為代表的「新的美學原則」，也必將建立在對這兩種美學雙重反思的基礎之上。

劉繼明：對。但現在不少對底層文學持批評甚至否定態度的評論家，往往只把目光局限於孤立的文本分析，便提出諸如「藝術粗糙」、「展示苦難」之類的責難，而中國社會近二十年來發生的結構性變化以及由此帶來的思想更迭和人性蛻變似乎根本沒有進入他們的視野，這樣一種狹隘輕率、缺少歷史感的認知態度，就使他們對底層文學的判斷顯得隔靴搔癢、不得要領甚至片面浮淺。

近年來中國的經濟學家有「主流」與「非主流」的劃分，所謂「主流」，是指1990年代初以來鼓吹和推動新自由主義的經濟學家，而「非主流」指的則是近年來對新自由主義持批評和質疑立場的經濟學家，也就是現在通常所說的「新左派」。我覺得，文學界的情形也同樣如此，比如現在對底層文學基本持否定態度的那些人士就稱得上主流批評家，而持肯定態度的比如你，可稱為非主流批評家。這當然只是打個比方，不一定恰當。但不可否認的是，透過對待底層文學的態度，的確可以窺見當代中國文學以及思想界存在的分歧和裂痕。這固然可以看作是當代文化日益多元化的一種表徵，但這種「多元化」其實應該打引號的，因為近三十年來的中國思想文化界跟整個政治經濟一樣，走的是一條完全西方化的道路，用主流學者們的說法就是「融入世界主流文明秩序」，這個「世界主流文明」是一種西方中心主義的表述。

也就是說，這個進程是以不斷剝離和拋棄中國的文化傳統和本土經驗為代價的。多年以來，中國的主流知識份子對這個進程歡欣鼓舞，以至於在這個進程中出現的許多問題和困境，都被他們作為必須付出的代價輕而易舉地忽略和過濾掉了。比如你們北大的張頤武教授提出的「新新中國」論，就是這種主流價值觀的典型表述。在他的描述中，中國似乎已經完全變成了一個物質繁榮、不同階層和個人的權利都獲得了充分實現，幾乎可以跟西方發達國家媲美的中產社會。這樣的論調跟那些主流經濟學家幾乎如出一轍。在他們眼裡，中國社會日益嚴峻的社會矛盾如城鄉差距、貧富懸殊、利益衝突等問題壓根兒就不存在。這無疑是王曉明先生曾指出的一種新意識形態幻覺。而底層文學恰恰是在這種背景下產生的。暫時撇開其對於中國當代文學發展的重要意義不談，單就認識層面來看，底層文學首先是一種撐破國家意識形態和精英文化設置的話語霧障，勇於揭示和描寫出我們時代的真實圖景，站在人民立場，以批判的姿態面向現實發言的文學，這或許就是它跟此前的新寫實小說乃至於現實主義衝擊波在價值選擇上存在的根本區別。

李雲雷：我們北大中文系比較好的一方面，就是還殘留著一些「思想自由，相容並包」的傳統，不僅有張頤武教授，還有洪子誠、錢理群、韓毓海、曹文軒、陳曉明等教授，這些老師的觀點不同，但都是相關領域最為出色的學者之一，都能給我們以啟發，對於張頤武教授，我比較佩服的一點，是他思想上比較敏銳，對最新的作品與事件都能做出及時的反應，但遺憾的是，在學術觀點與具體作品的看法上，我與他往往相反，比如你提到的「新新中國」論，我就不贊同他的看法。

劉繼明：幾年前，我曾經在《我們怎樣敘述底層》一文中，將「底層敘事」跟20世紀上半葉的革命文學和五六十年代的社會主義文學聯繫在一起，認為它們「構建起了一整套新的『美學原則』，這種美學原則獨立於根深蒂固的資產階級文化秩序之外，在相當長的時段裡對由學院、知識份子壟斷的文學等級觀念構成了強有力的冒犯……」而在一些主流批評家看來，我們這裡談的新美學原則，他們也許認為是陳舊的，早就應該或者已經被他們拋進了歷史垃圾堆。說到底，這不僅僅是一種美學趣味的差異，更是一種思想認知的分野。明瞭這一點，再看那些竭力指責和貶斥底層文學的觀點，就絲毫不感到奇怪了。所以我覺得，只有將當前關於底層文學的討論放到這樣一種背景下，才能厘清其存在的種種話語歧義。

李雲雷：「不僅僅是一種美學趣味的差異，更是一種思想認知的分野。」這句話說得很透徹。其實從1980年代中期以來，文學界就有一種傾向，強調感覺而忽視思想，作家所關心的範圍越來越小，到最後只能是形式、語言和技術性的東西了，甚至有的以「沒有思想」而誇耀，這樣的結果是作家與思想界的距離越來越遠，他們回答的還是20年前的問題，還以為是新的發現，許多作家和評論家對中國現實與思想界的狀況簡直是完全陌生的，遠遠地落在了一些人文學者、社會學家和經濟學家的後面。我認為這對當代文學是極大的傷害。一個真正優秀的作家不能只關心技巧之類，還應該具備一種關心廣闊世界的能力，但在當前的中國作家之中，有能力對當代問題發言的似乎只有你與張承志、韓少功等極少的幾個人。

劉繼明：不久前，網上爆發過一場「思想界炮轟文學界」的

爭論，起因是幾個研究思想史的學者在討論武漢作家胡發雲的一部長篇小說時，不約而同地對當代中國文學缺乏獨立思想立場和精神深度的弱點提出了尖銳的批評。隨後有媒體組織作家評論家給予了回擊。現在看來，這批學者由於並不完全瞭解文學界的實際，有些批評也許顯得不夠客觀，但他們提出的中國當代作家越來越疏離現實和缺少對時代發言的相應知識和能力以及責任感的缺席等問題，顯然是切中了要害的。

李雲雷：在我看來，作家的社會責任感可以區分為三個層面：作品的層面；文化的層面；社會的層面。一個作家最重要的責任是寫出好作品，籠統這麼地說，在社會分工上似乎也是很對的，但現在不少作家以此作為逃避社會的藉口，則是短視的，任何作家都不可能脫離社會，而且只有在與思想界、社會現實的相互激蕩中，一個作家才有可能寫出優秀的作品；作為知識份子，作家與學者一樣也是社會的觀察者與思考者，但與一般的學術成果不同，文學作品更具經驗性，更加生動與形象，現在不少人津津樂道的80年代，文學之所以輝煌，恰恰就在於它在整個思想文化界處於領先的地位，它所提出的命題，很快就成為思想文化界討論的命題，在某些問題上它甚至說出了整個社會的心聲，從天安門詩歌到「傷痕文學」、「反思文學」、「改革文學」、「尋根文學」都是這樣，而80年代中後期隨著文學「向內轉」，似乎讓文學脫離了與思想界、社會現實的關係，現在「底層文學」的出現，似乎重新建立起了文學與思想、現實的關係，但現在文學最大的一個問題，是它極大的滯後性，正是由於沒有理論的視野與思想的穿透性，大多數作家無法對許多重大的現實問題作出敏銳的反應，更不用說具有前瞻眼光和洞察力了。這是很糟糕的。

曾經有不止一個人對我仍在閱讀當下作品感到驚訝，因為在他們看來，與其讀一些不關痛癢的作品，不如去讀一篇好論文，對自己更有價值。這裡面當然有他們對新世紀以來文學的偏見，但我覺得就文學本身，也應該有值得反思的地方。你認為呢？

劉繼明：中國文學界的「思想貧血症」由來已久。如果在八十年代，這種現象還可以說是對過去的泛政治時代的一種反撥，甚或稱得上是文學的進步，但到了不斷去政治化和去意識形態化，各種極端的藝術實驗不僅不再受到絲毫的限制，反而呈現出一種毫無節制的蔓延的90年代直至今天，如果再停留在80年代的「歷史終結論」面前睡大覺，甚至以規避任何思想探討和交鋒為榮，就不只是一種刻意為之的矯情，而只能說是一種思想貧乏和懶惰的表現了。

我最近看了剛獲得諾貝爾文學獎的英國女作家多莉絲·萊辛的《金色筆記》，頗為感慨。萊辛的這部寫於40多年前的長篇小說，在今天的許多中國批評家看來顯然是一部類似於伍爾夫、杜拉斯的典型的女性主義和先鋒派作品，多半會津津樂道於小說用筆記本結構全書的形式實驗，可就是在這部小說中，作家的眼光和筆觸經由一位女性的生活，深入到了20世紀五、六十年代中期既充滿個性解放、又彌漫著意識形態紛爭的光怪陸離的英國乃至非洲和整個歐洲社會，視野之宏闊，思想之深邃，幾乎可以與托爾斯泰的作品相提並論。聯繫到中國的一些滿足和沉溺於那種私密化的個人經驗和形式實驗的女性主義作家和先鋒派作家，二者之間的差距的確判若雲泥。所以，中國的某些批評家對底層文學如此「不待見」，以至於懷有根深蒂固的偏見乃至敵意，實在是順乎自然的。因為多年來，他們所接受的現代主義文學趣味一開

始就是片面的、褊狹的，是一種徹頭徹尾的「小世界」。他們已經習慣了學院、沙龍和茶社酒吧裡培植出來的精緻藝術口味，五穀雜糧早已不適合他們的胃口了。所以他們才喋喋不休地指責底層文學作品在藝術上多麼粗糙，精神取向多麼不具有普適性，而且反覆告誡作家們不要停留在具體的物質生存上，要深入表現普遍的人性和靈魂。好像作家們揭示的底層民眾那種艱難的生存狀況跟人們的靈魂毫不相干，人的靈魂可以脫離具體的時代境況單獨存在似的。包括他們大肆指責的所謂「苦難焦慮症」，在他們看來，這些苦難並非我們時代生活的一種真相，而是作家們誇張出來的一種用來佔據「道德制高點」的煽情手段。殊不知，作家們描寫出來的「苦難」是現實生活中和媒體上每天都在發生和報導的。這些批評家似乎可以容忍甚至欣賞包括那些先鋒派小說家筆下的抽象以及歷史中的苦難，而對底層文學作品中描寫的正在發生著的現實中的苦難卻覺得難以忍受，以至到了犯「心絞痛」的地步。這當然不是他們神經過於脆弱，而是長期以來只注重純粹的內心衝突和所謂個人的隱秘經驗，喪失了廣闊歷史視野和人文情懷的結果。

我也不滿意底層文學的作家們將筆觸和目光停留在對苦難的描寫和呈現上，但我絕不會開出諸如揭示「普遍意義上的苦難」和「人物的靈魂」之類的藥方，但如果非要開「藥方」，也許會恰恰相反：我希望底層文學的作家們更多地將目光由細碎的人性內部向廣闊的外部世界延伸，打通歷史與現實之間的重重阻隔，探析我們這個時代種種觸目驚心的精神病象，並且能夠像胡安·魯爾夫和斯坦貝克那樣，深入揭示出我們這個時代包括歡樂與夢想、憤怒與抗爭在內的人的全部複雜性、豐富性、荒謬性和尖銳性來。

　　李雲雷：不少人在研究底層文學時，注意到它與左翼文學之間的內在聯繫。我覺得，在當前的底層文學中，真正能夠繼承左翼文學傳統的，只有你和曹征路兩個人（這也僅限於你們的部分作品），其他更多的作家，則是以人道主義的視角來表現「底層」的，這才是底層文學的主流，這也是我曾經用過後來不再用「新左翼文學」這個概念的原因，而我認為，僅僅是人道主義並不能支撐底層文學，我們應該繼承包括左翼文學在內的更多的思想、藝術資源，才能使之有更加開闊的發展空間。但在今天，「人性論」已經成為了一種最大的意識形態，是一種「去政治化的政治」，並且成為了一些評論家批評底層文學的重要武器。最近媒體和網路上爭論得很激烈的《色戒》便是一個典型的個案。他們以抽象的、普遍的「人性」來抹殺具體的、有差異的人與現實問題，抹殺了人的階級性，通過抽空具體的歷史內容，宣揚一種抽象的人性之愛，他們張揚的實際上是一種精英階層的主體意識或階級意識。米蘭・昆德拉說「小說是對存在的勘探」，這在很長時間裡被一些作家奉為圭臬，但他們對「存在」往往是從個人主義或存在主義的意義上來理解的，特別注重對孤立的人的精神狀態的描寫，這是對人的一種抽象化的理解，馬克思認為「人是各種社會關係的總和」，他注重在人的生產關係中來理解「人」，如果我們將之與昆德拉的話結合起來，不僅可以拓寬我們對人的存在的理解，也可以拓寬我們對小說的理解。正是在這一點上，我認為今日的底層文學可能為中國當代文學開拓出一條新的道路。

　　劉繼明：曹征路是底層文學中最具代表性、甚至可以說是標誌性的一位作家，我看過他那篇《在歷史的大格局中》，對當

下中國文學存在的缺陷有十分清醒和透徹的認識，從最初的《那兒》到近期的《豆選事件》，他的寫作都具有高度的一致性和自覺性。但遺憾的是，像他這樣的作家在底層文學中還很少見。我始終認為，左翼文學是底層寫作的一個重要精神資源。如果不從左翼文學中獲得有益的啟示，底層文學遲早將被整合到已經成為主流的精英文學或中產階級文學秩序中去，從而失去其在思想和美學上的主體性和獨立性。記得是甘陽說過，當前的中國思想界應該重視三個方面的傳統，即中國古代的儒家文化傳統、西方近代以來的自由主義傳統以及20世紀中國的社會主義傳統。而當前的底層文學作家大部分並未意識到這一點，他們忽略或者回避了當今中國凸現出的嚴峻社會矛盾的背後，很大程度上與20世紀的中國革命和社會主義實踐在上個世紀後半期所發生的突變有著密切的關聯。這是我們必須面對的一份遺產。不管是從正面還是負面，都有許多值得吸取的東西。其中就包括左翼文學。但左翼政治和左翼文學是個複雜而敏感的話題，一句話兩句話很難說清，弄不好會引起更大的誤解。

　　至於「新左翼文學」是否存在，或者說它跟底層文學究竟是怎樣一種關係，這需要作具體分析。但你說的底層文學應該包含左翼文學的價值立場，我完全同意。底層文學的作家們在思想認知和美學趣味上的確比較含混、蕪雜，這也是目前不少底層文學創作在品質上良莠不齊，缺少更多具有強烈的藝術衝擊力和思想洞察力的作品的主要原因。這不單是底層文學作家存在的的缺憾，而是跟我們這個時代的精神一直處於某種曖昧的狀態有關。我看過日本著名學者尾崎文昭在一篇題為《底層寫作－打工文學－新左翼文學》的文章，他說：「根據階層分析論的所謂客觀

的『社會底層』其表現形式而言，是總帶著貧困的這樣一類負面形象，是同情的和慈善事業的對象，甚至是被侮辱的對象。另一方面，文學景觀中反覆表現的『底層』至少包含有『同情』的情感，伴隨著對社會不平等而憤怒的倫理意識。它還與以前所使用的『人民性』概念有重合的一面，最後還被賦予『忍受苦難』、『真實的』、『純粹的』、『崇高的』等正面含義。」他顯然意識到了底層寫作和左翼文學之間既有重疊又有差異的關係。

李雲雷：陽燕在關於你的一篇論文中指出，「劉繼明對知識份子獨立意識的張揚並不妨礙他對自己『要求平民和窮人的利益、主張社會公正和平等』的左翼立場的強調，事實上，獨立意識已成為劉繼明左翼文學思想的一個核心，二者並行不悖。」我認為這不僅是對你的小說的一種概括，而且應該成為底層文學的一個基本原則，因為只有具有「獨立性」，有了獨立的思考與探索，才能使文學獲得新的發展。而這種獨立性正是底層文學與文學史上的左翼文學不同的地方，魯迅、胡風等人都曾批評過這一點，這雖然有其歷史的合理性，也涉及到較為複雜的理論問題，但這也是我們應該正視與總結的教訓。

劉繼明：我曾經在同曠新年的對談《新左翼文學與當下思想狀況》中系統地梳理過這個問題。但這些顯然都只是一種理論上的描述，作為一個正處於生長過程的創作思潮，底層文學究竟怎樣發展，還取決於作家們的創作實踐乃至中國社會未來的走向。這一點同樣適用於對其他文學現象的討論。比如有人把「先鋒」當作一個靜止的概念，以為「先鋒文學」僅僅只是形式上的探索和試驗，並且將先鋒文學的某些藝術模式當成一種典範來衡量甚至要求創作，卻完全忽略了特定時代的精神處境，而時代精神總

是跟歷史發生著千絲萬縷的勾連，又始終處於變動不居的狀態。從這個意義上說，每個時代對會產生屬於她自己的「先鋒派」。其實，在上個世紀30年代，普羅文學就是那個時代的先鋒文學，所以，你認為底層文學就是今天的「先鋒」，從理論上也是站得住腳的。

李雲雷：「普羅文學」不僅是先鋒的，在市場上也很成功，曠新年在《1928：革命文學》一書中做過很好的梳理。現在的底層文學，我覺得一個缺點是藝術視野不夠開放，在藝術形式上的創新還不夠，跟某些贊同底層文學的批評家不同，我並不認為底層文學只能是現實主義的，底層文學在開拓表現領域的同時，也必須變革藝術形式本身，這是我說的「先鋒性」的另一層含義。20世紀的泛左翼文學，可以有馬雅可夫斯基的詩歌，有布萊希特的戲劇，即使在今天，也有墨西哥馬科斯的寓言故事，有櫻井大造的帳篷劇，但我們現在的底層文學作家似乎只能寫作現實主義的作品。另一方面，先鋒文學也有遮蔽性，比如《百年孤獨》，在「先鋒文學」的視野中只注意到它的魔幻現實主義和「過去現在將來時」，這可以說是買櫝還珠，在今天，我們只有將之與《拉丁美洲：被切開的血管》，與馬科斯的出現，與查韋斯等拉美左翼政治力量的崛起聯繫起來，才能更深刻地理解這部名著。如何不為單純的形式所囿，將底層文學的先鋒性激發出來，可能還需要更多的努力。

劉繼明：《切·格瓦拉》在市場上曾經也很受歡迎，與它在文藝界和思想界受到的「待遇」形成了鮮明的對比。這種現象是很值得研究的。

李雲雷：這是不是跟中國這麼多年的思想狀況有關？長期

以來，許多人對待歷史採取輕率的態度，隨意取捨和閹割，在一種「新意識形態」的支配下，我們不僅對50－70年代缺乏客觀理性的反思，對1980年代的反思也很不夠。錢理群是我所尊敬的老師與學者，他在剛剛出版的《我的精神自傳》中，結合自身的經歷，對自己20多年來的治學思路進行了梳理與反思，在這裡，我們看到的是「雙重性」的反思，這包括以下三個層面，首先在時間上，這些反思包括80年代對50－70年代的反思，同時也包括90年代中期以來對80年代的反思；再次是對當前思想立場的反思，錢理群對自由主義與「新左派」同樣持一種雙重性反思的立場，他既對50－70年代的激進思潮持一種批判性的態度，同時也意識到了80年代對50－70年代的批評遮蔽了一些有價值的東西，從而試圖結合新的社會現實，在現實中艱難地確定自己的思想立場。

　　與簡單地肯定50－70年代激進思潮的人們相比，與仍在堅持80年代新啟蒙主義的人們相比，錢理群的思想態度無疑是值得肯定的，因為與前者相比，錢理群不回避歷史問題及其帶來的經驗教訓，而與後者相比，錢理群對現實社會問題的變化更加敏感、更有切膚之痛。需要指出的是，如果說80年代以來，大多數知識份子持新啟蒙主義的思想立場，那麼90年代中期以後，伴隨著中國現實中出現的新問題，能夠突破這一思想框架與個人思想局限的人，在學術界尤其是文學界是頗為少見的，錢理群能夠做到這一點極為可貴，這與他的經歷、性格與自我意識是分不開的，我們在書中也能清楚地看到。但現在文學界的很多人，仍然停留在1980年代以來的思想框架中，他們以一套固定化的「審美標準」來評價作品，而不能對「審美標準」乃至個人的思想框架作出反思，這不能不說是很可悲的。

　　另一方面，錢理群的「雙重性反思」，不是在自由主義與左翼思想內部展開的，我們可以看到，他更多是在80年代以來的思想框架中加以反思的，而對於左翼思想及其提出的命題，他只是有限度地加以認同，而不是將之作為思考的起點與方法，這或許與他的個人經歷有關，但沒有將80年代以來的思想框架「相對化」，則限制了他更加開放性地將二者加以「切磋」的可能性，同時他沒有在更廣闊的思想視野中對這兩種現代思想本身進行更為深入的思考，而只是在二者之間保持一種複雜的態度，這雖然是必要的，但也造成了他所說的「猶疑不決」，而這不只是他一個人的問題，也是當前思想界與學術界面臨的重大問題，解決這一問題，可能需要一種思想與學術「範式」的轉換，需要我們提出新的思想命題，並以一種新的方式來面對與解決。

　　劉繼明：錢理群先生同樣是我尊敬的一位學者。說實話，我對當代中國的知識份子從整體上是感到失望的，而似乎只有在少數作家和學者身上，才能讓人看到知識份子應有的獨立、高尚和責任感，透過他們，我們才能夠依稀辨認出以魯迅、聞一多等為代表的中國現代知識份子的身影。但你看現在的許多知識界和文學界人士，包括一些被媒體推選為「公共知識份子」的人，他們的言說和作為，無不暴露出其淪為權貴資本和特殊利益階層的話語工具的嘴臉，哪一點還有魯迅先生那種始終不渝地站在底層民眾和普羅階級立場，毫不留情地揭開那些唯利是圖的智識階級臉上的虛偽畫皮的良知和勇氣呢？

　　錢理群最近在接受一家報紙的採訪中明確表示，知識份子應該做一個「永遠的批判者」。更重要的是，他身上還具有一種可貴的平民情懷，不像我們熟悉的某些人，一旦躋身於精英

階層或爆得大名，就把自己的出身都忘得一乾二淨了。前不久我寫了一篇《革命、暴力與仇恨政治學》，談到魯迅對待左翼文學和革命文學的態度，最著名的當然是他對蕭紅的熱情讚譽，相形之下，當今那些對底層文學百般責難的批評家們是不是應該有所反思呢？

　　李雲雷：2004年－2006年，第四屆「魯選文學獎」評獎的時間段，正是「底層文學」從興起到興盛的時間，但令人驚訝的是，在獲獎的十篇中短篇小說中，竟然沒有一篇屬於底層文學，這不能不讓人感到奇怪，只能將這樣的結果理解為一種刻意的回避。但為什麼要回避底層文學呢？在短短三年的時間裡，底層文學已經風起雲湧，在理論與實踐方面都已經取得了巨大的實績，是想回避也回避不了的，底層文學是在現實生活、思想界論爭與文學界反思「純文學」的進程中生長起來的，是「人民文藝」在新世紀的發展，是我們這個時代最具先鋒性的文學，並已經產生了一批具有巨大社會影響力和藝術影響力的作品。如此眾多的優秀作家作品，竟然沒有一篇能夠獲獎，不能不讓人對此次評選的趣味與標準產生懷疑。

　　評論家牛玉秋在《為中篇小說創作注入新的審美元素——兼議第四屆魯迅文學獎獲獎中篇小說》一文中指出，「在這次魯迅文學獎中篇小說評獎過程中有一個十分有意味的現象：在初評入選的22部作品中，有關底層的作品占了11部，但最後全部落選。究其原因就在於這些作品在審美意向上趨於雷同。而當選的《世界上所有的夜晚》、《一個人張燈結綵》雖然也用了很多筆墨去寫底層，但卻在精神追問的方向上注入了新的審美元素，從而脫穎而出。」在這裡，有意味的並非「底層作品在審美意向上趨於

雷同」（很顯然事實並非如此），而在於它們沒有表現抽象的人性與愛這些「精神追問的方向」與「審美元素」，也即底層文學被接受的界限在於是否導向這樣一些抽象的命題。我覺得，這樣一種評獎標準，既是對現實問題的回避與粉飾，也是對魯迅精神的偏離與背叛。

劉繼明：所謂溫暖、善良、友愛乃至感恩之類，這些詞兒聽起來多麼動人，而且放之四海而皆準啊，可是，如果我們的評論家認為作家對時代狀況和人的生存境遇沒有刻骨銘心的體察和體貼入微的描寫，也不認為底層人民對現實中的不合理性與黑暗面的抗爭正是他們出於對這些「普世價值」的渴望，卻讓那些動人詞彙像一個美麗的氣球高懸在空中，它所起到的作用就不僅不能增加文學的力量，反而會削弱文學的真誠品質。況且，在不少底層文學作品中，作家們著力表現的所謂「寬廣的愛」絲毫並不比其他文學作品少。如果僅僅是因為作家們「過多」地描寫了底層人民的艱辛和悲慘境遇，就受到了包括評獎在內的文學輿論的排斥和非議，我想他們應該把批評和質疑的目光順著作家們的筆觸投向現實中的不合理因素，而不是一味地指責作家本人，否則，就只能說這些批評家患有嚴重的精神白內障或審美潔癖了。

前不久我看到一篇網文，大意是說如果魯迅先生申報魯迅文學獎，多半會落選。所以，我們大可不必為這個以魯迅冠名的獎項（包括其他一些所謂權威性獎項）較真。我還是那個觀點，當精英文化同權力話語、商業霸權聯手，形成一種「新意識形態」之後，他們所代表的文化強勢力量，將會天然地拒絕那些處於劣勢和邊緣話語的挑戰，對一切異端聲音具有超常的整除、消解和改寫能力，並且總是能夠巧妙地將其納入到其掌控的話語體

系當中去。底層文學目前遭受的苛責和排斥，不見得完全是一件
壞事，因為，底層文學的真正價值，正在於它試圖召喚和啟動一
種被宣布已經失效的現實主義和左翼美學傳統，在於它和現代主
義、後現代主義以及消費主義格格不入的異質性和批判性；而一
旦這種異質性和批判性被消解和收編，它的價值也就不復存在
了。因此，底層文學的作家們絲毫也不必瞻前顧後，而大可沿著
自己選擇的人民美學道路走下去，就像一棵樹那樣，只要牢牢把
根須紮在廣袤深厚的中國大地之上，任何風霜雨雪都無法摧垮
它。而作為一股尚處於發展當中的創作思潮，底層文學也無須擔
心外部的干擾，關鍵在於這些作家自身的力量是否能夠使他們走
得更遠。我相信，正如魯迅先生在評價當年的革命文學和左翼文
學時說的那樣，作為一種正在復活的「新的美學原則」，底層文
學是屬於未來和「別一個世界」的。

（2008年）

「去魯迅化」與中國的思想文化危機
──在湖北大學的演講

　　所謂「去魯迅化」，也就是最近發生的中學語文課本刪除魯迅作品的事件。我相信同學們都注意到了。江蘇和廣東等幾個省的中學語文課本都拿掉了魯迅的《阿Q正傳》、《藥》、《紀念劉和珍君》以及《故鄉》等幾篇文章，當然，被拿掉的不止魯迅一人，還有夏衍的《包身工》和曹禺的《雷雨》等。其實，中學課本的「去魯迅化」不是現在才發生的，好幾年前教育部和人民教育出版社就推出了一項「教改計畫」，最早是北京和上海啟動的「教改」，他們率先拿掉了魯迅的作品，並將金庸的武俠小說請進了課本，這在當時也引發過爭議，今年廣東江蘇兩地不過是步其後塵，將「去魯迅化」的行動推向高潮罷了。可以預料，接下去，其他各省市很快也會紛紛效法，直到徹底把魯迅從全國的中學語文課本中清除出去。

　　關於這起事件，網上和媒體的輿論多如牛毛，反對的支持的都有。持反對觀點的人認為，魯迅憂國憂民、反抗強權、鞭笞假惡醜，同情弱者，向一切不公正的社會制度和觀念宣戰，以及他那種毫不妥協、痛打落水狗的戰鬥精神，是中華民族自強不息、自立於世界民族之林的寶貴精神財富，用毛澤東的話說，是「殖民地人民最可寶貴的性格」，在當代中國，不僅不應該拋棄，還應該發揚光大。反對的人則認為，我們現在的時代與魯迅所處的時代已經發生了根本性的變化，所謂人壓迫人的現象早已不復存在，中國已

經融入了世界主流文明秩序，成為了「全球化」大家庭的一員，像北京奧運會主題歌裡唱的那樣，「我們是一家人」，是「油和米」了。現在應該宣揚的是互相寬容、友愛、和解和個性解放的「普世價值」，而魯迅身上那種「一個也不寬恕」，只看到「人吃人」，「絕對不寬容假醜惡」，「沒有正面的東西，冷氣逼人，陰森森如入古道」，「缺少春天的明媚，夏天的火熱，秋天的哀怨，有的只是冬天的嚴酷，缺少悲天憫人的人文關懷」等等，同現在的和諧社會建設是背道而馳，極不相容的。

這兩種觀點各執一詞、針鋒相對。據一家網站的民調顯示，反對者占百分之六十多，支持者占百分之三十多。這個比例應該說是意味深長的，無論在哪個國家，如果政府推出一項政策有六七成人反對，這個政策肯定就是失敗的。當然，從課本中刪除哪篇課文或增加哪篇課文，不是政府部門所為，而是教育專家們及其專業機構所為。但根據中國的國情，任何一項經濟和文化政策的出籠，背後都有強大的政治力量作為支撐的，因此，中學課文的「去魯迅化」，也不會是一種偶然的文化行為，而是意識形態的必然反映。

為什麼說是「必然反映」呢？這就需要我們對中國三十多年來的社會演變和文化思潮有一個大致的瞭解。同學們都知道，我們現在推行的改革開放是從1979年開始的。為什麼要改革開放？按照主流意識形態的觀點，1979年以前，也就是俗稱的「毛澤東時代」，經濟上搞的是「窮過渡」和「絕對平均主義」，政治上「以階級鬥爭為綱」，使國民經濟「瀕臨崩潰的邊緣」。當然，對於當時的國民經濟是否真的「瀕臨崩潰的邊緣」，有人提出了質疑，而且最早提出質疑的不是中國人，而是一名叫莫里斯的美

國學者，他通過大量資料論證，毛時代中國的經濟不僅沒到崩潰邊緣，而且在工業農業衛生教育以及科技等領域都取得了舉世矚目的成就，單就經濟速度，甚至處於當時發展最快如美國、德國和日本幾個國家的行列。但這三十多年來，主流意識形態始終堅持「崩潰論」，不少人也都接受了這個說法，甚至比這更嚴重的說法都接受了，比如專制獨裁、閉關鎖國等等。所以認為毛時代走的那條路行不通了，是死胡同。鄧小平說，我們搞了這麼多年社會主義，但對於什麼是社會主義並不清楚。所以他提出了「摸著石頭過河」，後來的「讓一部分人先富起來」、「社會主義就是發展生產力」以及「不問姓資姓社」的論斷，也都是這個觀點派生出來的。八十年代鄧還有一個很著名的口號「教育要面向現代化、面向世界、面向未來」，「現代化」這個口號在毛時代就提出來了，用一些學者的話說，五八年大躍進趕超英美也是出於一種現代性的衝動，70年代周恩來在人大政府工作報告裡更是明確提出了建設社會主義現代化（後來被概括為「四化」），但鄧小平口號裡增加了「面向世界」這一條，顯然，他認為毛時代的現代化不是「面向世界」的。何為世界？就是指以美國為代表的西方發達國家，這就跟79以後主流意識形態對毛時代「閉關鎖國」的指控聯繫到一塊了。現在許多知識精英經常掛在嘴邊的「融入世界主流文明秩序」這句話，也是從這一邏輯出發的。

毛時代是不是「閉關鎖國」？這個問題同樣存在爭議。其實毛澤東是很有世界眼光，用現在的話叫「世界主義」情懷的，如那時中國與大多數社會主義國家以及亞非拉國家的密切交往，包括「三個世界」理論，你可以說他是一種意識形態眼光。但現在美國的國際政策，難道沒有意識形態成分嗎？它打南斯拉夫打伊

拉克，真實動機都離不開它的本國利益。所謂全球化，實際上就是資本主義全球化。但在毛時代，世界分成了資本主義和社會主義兩大對立陣營，中國那時正處於上升時期，忙於向全世界包括美國和其他西方國家輸出自己的價值觀，現在呢，社會主義早已在世界範圍內潰不成軍，剩下資本主義一枝獨秀了。但歷史終歸是歷史，不能隨意塗改甚至歪曲，比如按照主流知識精英奉行的邏輯，毛時代對亞非拉開放不算開放，只有對美國等西方國家開放才能夠能算開放，這就是典型的雙重標準。他們根本不尊重歷史的合理性，只尊重現實的合理性，更不用說複雜性了。對於改革也是如此。如同革命一樣，改革只是一種手段，絕不是目標，更不是神話。它也應該接受實踐的檢驗；對中國來說，就是接受最大多數人民的檢驗，而不是少數人說了算。

我們追溯改革開放的「原點」，不是要簡單評判它的是非曲直。在當時的歷史環境下，改革開放無疑有它的必要性和重大意義。所以，問題的關鍵不是要不要改革開放，而是要什麼樣的改革，搞清楚改革的出發點和目標是否符合最廣大人民的利益。如果改革蛻變成了為既得利益集團佔有和剝奪大多數人利益提供制度性保障，就值得冷靜反思了。然而三十多年來，中國知識界對革命的負面價值反思得可謂夠徹底了，徹底到從八十年代李澤厚的「告別革命」，到今天將「革命」妖魔化幾乎成為了一種時尚，以至前不久，國家副主席習近平在一次會上嚴正告誡，不要醜化歪曲中國共產黨的歷史。但很多新自由主義者始終拒絕和反對對改革進行任何「反思」，就像毛時代不允許人對無產階級專政的正當性有一絲一毫的懷疑一樣，我覺得這同樣是一種極端主義和教條主義的思維。

　　什麼叫「新自由主義」？有些同學不一定很清楚這個概念。我簡單地介紹一下。新自由主義是最早產生於英國的一個政治和經濟學流派，其代表人物是奧地利經濟學家哈耶克，基本原則是經濟上主張市場自由化和私有制，反對國家干預市場和社會主義的計畫經濟，文化上宣導自由主義等。自從1970年代英國的柴契爾夫人和美國雷根上臺，特別是80年代後期以蘇聯為代表的社會主義陣營解體以後，以「華盛頓共識」為標誌，新自由主義在國際經濟政策上開始扮演越來越重要的角色。中國從九十年代初開始，新自由主義也成為了制定國家政策的主導力量。現在引起普遍爭議的國企改制和教育醫療的產業化就是在當時的國務院總理朱鎔基主持下開始施行的。近二十年過去了，這些改革措施的確使中國的經濟走上了一條快車道，但社會矛盾也前所未有地凸現出來，比如一面是GDP連續呈兩位數的速度增長，一面是不計其數的工人下崗和失業、三農危機，大多數中國人在毛時代曾經享有的教育衛生和住房福利喪失殆盡；一面是富豪人數逐年增多，占全國百分之二十的人口佔有百分之八十以上的財富，一面是學生上不起學，病人看不起病，大學生畢業即意味著失業，許多80後90後成了「啃老族」，有的因貸款買房成了終身的房奴。民間有句話說，改革改來改去，工人農民被改得一無所有，從國家的主人變成了最大的弱勢群體，而且連大學畢業生也加入到了弱勢群體的行列。前幾年網上有一篇流傳很廣的文章《使少數人富起來的改革》，通過大量資料和事實揭示了這種嚴重的兩極分化現象。這篇文章的作者文佳筠女士是個美籍華人，2006年應邀來華中科技大學講學時，我曾和她見過一面，對她的情況略有所知。80年代她在中國科技大學讀書，畢業後去了美國，但她非常關注

中國問題，或者說把主要精力都花在中國問題研究上了。前些年，她作為一家非政府組織的成員，幾乎跑遍了中國的大部分省份，特別是中西部地區，《使少數人富起來的改革》就是她的調查研究成果。老實說，儘管以前我也感覺到中國社會普遍存在的一些問題，但看了這篇文章中披露的一系列真實資料，還是很受震驚，尤其對她敢於說出爭相的勇氣，十分欽佩。

當然，改革過程中出現的這些問題，也引起了國家決策層的重視，這從新世紀以來一系列新的政策調整如新農村建設、縮小分配差距等，都可以看做是對朱鎔基時期經濟改革進行調整的信號。但這些措施對全社會的實質性影響頗為有限。這是因為我們推行的仍然是新自由主義的經濟政策，按照新自由主義的觀點，發展是硬道理，兩極分化、腐敗、窮人更窮富人更富是發展必須付出的代價。甚至有人認為目前之所以出現這麼多的社會矛盾，恰恰是由於市場化改革不徹底造成的，要殺出一條血路來，將他們認定的改革進行到底。

那麼，新自由主義者的改革目標究竟是什麼呢？按照八十年代以來建立起的主流意識形態，當然是走西方人的路，也就是美國道路，具體說，就是美式資本主義。在中國的新自由主義看來，既然毛時代的社會主義進入了死胡同，西方資本主義就成了惟一可選擇的社會制度，而且是最合理、最理想的制度；不僅經濟上如此，政治上也應該如此。所以西方價值觀理所當然地成為了全人類應該遵守的普世價值。「普世價值」好不好呢？比如民主自由博愛，當然好！誰不想生活在一個友愛互愛、沒有歧視沒有壓迫的社會呢？如果跟著美國走，中國人就能過上那樣的「好日子」，我相信沒有人會反對。但美國是否真是那樣一個公正合

理的社會？恐怕也需要具體分析。美國價值觀的確有很多優點，包括它的政治體制如三權分立、高度法制化等等，都有值得我們學習和借鑒的地方。但美國之所以成為世界上唯一的超級大國，首先是因為它憑藉對外擴張和掠奪的政策先富起來了，先富起來後，它不可能像有人期望的那樣去幫助和接濟別的貧窮和弱小國家，為了維持它作為世界霸主的地位以及美國國民已經達到的生活水準，它必須繼續甚至變本加厲地實行它的擴張政策，讓全世界的財富源源不斷地流進美國，所以有人說美國人現在享受的那種高福利高消費，靠的是全世界的供養，一旦這種供給鏈條發生斷裂，恐怕就難以為繼了。這是經濟方面。那麼政治上呢？表面上看，美國的制度非常民主，比如選舉制、議會制等等，但事實上，支配美國政治生活的也並非是擁有選舉權的選民。一個人能否當上總統，起決定因素的都是那些企業大亨和金融巨頭，是他們在背後真正操控著選舉。否則，那些總統候選人花費的天價競選費用從哪兒來？這樣選出來的總統必須，也只能代表富人們的利益，所以有人說，美國的普通民眾只有在總統選舉那幾天才會享受到民主權，選完總統就沒他們的事了，該幹什麼幹什麼去，一切全由總統以及他背後的那個富人集團說了算，上街遊行抗議或在媒體上批評也無濟於事。舉一個例子，奧巴馬上臺後竭力想推動的醫改為什麼舉步維艱？就是因為這是一項改善中下層民眾福利的政策，觸動了富人集團的利益，所以受到了重重阻擾，差點兒胎死腹中。凡此種種，說明美國的制度並不像許多人想像的那麼完美，更不能簡單效仿，除非你也學著它到處搞擴張搞掠奪甚至挑起戰爭以便從中獲利。但這可能麼？

　　大家都知道，拉美、印度以及菲律賓、印尼都是較早推行

新自由主義政策的國家，但這些國家貧富懸殊、社會動亂頻發的嚴重程度早已有目共睹了，而中國今天的現實正是這些國家的翻版。如果一項制度使這個國家的大多數人陷入貧窮無助，在政治和經濟上都處在被剝削和壓迫的地位，那麼，我們應不應該懷疑、批評以至反對呢？按照西方民主的價值觀，當然有這個權利。美國的佛蘭克林・羅斯福就說過，人民有思想自由言論自由和免於匱乏和恐懼的自由。毛澤東也講過：哪裡有壓迫哪裡就有反抗。大多數人的生存權和尊嚴被少數人和利益集團以各種冠冕堂皇的理由剝奪是不是匱乏、恐懼和壓迫？如果承認這一點，就等於承認了懷疑、批評和抗爭是一種正當的公民權利。但中國的主流知識精英不承認這一點，反而變著法子貶斥甚至反對這種權利，或者只是將這種權利用到他們認為應該「懷疑、批評和反抗」的問題上，否則就是同「普世價值」背道而馳了。

現在，我們把話題轉回到「去魯迅化」上來。什麼是魯迅精神？我們以前一提起魯迅，總會想起毛澤東的那段話：「魯迅是在文化戰線上，向著敵人衝鋒陷陣的最正確、最勇敢、最堅決、最忠實、最熱忱的空前的民族英雄。」現在聽起來，這樣的評價似乎過於政治化了，三十年多來，學術界對魯迅的研究也經歷了一個使魯迅從「神」到「人」的變化。那麼，去掉魯迅身上作為「民族英雄」的光環，他作為一個文學家和知識份子的精神氣質是什麼？畫家陳丹青概括為懷疑、批評和抗爭六個字。我覺得當做魯迅精神的內核還是比較準確的，當年蔡元培在北大提出的「自由之思想，獨立之人格」，呼喚的其實也包括這種懷疑、批評和抗爭的精神。陳丹青還指出了「魯迅精神」的反面是「沉默、歸順、奴化」，這其實從另外一個角度強調魯迅精神的現代

價值和現實意義。所以從這個意義上來說，現在把魯迅從中學課文中拿掉，就是否定魯迅精神，是鼓勵人們「沉默、歸順、奴化」，用現在的時髦話語就是學會寬容、友愛、和解。有人說，魯迅對假醜惡的「一個都不寬恕」，是撒了一個最大的人性謊言，也是魯迅身上最大的局限。相反，對假醜惡給予包容，才是社會進步的標誌。這跟新自由主義者們把人的自私甚至貪欲當成社會發展驅動力是同一個邏輯，當然，也是私有制的哲學基礎。

在主流知識精英們看來，魯迅是他們推行和宣揚「寬容、友愛、和解」論調的最大思想絆腳石，要想讓更多人接受這種觀點，就非把這塊大石頭搬掉不可。因為，只要魯迅精神一天不從中國人的大腦裡消除，就會有人發揚他的「懷疑、批評和抗爭」精神，站出來對一切不公正和壓迫人剝削人的現象如黑磚窯、礦難、血汗工廠、有毒奶粉、暴力拆遷以及鄧玉嬌案、富士康十三跳進行揭露批判甚至抗爭。按照某些人的邏輯，當今中國層出不窮的暴力事件和不滿情緒，不是社會造成的，而是人們頭腦裡的「懷疑、批評和抗爭」因數誘導的，所以，他們在拿掉魯迅的同時，也一併把《包身工》、《雷雨》和《魯提轄怒打鎮關西》拿掉了。因為這些作品同樣是揭露資本主義的虛偽和罪惡，宣揚暴力革命或者階級鬥爭的。我最近看到北大教授孔慶東的一篇博文，他說之所以把《雷雨》也從課文裡拿掉，是因為劇本裡的一段臺詞：

魯大海：那三個代表呢？

周樸園：昨天晚上就回去了。

魯大海（如夢初醒）：這三個沒有骨頭的東西！他們把礦

上的工人們都賣了！

這也許只是孔慶東開的一句玩笑，但由此可以看出，「去魯迅化」事件絕不只是語文課本更換幾篇文章那麼簡單，而是一場尖銳的文化領導權之爭。「文化領導權」一詞出自義大利思想家葛蘭西，按照他的觀點，一切政治力量在取得對國家和社會的政治經濟的領導權之後，必將會進一步奪取文化上的領導權，也就是通過各種傳播手段，使他們作為統治集團的思想觀念為全體社會成員所接受和認同；文化領導權的重要性，絲毫不亞於奪取政治經濟領導權的鬥爭。被稱為新左派大將的韓毓海寫過一篇文章《漫長的革命：毛澤東與文化領導權》，探討的就是在新民主主義和社會主義建設時期，毛澤東如何重視文化領導權的問題。當然，毛為了加強人民民主和社會主義文化領導權所採取的一系列舉措，早已被新自由主義者們當做文化專制的靶子批得體無完膚了。

現在中國的許多知識精英，是把美國的核心價值觀當成中國的核心價值觀來宣傳的。什麼是中國的核心價值觀，恐怕很少有人講得清楚，但只要說起美國的核心價值觀，許多精英一定是頭頭是道，以至讓人懷疑，這些人除了五官和皮膚還是中國人，大腦和眼睛都變成美國人了。他們用美國人的思維方式思考中國問題，用美國人的眼睛看中國現實，拿出來的社會改革方案自然也是美國式的。有人把這些人稱為「美國鸚鵡」。九十年代至今，中國的許多改革舉措，都是這些「美國鸚鵡」參與制定的。這些政策的後果有目共睹，不用多說了。現在無論是經濟還是文化上，新自由主義都已經牢牢掌握了領導權。從南到北的各大主流媒體如《南方週末》、《中國青年報》和《新京報》，無一不在

他們的掌控之中，包括那幾個門戶網站也都是這樣。許多人說現在中國的互聯網是最民主、最自由和多元化的，什麼觀點和言論都可以發表。從表面上看這沒錯，但仔細觀察你就會發現，新浪和網易博客的專欄作家和學者翻來覆去就那麼幾個人，他們的觀點和腔調也如出一轍，就是不遺餘力地宣傳美國式的普世價值。所以說，目前中國的文化領導權是一邊倒地落到了新自由主義者手裡。九十年代還講中國思想文化界出現了新自由主義和「新左派」共存的二元格局，但現在這種二元格局似乎也不復存在了。好幾年前，已經全面掌控政經和文化資源的新自由主義者就開始對新左派實行全方位的「圍剿」，他們採取的是美國打伊拉克用過的斬首行動，就是拿被視為新左派領軍人物的汪暉開刀，先是抓住「長江讀書獎」，企圖在個人道德上把汪暉搞臭，沒有達到預期效果，便索性將他從《讀書》雜誌主編位置上趕了下去。但汪暉不當主編照樣還在寫文章，絲毫沒有損害他在學術界和社會上的影響。於是從今年初開始，便爆出了一件延續至今的所謂汪暉抄襲事件。至於是否能夠達到預期效果，目前也很難講。

老實說，對這起所謂的抄襲事件，我真替某些新自由主義者感到臉紅。本來學術立場上的紛爭自古皆然，如果他們真的自以為真理在握，盡可以從理論上批駁對方，直至將對手逼到理屈詞窮沒有還手之力的牆角啊，可他們不在學術問題上用功，卻鑽進旁門左道，想用那種江湖手段扳倒對方。這不是黔驢技窮又是什麼呢？當年，魯迅的那些論爭對手從理論上占不了上風，也從人格乃至私生活上對他進行過誣陷和攻擊，只可惜效果並不理想。因此，時隔半個多世紀之後，他們只好採取了釜底抽薪的辦法，將魯迅從中學語文課本中趕走了。結果會怎樣呢？恐怕還是不會

達到預期的目標。因為，魯迅早已不是一種物質存在，而是扎根於中國的歷史和現實之中，成為了一種民族性格；換句話說，只要魯迅畢其一生批判的那種壓迫人奴役人的現象不被消除，他就會永遠存在下去。這是不以某些人的意志為轉移的。

我倒是替那些一心想滅掉魯迅的精英們擔憂。因為，他們的所作所為，使自己站到了與人民大眾相對立的立場上。而無論是政治集團還是文化集團，如果置最大多數人的利益和尊嚴而不顧，等於是對自己政治生命和文化生命的一種自殺。但現在有些主流精英已經被美國夢迷亂了心智，一心一意要走極端，別說讓他們像魯迅那樣站在廣大被壓迫者和窮人的立場，就是保持基本的公正和良知也很難。他們的屁股完全坐到富人和富國一邊了。比如每當富人的利益受到丁點損失，他們就挺身而出，什麼「要寬容善待企業家」啦，「不能殺雞取卵」啦都出來了，前些年東北一個開寶馬車的一下子軋死了幾個人，公眾輿論呼籲應該判這個人死刑，就有法學家站出來竭力反對。可如果是窮人犯了法呢，前幾年有個叫王斌余的農民工討要工錢被包工頭暴打一通，王斌餘一時憤怒將包工頭殺了，許多人在網上呼籲應該給王斌餘留一條活路，還是那些法學家卻竭力主張判其死刑。不僅如此，中國現在修訂和頒佈的許多法律也都是對富人和官權階層寬鬆有餘，對廣大中下層民眾苛責有加。前幾天江西又發生了一起拆遷戶自焚的事件，馬上有人出來說，拆遷戶不能總是以自焚主張自己的利益。這是什麼邏輯？一個人如果不是被逼到走投無路的地步，誰會以死抗爭呢？由此可見，現在許多知識精英和官員連對人起碼的憐憫和同情心都喪失了。

上個世紀20年代，英國哲學家羅素到中國做了為期近一年的

考察後寫了一本《中國問題》，他在這本書中指出，美國的那一套民主自由，都是從自身的利益出發的，它不會願意看到中國成為一個真正強大的國家，而是會動用包括軍事和經濟等手段，將中國變成其附庸國。中國人應該立足於自身的傳統和歷史，走自己的路。中國人可以學習美國的技術，但絕不能盲目複製美國的文化。因為美國文化是一種徹頭徹尾的強權文化。如果中國將這種文化移植過來，帶來災難的將不僅是中國本身，而且將會造成世界性的災難。類似的觀點，當代美國的著名學者喬姆斯基和美國經濟學家，即《石油戰爭》的作者恩道爾也說過。事實也的確如此，以金融危機為例，最初源於美國的華爾街，可當它發生之後，美國卻把這種危機轉嫁到了全世界，並且讓中國通過增加購買美國國債幫他們度過難關。對於這種荒唐的事情，中國的主流精英們是看不見的。因為正如網上有人說的，他們「左眼已瞎，右眼尚好」；有學者在分析中國的社會結構時指出，今日中國已經形成了一個強大的利益鐵三角，即官權、資本和知識精英構成的利益同盟。對此，廣大民眾也看得很清楚，把精英叫做「精蠅」，是蒼蠅的「蠅」。當知識份子在人民大眾心目中變成了這樣一副可憎的面目，表明中國的思想文化面臨著十分嚴重的危機，這種危機不僅關係到社會的健康發展，而且會危及到整個民族的生存。

所以，對這起魯迅被趕出中學語文課文的事件，同學們不要孤立地去看，應該看到它背後的真實動因。只有這樣，大家才能對中國的現實處境有一個清醒的認識，從而努力去尋找一條真正有利於民族復興和人民幸福的發展道路。

（2010年）

國家、個人和知識份子
──《江河湖》及其他

　　桂　琳（中國青年政治學院中文系副教授）：敘述視角對一部長篇小說來說是非常重要的，往往包含著創作者的一些深層思考。《江河湖》以如月的視角來進行敘述是不是有著特殊的考慮？當年莫言在《紅高粱》中，以一個孫子輩去追述「我爺爺我奶奶」的故事，講故事的語調本身就是在批判懦弱的父親而認同英雄爺爺。在80年代末期，莫言選擇這樣的敘述視角有一種越出傳統文化的道德樊籬，以復活個體生命力的衝動。而沈如月作為主人公甄垠年和沈福天的後輩，同時也是知識份子，來承擔敘述的重任，是否也有一種對前輩知識份子追憶和認同的迫切需要？

　　劉繼明：在《江河湖》的構思過程中，如何展開敘述一直困擾著我，以至很長一段時間都無法動筆。之所以選取如月這樣一個敘述視角，除了技術和結構的考慮，的確存在某種認知的需要，即如何認識甄垠年和沈福天這代知識份子？就個人經歷而言，無論是年齡還是職業，我與他們都相距太遠，太「隔」，我以前的寫作也從未觸及到那個領域，所以，通過如月的視角展開敘述，顯然具有一種特殊的便捷和「可信度」。當然，原因還不止於此。如月屬於50年代出生的一代人，從精神成長角度而言，與60年代出生的我比較接近，都是在80年代成長起來的。80年代的整個精神氛圍都彌漫著一種重估歷史的衝動，顛覆和解構幾乎貫穿了80年代和90年代。所謂「審父」也成了那個時期許多文學

作品的一個關鍵詞。但這種情結到後來漸漸走向極端，越來越呈現出一種歷史虛無主義的特徵，即在西方價值觀的主導下，不加鑒別地否定和審判我們的父輩甚至兄輩參與和經歷的那段歷史。如同文革被視為一場極端政治運動一樣，我認為這同樣是一種極端主義思潮。所以，我把敘述視點放到如月這樣一個女性身上，的確隱含了我試圖用一種溫和的方式進入上一輩知識份子經歷的複雜歷史情境的願望。

桂　琳：如月的任務完成得還是不錯的。我個人感覺，從氣質上來說，她更接近甄垠年，對待自己的父親沈福天雖有不解和疑惑，但也沒有完全的否定。但總覺得她又過於「溫和」了，和兩位父輩之間的思想交鋒不是太多。

劉繼明：如月一直在她的兩個父輩之間猶疑和徘徊，她始終無法做到對自己的父親和舅舅做出鮮明的評判，更不用說「思想交鋒」了。這裡既有她作為晚輩的「禁忌」和女性的柔弱所致，還因為對甄、沈二人的評判實際上涉及到對歷史以及時代的態度，如月跟他的哥哥沈秋池和丈夫邱少白都不一樣，更多時候她是一個歷史的旁觀者，而不是參與者；除此之外，還與作者的立場有關。正如我前面所說，作為在80年代成長起來的一代人，我對任何絕對的敘述都保持著某種警覺。這一點，你從作者對兩位主人公既不簡單否定也不簡單肯定的敘述態度看得出來。

桂　琳：在小說中，甄垠年和沈福天這兩個主要人物的設置有一種平衡的美感，他們之間具有一種很強的對比意味。這其中一定寄予了作者的某種創作意圖吧。

劉繼明：甄垠年和沈福天這兩個人物是有原型的。當然，小說中的人物包括他們的經歷、性格等，跟原型已經有了很大不

同。這兩個人截然不同的命運和所持的立場，以及他們同中國當代社會所發生的複雜糾葛，太富有戲劇性了。我甚至覺得，在他們身上，集中了半個多世紀以來中國知識份子的全部精神祕碼。你知道，對知識份子同政治生活的關係，是我很久以來思考的一個重要命題。所以，這成了我寫作《江河湖》的一個主要動因。

桂　琳： 從我的閱讀體驗來說，這兩個人物形象可以說是中國當代兩類知識份子的縮影，也可以說是知識份子身上兩種氣質的一次集中和放大。他們其實是一個軸承的兩個轉輪，在不同的知識份子身上同時存在。我個人倒覺得，這兩種氣質對於知識份子來說都是彌足珍貴的。兩者之間不存在好與壞之分，不應該簡單地進行價值上的判斷。所以，我覺得你在小說中採取這種平衡設置的技巧是令人欣賞的。平衡設置的技巧本身就是一種姿態，去除過強的道德評判和價值追問，讓歷史和人物自己去表達。這讓人想到了19世紀俄羅斯作家陀思妥耶夫斯基的複調小說。讓不同的人物自己發出不同的聲音，而去除作家在其中的權威作用，形成一種對話的氛圍。

劉繼明： 在以前的小說中，像甄垠年這樣的「右派」知識份子形象早已屢見不鮮了，但我的處理方式還是跟他們有所不同。比如許多小說在寫這一類知識份子時，總是有意無意地把他們神話了，將他們塑造成了先知先覺的啟蒙者和「受難者」的形象，但甄垠年顯然跟這類人不太一樣，這一點你應該感覺得到。另外，沈福天這樣一個人物在當代小說中也曾經出現過，但大多是以漫畫化甚至妖魔化的「反面人物」出現的。這種模式化現象當然跟主流意識形態有關。所以在《江河湖》中，我希望通過對這個人物的塑造，對某種被遮蔽的歷史真相給予一定程度的修復。

　　桂　琳：正如你所說，你之所以塑造沈福天這樣一個形象，是想改變當代文學中形成的某種固定模式。但我在整個的閱讀之中，也感受到沈福天身上有一種讓人難以忍受的「理性」。比如小說中描寫的三門峽水庫論證方案過程中，他本也有不同意見，但因為知道方案已經通過，再反對也於事無補，於是選擇不發言。「甄垠年再一次陷入了孤立無援的境地。沈福天見此情景，也有些不知所措，平心而論，他覺得甄垠年對工程方案的質疑和建議不無道理，有的甚至跟他不謀而合，可他作為方案的參與者之一，如果在這種時候站出來表態支持甄垠年，不等於將自己置於嶽明翰和德米特羅夫等蘇聯專家的對立面了嗎？況且，他和甄垠年在美國同過學，會不會同樣被指責是推崇『美國經驗』？再說，這個方案已經原則上獲得了國務院的批准，即便自己支持甄垠年，也根本無法影響事情的進展了。經過一番權衡，他便索性打消了發言的念頭。」這個細節似乎讓人感受到他一直在順應政治發展的結果，考慮個人的得失，但卻缺少自己獨立的思想。你在塑造這個知識份子形象時是如何考慮的？

　　劉繼明：沈福天身上無疑存在某種缺陷，但我覺得，這種「缺陷」既有精神上的原因，也有性格上的原因。政治並不是一個天然的污水池，以至某些知識份子非得躲得遠遠的才能顯示自己的清白和高潔。真理也並非註定永遠掌握在那些以獨立自由自詡的知識份子之手。對所謂好的政治和壞的政治的甄別與判定更不是知識份子的特權，但知識份子有選擇好的或壞的政治的權利，就像其他階層的民眾比如工人農民也有這個權利一樣。所以，沈福天只不過按照自己的性格邏輯選擇了他的命運，從這一點上說，甄垠年並不比他佔有任何道德和精神上的優越權；當

然，人格上的依附和投機另當別論。我想，這並非出於對歷史的同情，而是對歷史乃至人的一種尊重。

桂　琳：在中國當代歷史上，沈福天這樣的知識份子形象之所以容易讓人產生誤解，是很多知識份子本身的際遇向我們展現的。那些「政治正確」者，很多現在依然活躍在歷史的舞臺上。而真正堅持自己的理想與信念，無法與政治保持一致的知識份子，卻早已從歷史舞臺上消失，落得或死或悲的下場。比如顧准。這似乎是中國當代知識份子的一個瘡疤。可以用「政治正確」來形容沈福天這樣一個知識份子形象嗎？

劉繼明：在任何時代，國家權力都會以各種各樣的方式對個人包括知識份子構成壓制甚至傷害，這也是所謂自由知識份子和批判知識份子存在的道義基礎。問題不在於他們對「政治正確」的依附與否，而在於他們為什麼這樣，為什麼不那樣。人在歷史中的命運正是由此產生的。這就是文學應該深入探究和關心的祕密。

桂　琳：那些總是迎合國家意識形態的需要，缺乏獨立價值判斷的知識份子，在不同的政治意識形態下，他們都是勝利者。「他始終認為，作為個人，不過是時代洪波中的一朵浪花，當浪花跟隨著洶湧的波瀾一起朝著壯闊的大海奔流向前時，誰還能夠辨認出哪一朵浪花的形狀呢？」用中國的老話來說，識時務者為俊傑！我感到疑惑的是沈福天在歷次運動中的那種順應和配合。在右派調查中，他明知道對甄垠年的揭發會造成的惡果，但依然做了。為了和家裡劃清界限，他連回家探望母親都是謹小慎微。文革中進入「三結合」領導班子，連是否見自己曾經的朋友裘大水都會反覆權衡利弊。在文革後，面

對與他曾經有著千絲萬縷聯繫，從監獄釋放出來的濮一川的拜訪，也是膽戰心驚，避之惟恐不及。我感興趣的是，小說如果繼續進行下去，就算在當前的意識形態下，這樣一位知識份子又會有何表現呢？實際上，整個20世紀80年代中期開始的新一輪現代化建設之中，那些從文革中走過的知識份子依然在其中扮演著重要的角色。他們的激進和毫無反思的舉動與文革中的作為在本質上毫無二致。我覺得這才是我們的文學中應該反思的。不是何種意識形態的問題，而是中國當代知識份子本身的獨立意識缺乏的問題。

劉繼明：你談到的只是問題的一個方面。就拿沈福天為例吧，他對國家或主流政治的順從乃至「依附」，並不能構成我們對他這一類知識份子甚至那個時代進行指控的可靠理由，因為相同的情形在當代也不少見，新時期以來，那些以隱蔽或公開的方式活躍於國家政治和經濟生活領域，以新的「政治正確」自居的知識精英，你說他們是「順從」還是「依附」呢？與沈福天不同，他們依附的不止是國家意識形態，還依附到日益強大的資本和另一種意識形態，成為了利益共同體的一部分，所謂的「獨立意識」並不存在。因此，問題的關鍵並不在於缺乏「獨立意識」，而在於他們對主流政治的認同與否。

前不久，我看到北島的一個訪談，他在談及國家對知識份子的改造時認為，「如果我們不還原歷史，就不可能理解到底發生了什麼。這涉及到知識份子和革命的複雜關係，如果沒有中國知識份子（包括章伯鈞）的全力支持，這場革命是不可能成功的。革命成功後，大多數知識份子是歡迎革命的，並與革命全力合作，他們真心希望通過思想改造適應新社會。這種思想改造主

要有兩種形式：一、自我批評式的思想彙報；二、與組織配合，說服別人進行思想改造。這兩種方式往往交錯進行。由於對組織的忠誠與信任，並沒有什麼心理障礙。這在馮亦代的《悔餘日錄》中是顯而易見的。按章詒和的邏輯，第二種就是『臥底』。馮亦代到了章的筆下，變得極其猥瑣，苟且偷生，賣友求榮。要知道，部分知識份子與革命的分道揚鑣是後來的事，是由於對不同的政治運動的整肅（特別是『文革』）感到深深的失望才開始的。」北島這段話切中了知識份子同國家政治之間的複雜關係，我覺得用來評價沈福天們也很合適。

桂　琳：其實你所說新時期以來的這些知識精英，正是我所擔心的另一些沈福天罷了。你最近發表的中篇小說《水漫北垸》，我看過之後十分激動。其中塑造的趙東風這樣一個形象我覺得十分有意義。趙東風這個人物一方面延續了在很多知青小說中都曾經出現過的「懷舊者」形象。但在新的資本邏輯之下，殘酷的原始壓榨把那點懷舊的溫情一下子沖洗得乾乾淨淨。這正顯示出歷史的冷酷和無情。我正是從這個角度上表達的對沈福天這一類型知識份子的擔憂。

另外，在《江河湖》中，女性形象似乎都著墨不多，大多是蜻蜓點水的掠過，也沒有在情感問題上糾纏過多。比如沈福天與甄可昕，甄垠年與朱合歡、師曉曉，雲少遊和東方萱等。我個人覺得倪爽算是作品中比較耐人尋味的一個女性形象，甄垠年對她長達幾十年的追求彷彿是一種暗喻。像這樣正面塑造一個感情和政治交織在一起的女性形象，在現當代文學史上比較成功的是《青春之歌》中的林道靜形象，但林道靜與盧嘉川的角色狀態在甄垠年和倪爽身上正好倒了個個兒。這挺有意思的。你在塑造這

樣一個女性形象時是如何考慮的？

劉繼明：倪爽在《江河湖》中並不是一個重要的角色，對她的著墨也不多，在甄垠年生活中出現的另外一個女性朱合歡也是如此。從人物塑造角度看我自己並不滿意。如果把她放在「感情和政治」這一問題下考察，也許可以寫得更豐滿一些，包括在她文革中的自殺，其實還可以挖掘更深一些的。但我不想她簡單地被當做政治犧牲品這樣一個流行詞彙進行解讀。所謂政治和人性以及情感的關係遠遠比當代小說已經呈現出來的情形複雜的多。遺憾的是，小說中我沒有把這種複雜性更加有力地揭示出來。

桂　琳：作為女性讀者，我確實感受到這部小說中的女性形象還有可以挖掘的空間。比如甄可昕，倪爽，東方萱這樣一些女性知識份子與沈福天，甄垠年和雲少遊等一樣，同樣應該進入中國當代知識份子的譜系，她們特有的細膩情感與生存體驗對中國當代知識份子的塑造來說是不應該被遮蔽的風景。比如我們今天常常談到顧准，其實與顧准並肩戰鬥多年，但在文革中因為種種難以負荷的壓力而被迫與顧准離婚，但最後依然被迫害致死的顧准妻子汪璧，同樣是令人難忘的歷史人物。而且因為女性特殊的身份，她們承受的苦難更令人悲歎。提到顧准，讓我想起了雲少遊這樣一個人物。我覺得雲少遊的命運跟顧准有幾分相似，這是有意為之還是只是一種巧合呢？

劉繼明：在最初的構思中，並沒有「雲少遊」這麼一個人物。但寫著寫著，我覺得甄垠年身邊需要有這麼一個人，甄身上雖然有濃厚的自由知識份子色彩，但作為一個工科知識份子，他對政治的熱情是頗為有限的，更多時候遊離於政治主潮之外，這和他的父親甄超然和哥哥甄士年都不一樣。順便說一句，沈福天

和甄垠年都是工科知識份子，就我跟這類人接觸時的感覺，他們身上有一種特殊的秉性和行為方式，文學作品尤其是小說還很少表現；如何描寫他們，對我來說無疑也是一個棘手的難題。大概正是出於這種考慮，我覺得甄垠年身邊應該有「雲少遊」這麼一個人，這既是人物塑造的需要，也是尊重歷史真實性的需要。雲少遊身上的確有顧准的影子，但也只是價值立場而言，他們的經歷其實都相差甚遠，包括他的妻子東方萱，跟你說的汪璧也大相異趣。

桂　琳：東方萱這個形象雖然著墨更少，但也是作品中很引人注目的女性形象。她和倪爽經歷相似，但命運卻截然不同。在整部《江河湖》中，你對所寫人物的價值評判總體是比較含蓄的。但在東方萱這個女性形象身上，卻讓人感受到一種強烈的蔑視感。

劉繼明：像雲少遊一樣，東方萱也是一個意外的收穫。寫作之初，並沒有這個人物，正是因為有了雲少遊，她的出現就顯得必不可少了。東方萱骨子裡是個市儈主義者，如果說沈福天、甄垠年和倪爽、雲少遊都是有信仰的人，在東方萱那裡則只有利益，包括她的投機和虛榮心。這樣的人無論在革命時代，還是在當今的實用主義時代都屢見不鮮。

桂　琳：知識份子與國家及政治的關係是這部小說中要處理的一個重要問題，也是一個非常棘手的問題。從延安整風後的歷次政治運動可以看出，對知識份子的普遍歧視成為國家政治在處理與知識份子的關係時的一條隱線。很多學者都認為，國家對知識精英的學術獨立和思想自由始終保持警惕，從深層制約了中國科學和文化的發展。你是如何在小說中看待和處理這個問題的？

劉繼明：國家以及政黨政治和知識份子政治之間歷來是一種互相制約和博弈的關係。二十世紀中國佔據主導位置的的政黨政治，無疑是中國共產黨領導的人民革命和社會主義實踐，這註定了它跟知識份子幾乎與生俱來的精英主義立場存在難以調和的衝突。實際上，三十多年來或者說半個多世紀以來，中國知識份子群體對政黨權威的抱怨和指控蓋出於此。但這種指控常常暴露出知識份子自身的矛盾：他們希望按照自己的設計去改變和解釋歷史，而政黨政治卻有自己的一套理念和邏輯，衝突也就不可避免了。這裡有一個需要甄別的問題：政黨政治的制定者其實也包含著一部分知識份子在內，而被排斥在政黨政治之外的那一部分知識份子通常喜歡以獨立自由或者價值中立來標榜自己的立場。實際上，在特定的歷史時空內，完全「獨立」的立場是不存在的。即便在當今時代也一樣。汪暉曾經用「去政治化的政治」來表述這種狀況，我覺得是比較準確的。如果從這個角度看，甄垠年和沈福天在那個時代各自選取了截然不同的兩種立場，也就是一種必然了。

桂　琳：我覺得你的提法特別有意思。但如果按照你的說法，知識份子與政治的命題就是一個偽命題了。也許應該換成當權的知識份子與邊緣知識份子的問題？我覺得你的這種觀點，非常接近於福柯等後結構主義知識份子的一種知識觀。知識本身就是一種權力。一種時代的知識型致力於生產某種類型的知識，也就會產生某種權力的分配。問題是，對知識份子來說，他們應該始終保持一種清醒地反思意識和邊緣意識，而不能完全被淹沒在時代的大潮中。我個人倒覺得，西方社會在20世紀後幾十年的穩定要感謝這批在60年代被認為非常具有顛覆性的後結構主義思想

家們。他們就如一劑催化劑，讓資本主義制度的刻板結構總是保持一種相對活躍的狀態，並具有一種不斷自我修補的能力，在很大程度上使整個制度具有很好的彈性。而從這個角度來說，中國當代社會太缺少這樣的知識份子了。既要幹預政治，同時又要和政治始終保持著一定的距離，並且具有一種獨立的思想能力，才不至於使政治與知識份子的關係要麼緊密相隨，要麼勢不兩立。就如身居廟堂之上與寄遊山水之間的不能調合一樣。沈福天和甄垠年不就是這樣的人生嗎？這種極端的狀態對中國當代社會和知識份子本身的傷害都十分巨大。

劉繼明：所謂「廟堂」和「山水」，也就是「在朝」和「在野」知識份子之間的衝突自古皆然。他們之間的此消彼長，在很大程度上損耗了社會的政治生態。就此來說，葛蘭西「有機知識份子」概念是極具意義的，它使消弭和調節「廟堂」與「山水」之間的緊張關係成為了可能。但有機知識份子的出現有一個前提，即必須在板結的國家政治生活之外出現一個相對成熟的公共空間，而這個空間在中國傳統的社會結構中始終是缺席的，這也是甄垠年、雲少游們同沈福天們的一直「勢不兩立」，缺少真正對話機會的根本原因。

桂　琳：你所說的「公共空間」的討論從上個世紀80年代以來，從西方到中國都是一個熱門話題。哈貝馬斯的著作《公共領域的結構轉型》原本沒有引起學者們的關注，但在上個世紀80年末期當它被重新翻譯到英語世界時卻引起學者們的極大興趣。因為在一個日益離散與多元化的社會中，人們首先接受了這種多元化的現狀。但與此同時，人們開始思考這種多元化帶來的弊端，人與人之間變得比以前任何時候都難以溝通，於是人們又開始想

到了「協商」、「交流」，在各種力量的角逐中如何達到一種平衡成為理論界的新問題。而對於中國大陸學者，引用這一概念則含有現實的批判性和一種建構市民社會的努力，他們力圖打破以往的自上而下的精英式思維傾向，進而主張自上而下和自下而上互動的觀點。由於沉重的歷史負擔和對於現代化的渴求，這個問題在中國當代就顯得尤其突出，所以對於公共空間的探討可以說是中國現實語境的一種召喚。

但我覺得，在哈貝馬斯及他以後的西方理論框架中都沒有太多涉及公共空間的主體，他們更多地是從制度層面上去探討公共空間，這也是西方語境下的產物。因為在西方語境下「主體」（subject）是一個相對成熟的概念，在英文中既指具有獨立意志的「主體」，又指臣服於某個國家或政權的「臣民」，在談論公共空間的時候他們主要指的是前一種意義的主體。而這種意義上的主體在中國則是相對缺少，需要努力加以強調和突出的。形成多種空間，不同的參與者都能用自己的聲音說話，表達自己的文化身份。如果沒有合格的公共空間主體存在，不知道這個美麗的夢何時才能實現？20世紀90年代以來，在中國當代的文化語境下，代替政府概念的不是公共空間，而是私人空間。無論各種藝術形式中，私人的概念被不斷張揚，文學作品中所謂的私人化寫作的氾濫也是其中的一個支流。這正說明，在中國社會語境下，公共空間主體的意識是極其薄弱的。這是一個很值得關注的問題。而在當代文學中，關注這個領域的作品屈指可數。你最近幾年的寫作（尤其是隨筆）一直比較關注這個主題，但這部作品似乎挖掘的不夠。你如何看待這個問題？

劉繼明：所謂「公共空間」是一個複雜的理論課題，我在

《江河湖》中並未有深入的關注。但從90年代後期以來，這的確是我比較留意的一個問題。好幾年前，我寫過一篇《公共知識份子：告別還是開始？》，對此做過具體的描述：「在中國目前的語境下，由於公共社會的畸形發育，尚未形成一種真正具有民主氛圍的社會對話機制，再加上權力與資本對輿論的雙重滲透，使得中國的大多數知識份子要麼附庸於那些已經通過各種途徑參與到國家決策層的企業精英用利益打造的豐滿羽翼之下，要麼就是活躍於各種同樣為企業集團收購或控制的強勢媒體的所謂『媒體知識份子』或媒體名人，……但媒體知識份子與公共知識份子的區別在於，即使在討論公共話題的時候，他們所遵循的，不是自己所理解的公共立場，而是隱蔽的市場邏輯，即使在訴諸批判的時候，也帶有曖昧的商業動機，以迎合市場追求刺激的激烈偏好。」

後來，我在和曠新年一篇討論新左翼文學的對話中也談到，一個純粹的作家和知識份子，不管是站在左翼還是右翼的立場，最好不要覷覦著充當政治上的「顧問」和智囊團成員，為了各自的地位和身份吵鬧不休，而應該站在比政治更高一級的層面上，對一切政治實踐和人類生活提出種種質詢和籲求。這種表述當然顯得過於理想化了，因為歷史和現實所呈現出的狀況並非這樣涇渭分明，而是複雜得多。說到底，即便社會真正建立起了一個成熟的「公共空間」，國家政治對知識份子的「壓力」和「召喚」也依然會存在。正如沈福天和甄垠年那樣，同樣需要對特定的「政治」做出自己的選擇和判斷。這大概是一種永遠無法擺脫的宿命。

桂　琳：《江河湖》總體上雖然說是寫實的，但還是跟一般

的寫實作品不同，比如貫穿整部小說以及兩個主人公一生的「大壩」，我就覺得有一種象徵的意味。沈福天和甄垠年對大壩的不同態度和立場，總讓人想起「國家」這一巨大的存在物，甚至聯想到卡夫卡筆下的那座永遠無法走進的「城堡」。沈、甄二人之間的恩怨糾葛以及他們各自的人生軌跡，都撇不開大壩的影響。小說中有這樣一段描寫：「這天夜裡，沈福天做了一個奇怪的夢。他夢見自己變成一塊岩石，被嵌進大壩裡面了。但他仍然有自己的四肢，甚至大腦。他想從大壩裡面掙脫出來，可怎麼使勁也無濟於事，他只好大聲呼救，可剛開口，就聽見有人幸災樂禍地說：『這不是你自己夢寐以求的嗎？』他循聲望去，那個人原來是甄垠年。」其中的象徵意味已經再明顯不過了。

劉繼明：我很高興你能做出這樣的解讀。我最擔心的就是人們完全把《江河湖》當成一部「純正」的寫實作品來讀，而忽略了它的內部張力。當然，真正在寫實與象徵之間獲得平衡並不容易，但這的確是我努力的一個目標。

桂　琳：不過從根本上來說，《江河湖》還是一部正面書寫歷史的現實主義小說。在新時期以來的文學潮流中，這樣的創作策略好像不太多見。路遙《平凡的世界》在上世紀80年代末到90年代初的命運沉浮也可以說明當代文壇對這種創作方法的拋棄。之所以很多小說家避免採取這樣的創作方法，潛意識是擔心自己再次落入政治意識形態的窠臼之中。80年代末，路遙曾經對當時在文壇居於強勢地位的現代派提出過不同意見。他認為現實主義在中國並不應該完全被淘汰。你在塑造沈福天和甄垠年這兩位知識份子形象時，讓人感受一種兩難：一方面，你的兩位主人公很容易讓人聯想到典型環境下的典型形象的這種經典現實主義創作

思維的。另一方面，你不斷強調人物與歷史關係的相對獨立性。試圖以一種客觀和公正的敘述讓人物在歷史的沉浮中自然呈現。對於你這樣一個80年代中後期登上文壇，又寫作過大量具有現代主義風格的作品的作家來說，重新選擇這樣一種經典現實主義創作策略，一定有自己的考慮吧。

劉繼明：很長時間，理論界不太提「典型環境下的典型形象」了。這跟現代派和先鋒派文學崛起後，現實主義的日漸式微有關。這不僅影響到當代文學對人物的塑造，而且也極大地影響了作家對歷史和現實的認知態度。我也曾經受這一思潮的影響，熱衷過反典型、反人物甚至反理性的寫作方法。事實上，這絕非單純的創作方法問題，而關涉到我們對世界以及人自身的認知。中國文學已經在顛覆和解構的路上走得太遠，現在是需要做出某種矯正的時候了。在我看來，文學創作上沒有方法和技巧上的落後或先進之分，你能說司馬遷、蒲松齡或者雨果、巴爾紮克的創作方法過時了嗎？這不是取決一個作家創作成功與否的標準，關鍵在於你對世界的認知角度和方法是不是有效的。現代派的許多作品也塑造過許多成功的「典型」，你說卡夫卡筆下的K是不是文學史上最成功的典型或者「符號」？問題不在於你是否塑造了典型或符號，而在於你筆下的人物是不是從歷史和現實的土壤上結出的果實。至於這枚果實是乾癟還是豐滿，則取決於作家的能力和造化。至於沈福天和甄垠年是否稱得上成功的典型人物，這個問題應該由你來回答。

桂　琳：怎麼說呢？我覺得你觸及了人物塑造上的一個很重要的命題。我暫時稱其為「自然典型」。王一川教授在《中國現代卡利斯馬典型──20世紀小說人物的修辭論闡釋》中曾經探

討中國現當代文學中一種「卡裡斯馬典型」的人物形象。主要指的是那種具有很強的人格魅力和召喚力的一種典型人物，他認為這樣的人物形象與中國現代性的進程息息相關，屬於一種中國特色的新人形象。而這樣的典型形象在20世紀80年代中期之後的文學潮流中逐漸受到貶斥。拿知識份子形象而言，屬於卡裡斯馬典型的如《青春之歌》裡的林道靜，《綠化樹》中的章永璘，《金牧場》中的主人公，《人生》中的主人公等等。而到了劉震雲，池莉，劉恒等人的作品中，知識份子形象已經發生變化。從卡利斯馬典型變成了現實的奴隸。在現實的物欲壓迫下完全直不起腰了。比如劉震雲《一地雞毛》中的小林等。到了《滄浪之水》中的池大為，為20世紀80年代之後的知識份子畫了一張形象的臉譜。我們可以稱其為一種反卡利斯馬的自然人。而如閻連科的《風雅頌》這樣的作品中，知識份子的形象已經完全脫離了典型的框架，越來越走向一種虛無和飄渺。

在這樣的背景之下，我們從《江河湖》中所塑造的沈福天、甄垠年這樣的知識份子形象，可以看到一種重回經典現實主義的努力，用一種深入歷史現場的的姿態去重新塑造知識份子的形象，並且渴望擺脫卡利斯馬的魔力，讓歷史去解讀人物，力圖復原歷史的複雜性和人物本身的複雜性。所以我想到了「自然典型」這樣一個也許不太恰當的概念。

劉繼明：「自然典型」是一個挺有意思的概念。所謂「卡裡斯馬典型」自有其精神魅力，文學史上許多光彩照人的人物形象似乎大多數都屬於這種類型，但其局限也顯而易見，即由於作者過多地在人物身上寄託或灌注了自己的主觀想像，容易使人物與他所處的歷史和時代「脫節」，成為一種純精神世界的「孤立存

在」和抽象理念的傳聲筒。而所謂「自然典型」，由於作者採取的是一種完全「尊重」歷史和現實的「自在之物」，會顯得真實自然鮮活，但這種完全放任的姿態，因為缺少主體思想的朗照，會使人物淹沒在俗世的灰塵之中，難以獲得一種精神上的穿越和昇華。

　　桂　琳：《江河湖》是渴望在這兩者之間達到一種平衡狀態嗎？或者還有別的追求？

　　劉繼明：「渴望」是有的，但是否達到我不敢有這個自信。

　　桂　琳：《江河湖》正如它的標題一樣，積小流而成河湖，匯百川終歸入海。整個作品的容量是十分巨大的，涵蓋了幾代知識份子的命運。在中國當代的一個有趣現象是，不同知識份子之間的代際特徵因為時代的巨大變動性顯得十分明顯，比如甄超然，甄垠年、沈福天與雲少游，沈秋池與邱少白就屬於三代知識份子的形象。雖然作品中以沈福天等這一代知識份子為主線，但沈秋池和邱少白這樣一些在文革中成長起來的知識份子形象也值得重視。尤其是邱少白這樣一個人物，與張承志《北方的河》、《金牧場》這些作品中的主人公有很多經歷上的重合性。你的處理方式與張承志是截然不同的，張承志作品中的這些紅衛兵知識份子形象，帶有很濃的理想主義和精英主義的意識；而你筆下的邱少白，多了一些玩世不恭，刻薄冷漠，完全祛除了其身上的道德和理想主義色彩。

　　劉繼明：按照原來的構思，我是想通過沈秋池、邱少白這一代人的描述，揭示出他們與沈福天、甄垠年那代知識份子迥然相異的個性特徵的，但由於他們經歷的那些事件比較敏感，小說出版時刪節了不少內容，所以現在你看到的有些支離破碎，很難完

整體現出他們的精神風貌了。如果我對這本書有什麼遺憾的話，這算是其中之一吧。

桂　琳：你最近在一篇題為《「去魯迅化」和中國的思想文化危機》的演講中談到：「很多持新自由主義立場的知識精英，卻偏偏拒絕和反對對改革進行任何『反思』，就像毛時代不允許人對革命的神聖性有一絲一毫的懷疑一樣。我覺得這同樣是一種極端主義和教條主義的思維。」這樣的提法很有啟發性。這說明我們在對現代性的追求中存在一種盲目激進的狀態，這種狀態不論在毛時代還是改革開放之後的當代，都沒有改觀。這是中華民族迫切渴望強大，渴望重新進入世界中心的一種潛意識，也是拒絕反思，缺乏獨立思想的中國知識份子的劣根所在。所以在任何時代，我們都需要魯迅這樣的知識份子，他們總是能站在時代的邊緣去和時代保持著一種警惕的距離，用自己獨立的思考去為時代把脈。能否談談魯迅對你的影響？

劉繼明：歷史的進程並非完全受制於理性，它常常會衝破理性的堤防，左沖右突、峰迴路轉，有時會呈現出非理性的特徵。所以激進和保守也就難以避免了。這正是一切人類悲喜劇產生的根源，也是歷史總是會被人從各個角度反覆辨析和評判的原因。文學的責任也許不是如何評判歷史，而是如何進入歷史。魯迅為什麼在中國現代進程和文學史上始終佔據著一個別人無法替代的地位？我想最主要的原因就是他那種洞穿歷史的目光和敢於說出真相的勇敢精神。他從未有過「獨立知識份子」的高蹈姿態，卻無時不在表達著用良知和公義澆灌的思想。年輕時我曾經跟許多人一道誤解甚至貶斥過魯迅，但現在，我比以往任何時候都意識到魯迅的偉大，以及他之於我們這個時代的稀缺價值。

桂　琳：你在《江河湖》的後記中提到一種信念支撐著自己寫這部作品，能談談這種「信念」的具體內涵嗎？

劉繼明：信念這個概念可大可小，大到抬起頭來仰望星空，小到人生的細微斑點。具體到這部小說，它首先是我在動筆時為自己建立起的寫作目標，即試圖通過它表達我對現代中國問題以及我筆下人物的某種認知。寫作的過程其實就是對這種認知的不斷詢問和確認過程。這是一個艱難的過程，充滿了懷疑和動搖、執著與探險。最終我走到了終點，所以才說是「信念」支撐的結果，並沒有太多的微言大義。

桂　琳：《江河湖》與你近年著力比較多的底層寫作從題材上似乎有很大的區別，但其中所蘊含的實質是一樣的，從某種意義上可以說延續了你90年代「文化關懷小說」表達的主題以及你對這個時代的一種態度。比如從甄垠年身上，隱約能看到《海底村莊》、《前往黃村》中歐陽雨秋和黃毛等人物的影子，不同的只是前者的時空感比後者開闊了許多。

劉繼明：我九十年代的寫作，主要是對那個時期的文化生態以及知識份子境遇的描繪，敘述時空都比較狹窄，情緒化色彩也十分濃厚，而相隔十多年之後，當我寫作《江河湖》時，無論現實境遇還是我個人的精神狀態都發生了較大變化。面對來自現實的種種撞擊和複雜體驗，每一個置身其中的人都很難在內部找到答案，我們必須從時代的喧囂中跳出去，在一個更為廣大的時空背景下審視現實以及我們自身，這也許就是我為什麼近些年越來越喜歡把目光投向那些並不遙遠的歷史的原因。我之所以寫這部小說，也可以作如是觀。

幾年前，我寫過一部報告文學《夢之殤》，有些熟悉我創作

的同行和評論家大惑不解，覺得它背離了我以前的創作個性和理念，我自己也有過懷疑。但寫出《江河湖》後我終於意識到，它們絲毫沒有「背離」我的創作，相反表明，我在時代漩渦裡沒有固步自封或隨波逐流。這也許是我作為一個寫作者，唯一可以感到欣慰的吧。

（2011年）

在「後撤」中前行
── 關於《人境》的對話

　　蔡家園（**《長江文藝評論》副主編**）：剛讀到《人境》時，我的第一感覺是它不僅與你以前的創作迥異，而且放在當下中國文壇來看也讓人產生陌生感。除了描寫的生活內容，它的敘述語調、美學風格都與近年文壇流行的趣味大相徑庭。當然，你創作上的這種變化並非從《人境》才開始的，早在新世紀之初，我在長篇論文《焦慮體驗中的詩性關懷》中就分析過你的「轉向」，並預測：「劉繼明的選擇表明了一位具有獨立思想的作家精神世界正日趨成熟。」現在來看，你的變化可以從兩個方面概括：一是形式上的，你逐漸放棄了九十年代中期那種充滿先鋒實驗色彩和個人化的敘述姿態，轉而採用一種樸實、本色甚至口語化的語言，向傳統的寫實技法回歸；二是內容上的，不再像過去那樣津津樂道地描寫精英知識份子、文化人和藝術家的精神境遇，而是將筆觸對準社會底層普通人的生存狀況，例如《放聲歌唱》《我們夫婦之間》《茶葉蛋》《小學徒》等等。這批作品的出現，使許多讀者和評論家熟悉的那個「劉繼明」變得陌生起來。作為一個曾經以「文化關懷」聞名文壇的作家，你似乎一度被「冷落」。直到「底層文學」崛起，你得到新的命名，才重新受到文壇矚目。

　　其實，還是有評論家注意到你創作中發生的這種「轉向」，像李雲雷、賀紹俊都把你由「先鋒」轉向「底層寫作」當做主要

的論題加以闡述。在這個時期，你仍然將一部分敘事熱情放在知識份子領域，只不過你不再把筆觸停留在知識精英面對市場化時的困惑與掙扎上，而是由「內」向「外」轉變，將知識份子的生存狀況跟中國社會乃至歷史的發展進程聯繫起來審視和思考，其中最突出的成果就是長篇小說《江河湖》、中篇小說《啟蒙》。這兩部作品都在文壇產生了不同程度的反響。從這個角度出發，我覺得《人境》實現了「轉向」後的融合與昇華，在你的創作中具有總結性意義。

劉繼明：我基本上同意你的判斷。但這種「轉向」並不是一蹴而就的突變，而是有一個漸變的過渡期。我曾經在上海城市文學講壇的一次演講中，對自己的這個過渡期做過一番小結：有一陣子，由於個人生活中剛剛遭受了一場災難，再加上後來一陣子身體又特別糟糕，所以心裡特別虛無，像獨自一人在黑夜裡走路那樣，不僅是眼前，連內心裡都被黑暗填滿了，覺得什麼都沒有意義，就在那段時間，我差點兒也成了一個基督徒，經常參加基督徒的活動，想給自己的內心尋找一個依託，一個活下去的理由。那時我看的書也都是關於哲學和宗教的，還有探討生與死等形而上問題的，比如《死亡哲學》、《西藏生死書》，《論靈魂》，甚至連奧修的書也看，特別希望人死後有靈魂存在。所以大概從那個時候起，我開始寫作一些思想類的隨筆，想自己為自己解開一些疙瘩。經常思考諸如「生活的意義」和「寫作的意義」之類看上去很幼稚，但又是很根本的問題。我逐漸意識到人僅僅解決了內心的信仰還不夠，還得搞清楚支撐我們活下去的這個世界是怎麼回事才行。而要搞清楚世界是怎麼回事，就得保持一種對此岸世界的熱情，所以慢慢地，我又開始把目光轉回到現

實世界中來，同時漸漸地對我自己的以前的寫作不滿意了。

蔡家園：《人境》以五十餘萬字的篇幅，全景式地掃描鄉村與城市，聚焦農民、工人、知識份子以及資本新貴、官員階層，以巨大的歷史涵蓋性和高度的藝術概括力，書寫了中國近半個世紀的社會生活，呈現出一種「史」的力量和「思」的品質。在這部小說中，故事情節似乎並不是最主要的表現對象，不同人物的命運以及他們各自獨立的思想觀念的碰撞才是描寫的重點；就像陀思妥耶夫斯基筆下的主人公一樣，這部小說的主要人物，譬如馬垃、慕容秋、逯永嘉、馬坷以及辜朝陽、何為等等，都是具有獨立意識的個體，煥發出各異的思想光彩，在作品中進行著多聲部「對話」。

先說馬垃，他顯然是你寄予了深厚情感的一個人物，也是一個具有新的美學因素的典型形象。馬垃出生於社會底層，師範畢業後當過教師，後來下海經商，出獄後回鄉當農民。與普通的商人、農民不同，他具有鮮明的「反思」特徵。從思想淵源來看，他有兩個人生「導師」──哥哥馬坷和老師逯永嘉。馬坷是一位成長於毛澤東時代的「社會主義新人」，像梁生寶和蕭長春那樣，大公無私、勤勞堅韌、堅定沉著、富有智慧，後來因為搶救集體財產獻出了年輕的生命。他所象徵的革命英雄主義、集體主義和理想主義精神深深地烙在馬垃的心靈中。逯永嘉是一位風流倜儻的文化人，由於作風問題被發配到師範教書，後來棄教下海創辦公司，迅速暴富，又因投機而破產，最後患愛滋病英年早逝。他信奉西方的啟蒙主義思想和「酒神精神」，放蕩不羈、崇尚自我、追求自由，希望在現實社會中建立一個「理想國」，無論在精神上還是肉體上都被馬垃視為一個「傑出的人」。馬垃跟

隨他創辦公司，耳濡目染，在相當長一段時間內接受了他的啟蒙思想影響。具有意味的是，這兩個「教父式」的人物都較早去世了，馬垃成為「精神孤兒」，心中彌漫著濃濃霧霾……

入獄不僅是馬垃人生事業的拐點，也是其精神成長的轉捩點。在一個信仰喪失、價值崩潰的時代，馬垃就像一隻迷途的羔羊，「要是不知道我這一人是什麼，我活著為了什麼，那就無法活下去」，他開始了新的尋找……如果說他過去一直是被動地接受兩位「導師」的指引，那麼經歷了「死亡」和「斷裂」之後，他開始學習「沉思」，主體意識逐漸覺醒。在哥哥馬坷墳頭產生的幻覺，真實地反映了他內心中兩種觀念的搏鬥，也是他自我選擇的開始。

馬垃對於現實世界有著清醒的認識，「他關心的不止是三農問題，包括當代中國的一切矛盾、困境和希望，都不乏真知灼見」。他選擇在河灘上建房獨居，就像叔本華所言，「一個人只有在獨處時才能成為自己……因為一個人只有在獨處時才是真正自由的」，他在「獨處」中潛心閱讀、沉思、寫作，不斷否定舊我、「向死而生」；他種植果園，創辦「同心合作社」，投身農業市場經營和農業基礎設施建設，對鄉村發展有著整體規劃，試圖「改造社會」，表現出強烈的實踐性；他還在「集體」中尋找力量，啟發、引導年輕人勇敢直面現實，追尋人生的意義。正如慕容秋在小說的末尾所感歎的，他既像一個農民、知識份子、文人，又都不像，他是一個「新人」。「這個目光堅定、神情沉著，身上散發著泥土氣息的人」，讓我不禁想起盧卡契說過的一句話：今天世界上普遍地渴望著這樣的文學——它能夠把它的光芒射進我們時代的叢莽之中！

　　馬垃與小說中反覆提及的《安娜·卡列尼娜》裡的列文顯然有著互文意義。列文是托爾斯泰式主人公中自傳性最強的一個人物，他折射了作家世界觀激變前夕的思想感情和生活感受；馬垃的精神成長歷程也有著你自己的影子，他是否就是你的自喻呢？

　　劉繼明：對我來說，馬垃不只是一個虛構的文學人物，而是一個真真切切存在過的人，就像我生活中出現過的某個朋友。我對他始終懷著兄弟般的親密感情，對他熟悉的程度甚至超過了我自己，彷彿對他的五官乃至眼神都看得一清二楚。有時候，我覺得他就是我自己的一個化身。我之所以在時隔多年後，還能夠將一部擱置甚至廢棄的小說重新完成，很大程度上是因為我無法割捨這個人物。這麼多年來，他始終像影子似的伴隨著我，我經歷的每一點悲傷、歡樂、沉鬱、憂憤，都有他的一份。他跟著我一起成長、成熟，從青年一直走進了中年。馬垃對自己、對社會、對歷史的認知和求索，差不多跟我是同步的。儘管他經歷的那些生活並不都是我曾經歷過的，但我總是盡一切努力將他的經歷和我的經歷重疊在一起。比如我和他同樣屬於「60後」，同樣出生在長江邊的一座村莊，同樣早年喪父，青少年時代就愛好文學，並且顛沛流離等等，都是這種努力的結果。還有他讀過的那些小人書和文學作品，也都是我少年時代讀過的。當我在為他設置這樣的經歷時，彷彿為自己安排了另一次人生，如同重新活了一次似的。

　　從某種意義上說，馬垃身上寄託著我因為自身的局限無法實現的許多夢想。歸根結底，我只是一個沉溺於書齋的寫作者，而馬垃是一個具有行動能力的理想家和實踐家。在這一點上，他的確很像列文。如果說列文是托爾斯泰作品中最具有自傳色彩的人

物，馬垃之於我也具有同樣的意義。

　　蔡家園：就像車爾尼雪夫斯基在分析托爾斯泰筆下的人物時所指出的那樣，我覺得你也是在運用「心靈的辯證法」，小心翼翼地處理馬垃這個人物，努力把人物的心靈及其心理過程本身如實地描繪和揭示出來，而且運用「自我深省和不倦地觀察自己的努力」來實現「在自己身上研究人類精神生活的奧秘」，這就使得馬垃具有「這一個」的時代典型意義。馬垃年輕時暗戀過兩個女人，一個是晏紅霞，一個是哥哥的戀人慕容秋。前者出嫁後自殺，後者回了省城，在相當長的時期內，馬垃的情感生活停滯，這似乎也在暗喻他的精神發育停止了。當他的精神世界重新開始生長，巨大的思想能量源源不斷向外輻射，不僅感染了草兒，也吸引了慕容秋，他冰封的情感是否會解凍呢？草兒對他的親近和依賴，慕容秋對他的再認識，是否暗示著他的情感將有新的歸宿？

　　劉繼明：馬垃對慕容秋的感情也許很難稱得上是「暗戀」。當然，如果借用弗洛依德的學說這樣理解也未嘗不可。但在我看來，馬垃對慕容秋更多是一種弟弟對姐姐，甚或兒子對母親才有的情感，馬垃從小失去雙親，馬坷在他心目中兼具哥哥和父親的角色。這種角色不僅是情感和生理意義，還具有精神上的意義。母親這一角色在馬垃心裡很長時間都空置著，而慕容秋的出現恰好填補了這一空缺。只有當父性和母性合力哺育，才能出現一種健全和完滿的人格。問題是，隨著馬坷的死亡以及慕容秋的回城，馬垃心目中父性和母性角色同時出現了缺位，他的生長和發育也就戛然而止了。

　　中年馬垃一直在不停地尋找著慕容秋，這同樣是一種渴望精

神發育的潛意識流露，但此時的慕容秋自身也處於困頓和迷惘當中，已經無力承擔這種精神哺乳者的角色，所以，他倆一次一次地迎面相遇，又一次一次地失之交臂，包括上部結束時，馬垃仍然沉浸在一種虛幻的期待中，這裡的象徵意義不言而喻。

至於馬垃和慕容秋以及草兒是否存在你說的那種可能，我說不清楚。這也是在寫作中一直困擾我的一個問題，我甚至在小說中不止一處做過類似的暗示，但我終究沒有讓他們沿著這樣的路徑發展下去，留下了一些不無曖昧的細節。也許讀者對此會感到不滿足，但我無能為力。畢竟，他們之間的距離太遙遠了，包括身份、年齡和精神上的距離，相隔著整整一個時代，而時代的縫隙又那麼深，深得像一道無法縫合的傷口。

蔡家園：馬垃身上兼有「新」「舊」兩個時代的特性，像一個優生的「混血兒」，表現出不可遏制的勃勃生機。你似乎很想賦予他歷史的主體角色地位，但是事實上，在你忠實於歷史邏輯的敘述中，他充滿了失敗，屋頂的「風車」是隱喻，神皇洲的潰堤更是象徵。在這個由資本和權力主導的時代，一個處在社會底層的小人物──人民群眾的一分子，其實早已被日趨固化的社會結構所限定，根本無法穿透語言的幻覺而成為歷史的真正主體。馬垃一直在寫一部書稿，這似乎在暗示，當目標在現實世界中無法達成時，他在持續的自我批判中也能完成主體塑造。小說敘事縫隙中閃爍的矛盾恰好呈現出歷史的真相──「新人」尚在萌芽中，或者說，他身上寄予了較多的理想主義色彩。

劉繼明：對於我個人而言，馬垃也許是個理想化的人物。但對於整部作品甚至當下中國來說，他卻沒有丁點兒理想主義色彩，相反卻有點兒悲觀。比如馬垃在神皇洲所進行的一系列實

踐，遠遠不能跟梁生寶或蕭長春相提並論，甚至並不比近一個世紀前梁漱溟在山東鄒平走得更遠。但馬垃最終還是失敗了，他的失敗不是個人的，而是這個時代的。這是不是一種悲觀呢？

蔡家園：馬垃的遭遇或許可以提醒我們從「歷史主體」何以不斷失敗的角度來審視「現代性」的遺存吧！下面談談另一位主人公慕容秋。這是一個充滿文藝氣質的學院知識份子。她出生於高級知識份子家庭，年輕時作為知青下過鄉，後來考上大學，畢業後一直在高校任教。她單純、善良、清高而富有正義感，頗有女性魅力。她不滿庸俗的社會現實，「小心翼翼地與某種強勢的主流價值觀保持著距離」，雖然有時免不了「隨波逐流」，但始終潔身自好。自九十年代「思想淡出、學術凸顯」成為主流意識形態之後，大多數知識份子選擇回到書齋，「兩耳不聞窗外事，一心唯讀聖賢書」；另一部分人則投身於市場經濟大潮，成為利益共同體的博弈者或追逐者。應該說，慕容秋是前一類知識份子的代表，在你的創作中也是一個新的人物類型。上部中，她還只是一個背景式的人物，到了下部，她作為獨立的主角，獲得了幾乎與馬垃「平起平坐」的地位。這樣的設置是出於什麼考慮？

劉繼明：在我最初的構思中，慕容秋只是作為馬垃的陪襯人物出現的，就像馬坷也是為了襯托馬垃而存在的一樣。在馬垃的成長過程中，慕容秋像馬坷那樣，始終承擔著一種精神孵化者或哺育者的功能。但對於馬垃而言，她只是一個外來者，就像「知青」對於廣大的鄉村和農民那樣，但他們在馬坷馬垃兄弟眼裡，卻代表著城市現代文明和「先進文化前進的方向」，具體到慕容秋身上，則濃縮成一種女性的美輪美奐。但在劇烈蛻變的歷史進程中，無論是女性之美還是性的吸引，都是不能持久的。所以在

小說的上部，馬垃和慕容秋只能一再失之交臂。此時的馬垃已不再是過去那個靦腆羞澀的鄉村少年，而是一個對人生和社會都充滿了改造願望的中年人。相對深陷於散發著功利主義氣息的知識圈和萎靡不振的感情生活難以自拔的慕容秋，馬垃那種樸素的生活方式和知行合一的精神氣質像一道光，足以照亮塵封已久的記憶暗箱，讓她重新認識和回望那消逝已久的知青時代。對慕容秋來說，馬垃這一次反過來承擔了精神哺育者的角色；而對於整部小說而言，馬垃和慕容秋在神皇洲的重逢，就像兩股各自流淌的小溪終於彙集成了一條小河，才臻於完善，構成一個不可分割的整體。

蔡家園：這樣的安排既具有空間和時間的互文性（城市和鄉村、過去與當下），也具有人物性格的互文性（馬垃和慕容秋）。慕容秋在小說中幾乎是一個完美的女性，看得出你對她的偏愛。你說過馬垃的許多故事都曾經在你身上發生過，那麼，這裡面是否也隱含著你的某些個人經歷？

劉繼明：在我心目中，有兩個「慕容秋」：第一個是知青時代的慕容秋，第二個是作為社會學教授的慕容秋。我熟悉第一個，對第二個卻相對陌生一些。我還記得上小學時與同學們一起敲鑼打鼓歡迎知青到我們村插隊落戶時的情景。這些城裡來的大哥哥大姐姐大多能歌善舞、多才多藝，尤其是那些女知青，她們的裝束、神態以及說話的語氣等等，都透露出一股難以言傳的美感。我家裡就曾經住過兩個知青，到現在我都還記得她們的名字和那美麗的倩影。後來，學校新來的音樂老師，就是村裡的一位女知青。我還有幸被她選拔進學校的文藝宣傳隊，參加公社的小學生文藝匯演。那位音樂老師是我們村最漂亮的女知青，不少男

知青為了追求她曾經在我們學校的操場上大打出手。慕容秋的形象顯然有這位音樂老師的影子,在她身上寄寓著我對女知青的美好記憶。用現在流行的網路用語來形容,她們曾經是我少年時代的女神,無論是情感還是精神上,都對我從少年向青年的過渡產生了至關重要的影響。在這一點上,馬垃在書稿中寫到的那段話大抵也傳遞出了我的真實感受:「在我眼裡,慕容姐姐是從天上下凡的仙女,他不僅讓哥哥嘗到了愛情的甜美,還為整個神皇洲帶來了青春和美。這種美不只屬於某個人,而是屬於所有人和那個時代的。那場大火發生後,親愛的慕容姐姐如遭雷擊一樣垮了下來,很長一段時間面如死灰、萎靡不振,我預感到在她失去愛情的同時,我們也將失去她。這是一種無法逃避的宿命,對個人來說是如此,對整個神皇洲來說也是如此。不久,慕容姐姐,還有其他知青便陸陸續續離開神皇洲,回城了。他們離開後,我覺得村子裡空蕩蕩的,心裡也空蕩蕩的。一個時代結束了⋯⋯」

蔡家園:小說中無論對馬坷還是對慕容秋的描寫,都涉及到一個敏感的問題,即對知青和「上山下鄉」的評價。新時期以來大量描寫知青生活的小說都是一種訴苦或控訴的「傷痕文學」模式,將「上山下鄉」當成一代人的「負資產」加以批判,但《人境》顯然擺脫了這種模式,從集體主義、理想主義等對個人的精神塑造方面肯定了「上山下鄉」對於一代青年成長所具有的正面意義。那麼,你怎麼評價「上山下鄉」運動?

劉繼明:我無意於對上個世紀六七十年代那場影響深遠的「知青運動」進行任何政治評判。以往知青文學的傷痕模式自有其合理性,但其短板和盲點也是顯而易見的,即當這些作家將知青當作受害的主體熱衷於對那場運動甚至那個時代發出控訴時,

他們忽略了「廣闊天地」的老鄉們祖祖輩輩都是這樣生活的現實，如果要控訴，首先應該是他們。可他們向誰控訴呢？他們連發聲的機會和平臺都沒有。這涉及到真正意義上的社會平等，而發動「知青運動」的初衷，很大程度上正是為瞭解決這個問題。創造一個公正和理想的社會，是那個時代的普遍價值追求。有時候，某些政治實踐，對一部分人可能是荒謬甚至殘酷的，但對另一部分人來說則可能是莊嚴和美好的。文學不應該在揭示一部分真實的同時，而有意無意地去遮蔽另一種真實。這是一個嚴酷的悖論，人和歷史的全部複雜性也在於此。

蔡家園：你的看法為我們反思「上山下鄉」運動提供了一個全新視角。歷史是向未來敞開的，不同的人可以從中打撈出不同的「遺產」。假如把「上山下鄉」放在中國近百年來對「現代性」追求的整體框架中來觀察的話，我們會發現知識份子「到農村去」其實存在一個精神譜系，從五四革命先驅、三十年代的共產黨人與鄉村建設派、延安的青年知識份子、「文革」時期的知青，到當下參與新農村建設的知識份子，一共六代人，他們的行為有著內在的邏輯性。從某種意義上可以這麼說，中國知識份子需要農村更甚於農村需要知識份子，這就是一代又一代人前赴後繼「到農村去」的內在動因——他們需要在豐厚的大地上尋找自己的「生命之根」。慕容秋的經歷也印證了這一點。

身處書齋的慕容秋找不到「自我」，內心充滿迷茫。一方面，她對脫離現實、理論空轉、喪失人文關懷的社會學研究深感不滿；另一方面，她對僵化的學術體制以及學術官僚化、庸俗化也十分反感。她不僅在思考學術研究的突破，也在思考知識份子之為知識份子的意義。青年時期「上山下鄉」更讓她的情感回歸

到了底層；父輩強烈的「家國情懷」以及馬垃、何為、曠西北、鹿鹿的行動都匯聚成一種巨大的力量，終於使她下定決心，「不能再在散發著腐朽氣息的學術圈裡待下去」，她要「回到那座曾經生活和勞動過的村莊，做一次真正意義上的田野調查」。這不僅是治學方式的改變，更是精神世界的一次蛻變。

有人認為，中國傳統知識份子講究「為天地立心，為生民立命，為往聖繼絕學，為萬世開太平」，西方知識份子講究「作為社會的良心」「站在邊緣批判社會」以及「自我批判」，兩者的有機融合可以建構出中國理想的知識份子形象。你在漫長的寫作歷程中已經勾繪出一個相當豐富的知識份子家族，像甄超然、沈福天、甄垠年、沈如月、邱少白（《江河湖》）、蘖伯安（《啟蒙》）等等，他們各具個性，給人留下深刻印象。《人境》中寫到的知識份子，跟這些人物具有歷史連續性，譬如慕容秋的父親慕容雲天，使我想到《江河湖》中的沈福天，還有社會學家何為，近似於甄銀年。慕容秋與他們以及你早期小說中的那些知識份子形象相比，既有某些共同點，又有許多相異之處。在這個人物身上，寄託了你關於知識份子問題的哪些新思考？

劉繼明：我覺得，不管是西方的知識份子，還是中國的知識份子，都應該在現實批判和探求社會理想之間找到一種平衡點；既不能因現實批判而放棄價值關懷，也不能因價值關懷而放棄現實批判。遺憾的是，在新中國六十多年的歷史進程中，知識份子要麼在前三十年的激進政治實踐中完全喪失個人的主體性和獨立性，要麼在後三十年高度物質化的環境中淪為犬儒主義的推手乃至食利集團的門客，內心的精神操守和遠大的價值景象蕩然無存。近些年來，中國知識份子的公眾形象更是越來越模糊、曖

昧，有時甚至顯得面目可憎、猥瑣不堪。這足以證明，伴隨著六十多年暴風驟雨般革命和改革進程的中國知識份子，始終沒有建立起一種健全、穩定和清晰的人格範型。這是我對當代中國知識份子的總體認識。這林林總總的知識份子形象差不多貫穿了九十年代以來我的全部小說。慕容秋跟這些人物的不同之處就在於，她試圖擺脫那種首鼠兩端的境遇，重塑一種完滿和理想的知識份子人格。她在婚姻和愛情上的坎坷和尷尬蓋源於此。

蔡家園：慕容秋身上還有一種不容忽略的可貴品格——自省精神。自80年代啟蒙主義重新興起，相當多的知識份子陷入一種誤區——自以為真理在握，熱衷於啟他人之「蒙」，表現出精神的傲慢和話語的專制，徹底喪失了自我質疑與自我批判精神。康德說過，「啟蒙運動就是人類脫離自己所加之於自己的不成熟狀態」，其途徑是「經別人引導」，但是，他又強調，「要有勇氣運用你自己的理智」，這就包含著另一層意識，即對自我的「啟蒙」。知識界的喪失「勇氣」以及「不成熟」，也是造成知識份子人格沉淪的重要原因之一吧。

除了馬垃和慕容秋，你在小說中還成功地塑造了另一個「新人」——辜朝陽。他出生於高幹家庭，當過知青、機關幹部，下海經商，出國留學後經過努力打拼，成為跨國公司的高管，堪稱「時代精英」「成功人士」。儘管身為「革命者的後代」，可他已然「背叛」了自己的出身，不再保有父輩們的革命理想、信念和忠誠。他對自由主義思想頂禮膜拜，自負、精明、冷酷而自私，既熟悉政治，又精通經濟，善於捕捉機遇，總是能夠實現資本的利益最大化。這個被實用主義、功利主義所主導的「理性人」，更像是歷史的主體，越來越受到這個時代的推崇……

劉繼明：在初稿和二稿中，辜朝陽還只是個依賴慕容秋存在的陪襯人物，著墨很少，到第三稿時，才獲得了獨立「出場」的機會，並且通過「機電廠改制」等情節，將他的性格和心理凸顯出來。

我過去的小說中，很少寫到辜朝陽這類人，但在中國三十多年的改革進程中，這類人卻是當之無愧的主角。他們出生於50年代，卻跟一般的「50後」不同，由於特殊的家庭背景，文革期間並沒有因他們的父輩挨整或被打成黑幫而吃盡苦頭，相反處處受到蔭庇，如優先回城、招工、參軍和上大學等等。改革開放一開始，更是憑藉得天獨厚的特權和優勢，很快攫取了各種權利和資源，要風得風要雨得雨。與大多數靠自己打拼的平民子弟相比，他們除了攫取財富的蓬勃欲望，還多了一份政治上的盤算。這無疑得益於他們作為「革命之子」的血緣和身份。曾經出生於死的建國一代的「革命父親」對理想和信仰的忠誠在他們身上已經蕩然無存。他們身上從頭到尾寫的都是「個人」和「欲望」這些詞彙。因此，與其說他們是「革命之子」，還不如說是革命的「逆子」更為合適。

蔡家園：盧卡契說過，一個偉大的現實主義作家，如巴爾紮克，假使他所創造的場景和人物的內在的藝術發展，跟他本人所最珍愛的偏見，甚至跟他所認為最神聖不可侵犯的信念發生了衝突，那麼，他會毫不猶豫地立刻拋棄他本人的這些偏見和信念，來描寫他真正看到的，而不是描寫他情願看到的事物。你在塑造辜朝陽這個人物時，顯然也遵循著這樣的原則，「有傾向不惟傾向，有立場不惟立場」，真實而準確地刻畫了一個全球化背景下的資本精英形象，並且揭示了其性格生成的時代原因，體現了一

位嚴肅作家對於歷史真實性和複雜性的尊重。

劉繼明：在辜朝陽身上，這位革命「逆子」的作為並不很徹底，至少在感情上還沒有那麼絕情，對父輩保留了幾分「打斷骨頭連著筋」的尊重和流連。這也涉及到中國革命和改革這兩種截然不同的話語轉型因撕裂和悖謬帶來的痛楚。其中的複雜況味，遠遠不是辜朝陽一個人物所能承載的。

蔡家園：我們知道，文學的意義並不在於對事物作出價值判斷，但是作家在處理和麵對他筆下的人物和社會生活時，仍然常常會給出自己的價值判斷。在當下，任何一位有思想的作家在處理歷史記憶和日常經驗時，都無法回避對新中國的「前30年」與「後30年」，也就是「革命」與「告別革命之後」兩個時期作出某種判斷。在《人境》中，你顯然放棄了常見的那種二元對立、非此即彼的敘述模式，而是將兩者置於一個廣闊的視野之中，也就是中國近百年來最重要的時代主題──對於「現代性」的求索的路徑上來進行整體性審視。在《人境》中，你對「現代性」的反思首先是從對「時間」的「革命」開始的：一是壓縮時間，小說將當下敘述時間高度濃縮在新世紀之初的五六年間，將故事壓縮成了一個歷史片段；二是截斷時間，有意打破目的性的線性敘事，將歷史時間截成無數片段，通過人物的回憶或者是日記的方式加以呈現。就整部小說而言，其時間並不是線性流動的，而是無數片段的並置，這就將發展、進步等觀念進行了懸置。正是基於對「時間」的反抗，小說得以突破某種強勢話語的桎梏，為我們打開了一個新的敘事空間。因此，這部小說關於「革命時期」（傳統社會主義時期）的社會、政治、經濟、文化生活的書寫，你筆下的上山下鄉運動、集體主義生產方式以及馬坷、大碗伯等

人物，都不僅有別於以歷史進步論為哲學基礎的傳統「社會主義文學」，而且迥異於強調個體價值本位的「傷痕文學」「反思文學」以及某些「新歷史小說」。同樣是基於對「時間」的重新審視，《人境》對「告別革命之後」的中國社會現實，譬如三農問題、國企改制、環境污染、市場的畸形發展、權力集團與跨國資本的勾結、轉基因安全以及社會價值分裂、階層撕裂等問題進行了深入透視，不僅揭示了兩種現代性方案的多重意義，而且生動地呈現了兩者之間相互糾纏的關係。這種對於歷史複雜性的尊重，顯然是基於對現代性本質——「內在的結構性矛盾」——的理解。

新時期以來，主流知識界和文學界普遍從「前30年」的歷史教訓以及個人遭遇出發，將傳統的社會主義視為現代性的反面加以批判，從而認定只存在一種現代性道路——自由主義（資本主義）的現代性道路，而你對此進行了質疑，以現實主義手法藝術地再現了那段並不遙遠的歷史時期曾經出現過的洋溢著勃勃生機的生產和生活實踐所包含的豐富內涵。當然，社會主義現代性在很多方面與資本主義現代性具有同源性，它在實踐中留下的教訓同樣觸目驚心——這並不是這部小說書寫的重點。或許，政治需要通過立場鮮明的否定策略來獲得新的合法性，但文學的書寫不能如此簡單、粗暴、武斷，而應該以整體性的視野、理性的態度潛入到歷史的深處和具體的時代語境中去，耐心而細緻地發掘那些被忽略或遮蔽的價值盲區。

正是在這一點上，《人境》為我們提供了新的閱讀啟示。作品分為上下兩部，上部以馬垃為敘述視點，聚焦農村生活，下部以慕容秋為敘述視點，聚焦城市生活，這種敘述方式不論是否

象徵了當下中國城鄉二元分立的狀態,其本身已然構成了一種對話關係。仔細閱讀還會發現,上下兩部的主要人物和故事經常在穿插和交迭中呈現出對話性,譬如兩位主人公對於馬坷、逢永嘉的認知就比較有代表性。這種對話性結構不僅有助於表現主題,而且呈現出一種美學上的張力。除了上面談及的知識階層內部的「對話」,還有不同階層之間的「對話」,譬如老同學聚會這個情節就是集中呈現。如果換一個視角來看,如此複雜、尖銳的「眾聲喧嘩」,其實也揭示了一種社會現實——當下中國已經處在嚴重的階層分裂和價值撕裂之中,這種撕裂的力量正是來源於那只看不見的手——它內在於「現代性」之中。那麼,你怎麼看待新時期文學對這兩種充滿裂縫的「現代性」的敘述?

劉繼明:中國的「現代性」一直存在兩種不同的路徑,上個世紀80年代曾引發過廣泛爭論的「救亡壓倒啟蒙」就是知識份子對這兩種路徑的再一次選擇。這種選擇的結果是在新中國歷史上區隔出前後兩個時期,即「前三十年」和「後三十年」,再加上建國之前的時期,主流意識形態表述為中國革命、建設和改革開放新時期。我們現在仍然處在這個不斷延伸著的「新時期」裡。按照三十多年來知識界盛行的一種新意識形態,「新時期」以前那個建設時期的許多實踐,都已經被證明是錯誤的,是一條背離世界主流文明的「歧路」。新時期文學沿襲的也是這樣一種敘述模式。在這種模式影響下,新時期以來的中國文學在書寫前後兩個三十年的人以及社會生活時,大都用簡單的政治評價取代了複雜的歷史邏輯,或者將兩個不同歷史斷落分隔開來,互相否定,從而使當代文學中出現了一種奇怪的景觀:用新的主流價值觀裁減和書寫出來的人變成了一群不可理喻的瘋子或怪物,比如寫文

革就是紅衛兵造反派打砸搶，老幹部知識份子受迫害等等，歷史和人都被嚴重的漫畫化了。小說家在面對歷史和現實時，應該充分尊重其複雜性和豐富性，面對現成的結論努力尋求新的發現，而不是相反。米蘭・昆德拉說過，小說的任務之一是對遺忘的反抗。這當然是針對政治而言。如果說政治的主要功能之一是對現實和歷史進行簡化，那麼小說的重要使命則是抗拒這種簡化。如果一個作家在對待筆下的人物時，滿足於通俗喜劇和漫畫式的逗樂煽情，而對背後隱蔽的歷史邏輯棄之不顧，顯然是一種失職。這樣的情形在整個當代小說中成為了一種相當普遍的現象。這也是中國文學的敘述視野越來越逼窄和缺少歷史穿透力的原因。

在今天這個時代，任何對歷史的單向度敘述不僅缺少認識論上的說服力，也會缺少審美上的征服力，更別說污名化了。記得張煒曾經在一次訪談中說：「如果不把昨天和今天用思索聯結，用理性整合，來一番深刻的甄別，我們今天的所謂成功都將變得荒誕。」遺憾的是，在當代文壇，張煒指出的問題已經成為一種習焉不察的現狀。面對不同時代之間和社會共同體內部越來越大的裂縫，文學的任務不是擴大和加劇，而應該是盡可能加以縮小和彌合，為人們理清自身的來處和去處提供精神和情感的動力。正是在這一點上，「對話」就顯得比任何時候都重要。對話可以發生在一部小說的內部，也可以是發生在外部：不同的歷史斷落，不同的價值觀，不同的階層、不同的人，都需要對話。對話也可以是質疑、辯詰、批判，也可以是探求、尋找、召喚。

我希望《人境》是一部促成這種對話的小說，而不是相反。

蔡家園：閱讀《人境》的時候，我不時聯想起《創業史》《豔陽天》《平凡的世界》等「社會主義現實主義文學」經典，

覺得他們之間具有某種精神上的連續性。但我同時又發現，無論是價值觀念、故事情節、人物形象和敘事方式，還是在處理個人經驗與社會、歷史的關係時，《人境》都與它們存在很大差異。以主人公馬垃為例，儘管他深受梁生寶和蕭長春式的「社會主義新人」馬坷的影響，但又在許多方面與他們存在著差異，比如馬垃對個人價值的追求，對生與死等終極價值的思考，在兩性關係上的困惑等等，都是柳青、浩然和路遙筆下不曾有過的。這體現出你對人物豐富性和複雜性的充分尊重，也顯示出你對待傳統時所持的開放態度，自然也體現了鮮明的時代特徵。

還有對「政治」的處理。自九十年代以來，中國文壇流行欲望化、私語化、傳奇化書寫，呈現出一種「去政治化」的特點。而正如伊格爾頓所言，「偉大的作品總是包含著強烈的政治性」，「去政治化」必然會自我限定文學的生長空間和可能抵達的深度。當然，我所說的「政治」不僅是指制度、權力等狹義的政治，而是指一種廣義的政治文化和心理結構。政治常常與人生哲學連接在一起，也與人的精神追求、價值選擇息息相關。當代的許多作家，無論是處理歷史還是現實，要麼有意漠視，要麼拒斥這個尺度和視角。如前面所分析的，你的這部作品直面中國當前最大的政治──轉型期中國遭遇的重大現實問題，就像馬克思當年剖析早期資本主義一樣，你從資本、階層（階級）的角度切入，一下觸及到問題的本質，在批判和建構的雙向掘進中實現了你的創作意圖。尤其值得注意的是，與「十七年」的幾部經典小說相比較，你在把政治轉化為心理深度這個方向上作出了更多努力，這在某種意義上也為當下文學發展打開了新的面向。

劉繼明：以《創業史》《豔陽天》《平凡的世界》等為代表

的所謂社會主義現實主義創作，無論它們存在多少這樣那樣的缺陷和問題，都像那個也已消逝的時代那樣，仍然具有許許多多值得我們尊重和汲取的寶貴價值。這種價值既有精神上的也有藝術上的，同樣是當代中國文學應該珍視的傳統之一。說「之一」，也就是說不是唯一的。當代中國文學的傳統是豐富的，也是多元的。比如俄蘇文學，歐洲文學中的批判現實主義，拉美的魔幻現實主義等等，同樣已經成為深刻影響了中國現當代文學的傳統。

在中外作家中，給我影響最大的除了魯迅就是托爾斯泰了。此外還有雨果、湯瑪斯・哈代、羅曼・羅蘭以及斯坦貝克等。實際上，《人境》中馬垃的成長也有約翰・克裡斯朵夫的影子。作為當代作家，面對傳統時，我們應該保持必要的謙恭。

蔡家園：在當代文學版圖上，你一度被歸為先鋒作家，後來又被譽為「底層文學」的代表作家之一，你一直在被各種各樣的文學思潮所「收編」，但似乎從未真正屬於某個群體。從上世紀九十年代後期開始，你與流行的文學乃至主流文壇逐漸疏離、漸行漸遠，呈現出一種「後撤」的意味，或者說是以一種後撤的姿態在砥礪前行。到了《人境》，這種「後撤」更加鮮明和堅定。

丹麥著名文學批評家勃蘭兌斯認為，文學的生長是以它所提供的問題而決定的；如果文學提不出任何問題來，就會喪失它的一切意義。錢穆也說過：「什麼是偉大的作品？就是新中有舊，舊中有新。」第一，就是要看這個作家的創作是否與傳統構成回應；第二，就是看他在傳統的基礎上是否有自己的創新。在《人境》中，我認為你對這兩個問題都有著自覺的回應：從寫作立場來看，它繼承了19世紀的批判現實主義和20世紀的社會主義現實主義文學傳統，但在精神內涵、價值追求、美學趣味上又體現出

新的時代風貌;從敘述方式和小說結構上看,它對先鋒文學的技術進行了巧妙的吸收和轉化。因此,這也是一部在美學層面提出了「問題」的小說,堪稱當代中國文學的重要收穫。你怎麼評價《人境》在你整個創作中的意義?

劉繼明:我的寫作開始於上個世紀八十年代中期,那正是思想解放和新時期文學方興未艾的年頭,我從一開始就以極大的熱情全身心投入了進去。我曾經在一篇題為《我的激情時代》的隨筆中描述過這種昂奮和激動的心情。三十多年過去了,中國的社會和文學都發生了天翻地覆的變化。我也從懵懂的少年邁入了滄桑滿懷的中年。作為一名見證者,我目睹一個生機勃勃的時代逐漸失去了曾經有過的活力,在某些方面甚至走到了它曾縱情謳歌或呼喚的反面。文學也是如此。在歷經眾多令人眼花繚亂的新名詞新潮流的沖刷之後,一切似乎又回到了最初的起點。任何花哨迷亂的外衣都無法遮住文學內部的蒼白和危機。新時期發軔之初,我們曾迷戀過尼采的名言「重估一切價值」,當下的中國社會及其文學,似乎又面臨著新一輪的出發和新一輪的釋放。

子在川上曰,逝者如斯夫。面對奔騰不息的時間的河流,任何個體都顯得那麼渺小,微不足道。如同一個人那樣,每部作品都有它自己的命運。但不管人們喜歡也罷,不喜歡也罷,有一點可以肯定,《人境》是迄今為止我最重要的一部作品。

(2016年)

為中國革命辯護
——讀曹征路《重訪革命史》

一

　　二十世紀既是一個動盪的世紀，更是一個革命的世紀。在之前的十八、十九世紀，也發生過動盪和革命，但就激烈和徹底程度而言，都無法跟二十世紀相提並論。無論是法國大革命還是英國革命，他們雖然推翻了封建的皇權和貴族統治，開啟了現代資產階級民主政治和工業革命的新紀元，但本質上並沒有擺脫幾千年來少數人壓迫多數人的歷史循環（包括20世紀初葉的中國辛亥革命），只有當俄國的十月革命「一聲炮響」，宣告世界上第一個社會主義國家誕生，並在不久以後，中國共產黨領導的新民主主義革命取得成功，建立新中國，才徹底改變了「少數人壓迫多數人」的歷史循環，使長期被壓迫被剝削的勞苦大眾首次以統一的政治符號——「無產階級革命」走到了世界政治舞臺的中心。正是因為有了無產階級革命，二十世紀才堪稱為人類歷史上比以往任何一個世紀更加偉大的世紀，成為真正意義上的「革命的世紀」。

　　對於二十世紀革命的意義，著名學者汪暉曾經指出，「20世紀是一個對19世紀的反動、衝擊、改造、尋找出路，尋找突破19世紀的出路，是帝國主義、殖民主義和各種各樣形成網路的理

論、實踐的努力。今天我們雖然不用這些詞了，但還是在帝國主義、殖民主義的構造下，基本的不平等的構造下，20世紀的夢想就是要打破殖民主義、帝國主義壟斷，創造一個新的平等；打破過去的、舊的統治，也打破新的統治，創造一個沒有國家的國家，創造一個真正的所謂沒有階級的社會。」（《汪暉訪談錄──中國現代性的歷史反思》）

革命導師列寧分析得更為透徹：「如果以20世紀的革命為例，那麼無論葡萄牙革命或土耳其革命，當然都應該算是資產階級革命。但是無論前者或後者，都不是『人民』革命，因為人民群眾，人民的大多數，在這兩次革命中都沒有很積極地、獨立地起來鬥爭，都沒有明顯地提出自己的經濟要求和政治要求。反之，1905—1907年的俄國資產階級革命，雖然沒有取得象葡萄牙革命和土耳其革命某些時候得到的那些『輝煌』成績，但無疑是一次『真正的人民』革命，因為人民群眾，人民的大多數，慘遭壓迫和剝削的社會最『底層』，曾經獨立奮起，給整個革命進程打上了自己的烙印：提出了自己的要求，自己嘗試著按照自己的方式建立新的社會。」（《國家與革命》）

列寧的這段話不是「預言」，而是在二十世紀的蘇東、中國以及許多社會主義國家，成為了活生生的現實，曾經是億萬人民投身其中、席捲全球的一場轟轟烈烈、波瀾壯闊的社會實踐。之所以說「曾經」，是因為這一活生生的現實，在二十世紀後期突然被中斷了。從那以後，「革命」的世紀開始向「後革命」的世紀轉型。這種「轉型」，最初是以「改革」的名義，比如戈巴契夫的「新思維」，李澤厚的「告別革命」等等，到後來，則成為了對革命的否定、控訴、抹黑，乃至清算和報復。「革命之後

的歲月回到了革命之前。」凡是讀過諾貝爾文學獎得主、白俄作家S.A.阿列克謝耶維奇的紀實文學作品《二手時間》的人，大概都不會忘記那些打著民主旗號對共產黨人進行瘋狂報復的血腥場面，當然，也不會忘記俄羅斯人在經歷戈巴契夫時代和葉利欽時代之後的沉痛反思：「一切都在改革中結束了，資本主義猛烈襲來……也不知道從哪兒鑽出來一幫完全另類的人，一幫年輕傢伙，穿著深紅色夾克，戴著金戒指，還有新的遊戲規則：有錢，你就是個人；沒有錢，你就啥都不是。……如果這就是所謂的自由，那我不需要這種自由。呸，他們把人民踩在了腳下，我們成了奴隸，奴隸！正如列寧所說，在共產主義下，廚師是國家的管理者，還有工人，擠奶女工、紡織工人。可現在呢？坐在議會中的都是土匪強盜，揣著美元的億萬富豪。他們應該坐在監獄裡，而不是在議會上。他們用改革欺騙了我們！」（《二手時間》第6、第9頁，中信出版集團）

與通過「改革」使蘇維埃俄國一夜之間重新回到沙皇俄國不同，同樣致力於「改革開放」的中國沒有重蹈前蘇聯的覆轍，而是在「以經濟建設為中心」的發展理念指導下，賡續了共和國的法統即治理框架和憲制基礎，從而避免了中共這艘巨輪在由革命黨向執政黨的角色轉換中不至於傾覆。當然，這艘巨輪早已偏離了第一代開國者設計的航向，與時俱進地同國際接軌了；或者說，新中國的「法統」與「道統」出現了某種「脫隼」。中共黨章幾經修訂，儘管仍然把「實現共產主義」當做「遠大理想」，但與後來寫進黨章的「共同理想」——中國特色社會主義相比，前者更像是一張永遠無法兌現的支票。一個顯而易見的事實是，作為無產階級革命成功標誌的新中國已悄然「褪紅」，逐漸被諸

如國家主義、民族主義的「粉紅」及別的什麼「紅」所取代。新的意識形態在不斷將革命、共產主義、無產階級等帶有鮮明階級特徵的詞彙進行「消磁」和重新定義的同時，理直氣壯地對後革命時代的中國按照普世原則喬裝打扮，以便能夠在西方主流世界佔據一席之地——在許多人那裡，這成了改革的終極目標，就像前不久熱播的電視劇《風箏》，表面上寫的是中共特工歷經困苦，堅守信仰的故事，內裡貫穿的卻是對中國革命和社會主義建設的蓄意抹黑甚至詆毀，類似的電影電視劇和小說，長期充斥著中國文藝界。

接照官方的權威論述，中共九十多年和新中國六十多年的發展歷程，被分為「三個三十年」和「前後兩個三十年」。它們作為「中國共產黨領導人民進行革命、建設和改革的進程」，整合進了「實現中華民族偉大復興的中國夢」。顯而易見，新一代領導者意識到了其中隱藏的危機，開始不遺餘力地彌合「三個三十年」、「兩個三十年」之間存在的巨大縫隙。但中國的精英敘事已經成功實現了「去革命化」和「反革命化」，在這樣的敘述中，二十世紀的中國革命不僅變成了一個面目可疑、可憎，不可理喻的怪物，甚至成了「非理性」和「反現代性」的代名詞，早已被放逐於主流話語之外。因此，面對被流行觀念「格式化」的新一代受眾，清洗被塗抹得面目全非的二十世紀中國革命的歷史地基，盡可能恢復她端正莊嚴的樣貌，就不僅需要足夠的思想洞見，更需要具備一種被精英集團和流行知識大眾攻擊誹謗的擔當勇氣。

曹征路先生的《重訪革命史》，就是這樣一部既充滿思想洞見，又具有擔當勇氣的著作。

二

　　曹征路是將「理解現代性」作為這部著作的切入口，開始他對滿目瘡痍的中國革命歷史地基的清洗工作的。

　　何謂現代性？按照百度的釋義，「『現代性』是指啟蒙時代以來的『新的』世界體系生成的時代。一種持續進步的、合目的性的、不可逆轉的發展的時間觀念。現代性推進了民族國家的歷史實踐，並且形成了民族國家的政治觀念與法的觀念，建立了高效率的社會組織機制，創建了一整套以自由民主平等政治為核心的價值理念。」按照這種解釋，中國的主流精英認為，「只有西方的現代化道路，才是唯一正確的現代性。而對於西方的現代性，他們又過於膚淺地將其理解為『私有制＋自由市場＋選舉式民主』等一整套可以被稱為『普適價值』的東西」，從這套邏輯出發，他們把二十世紀的中國革命，稱為「傳統性的現代變種」和「扭曲的現代性」，「用『殘酷沒有人性』、『空想』、『瘋狂』等來詆毀謾罵」（郭松民：《毛澤東的深邃理性──讀曹征路教授的《重訪革命史》），三十多年來，主流精英們持之以恆所做的一切，就是以這種「現代性」邏輯，對二十世紀中國的歷史進行改寫。經過他們的改寫，二十世紀中國的歷史從晚清一步跨入「改革開放」，匯入了西方現代性的「主流文明秩序」。被他們刻意省略的，不只是中共革命，就連孫中山領導的辛亥革命以及五四運動，也因其隱含的「激進主義」成份，被當成了「延誤」中國沒有在晚清一步踏入「憲政」的替罪羊。於是，我們在各種主流敘述和許多全國和國際性的大型晚會中（例如張藝謀導演的2008北京奧運會開幕式晚會），中國五千年的文明史綿延到

二十世紀，卻被一隻無形的手開了「天窗」——那場深刻改變和影響了廣大勞工階級命運、中國的命運以及二十世紀地緣政治格局的革命，彷彿壓根兒就不曾存在過，就像一個人天天把自己的祖宗掛在嘴邊，天天焚香磕頭，卻對自己的祖父和父親刻意淡忘、隻字不提一樣，這樣的敘述和表演不僅虛假，而且給人一種荒誕之感。

正是痛感於此，曹征路為中國革命進行了莊嚴的辯護。鑒於「現代性」一詞長期被主流知識精英們壟斷，並用來污蔑中國革命的事實，他認為最緊要的是為現代性「正名」：

> 起初我的想法不過是想通過革命史中的閃光點來證明，即使用西方學術框架來衡量，中國革命也具有合理性正當性。可是隨著史料的梳理，和聯繫當時相關著作比較閱讀時，我發現其實現代性概念本身也具有多重涵義。它不但定義了時間空間，而且具有延伸發展的屬性，因此現代性本身也是學習的實踐的可塑的。

> 特別是對毛澤東思想的形成、發展、豐富和昇華的脈絡仔細體會，還發現現代性具有人民性的屬性，它始終是人民最質樸最前沿的歷史要求，因而也最能反映歷史的動向和規律。

> 在整個新民主主義革命的過程中，共產黨能夠把一盤散沙般的人民群眾團結起來，自覺自願地參與到共產黨的奮鬥目標中來，凝聚成創造歷史的巨大能量，與毛澤東思想的現代性密不可分。

> ——《重訪革命史之後記》

曹征路對「現代性」的這番定義，切中了中國革命的實質，也契合了列寧關於「人民」在革命中主體地位的論述。這是一種與「普世派」截然不同的現代性定義，它既來自革命導師的啟迪，也來自中國革命長期實踐的經驗和教訓。

在《中國革命具有充分的現代性價值》一文中，曹征路做了進一步的闡發：「在資本主義話語體系中的現代性，核心理念就是『工具理性』，它的邏輯起點和制度設計，都是把人作為工具來對待的。導致整個世界的理性化和工具化，特別是人的工具化進程。在宏觀層面，是以官僚制度為載體的權力監控體系，在這個體系中間私有制和金錢運作是主要的媒介物。在微觀層面更是這樣，直接把人作為權力和金錢驅使的工具來看待，它的管理才會有績效。這些理念恰恰與兩千年來中國的儒家統治術不謀而合，是標準的古代性。『勞心者治人，勞力者治於人』，『民可使由之，不可使知之』，『唯上智與下愚不移』，『君君臣臣父父子子』，這一套就是『工具理性』。英國議會曾經把中國古代的文官制度奉為典範，道理也在於此。國民黨走的也是這樣一條精英統治路線，所以它的敗亡無可避免。而革命要革掉的，恰恰正是這些以人為工具的各種微觀的管理規則和宏觀的政治法律文化。馬克思之所以認為『等量勞動交換』是一種資產階級法權（《哥達綱領批判》），並不是反對等量交換的市場規則，首先是不接受人作為按照勞動量來衡量的工具，人是能動的具有創造力的個體，勞動是人的勞動而非工具的勞動。所以，可以把中國革命的進程看作人的覺醒過程，具有充分的現代性價值。」

所謂的西方現代性，究其本質就是「把人作為工具來對待的」，淪為了馬克思所說的「物化」的工具。正如盧卡奇指出的

那樣，「在資本主義社會內，隨著勞動分工和商品交換的發展，人們的職業愈專門化，他們的生活也被局限在一個越來越小的圈子中，其結果是使人們的目光流連於周圍發生的局部的事情上，失去了對整個社會的理解力和判斷力。其次，它使現實（活生生的歷史過程）物化、僵硬化和機械化了。在資本主義社會裡，人們對物（商品）的追求使他們的目光變得愈來愈近視，他們面對的現實似乎不是歷史運動的過程，而是物和一個個孤立的事實的堆積。」（盧卡奇：《歷史與階級意識》）

曹征路認為，「革命要革掉的，恰恰正是這些以人為工具的各種微觀的管理規則和宏觀的政治法律文化」，因此，「把中國革命的進程看做人的覺醒過程，具有充分的現代性價值」。他以湖南農民運動和三灣改編為例，一針見血地指出，「湖南農民運動讓毛澤東看到舊世界不受民眾擁護，民眾中間蘊藏著巨大的顛覆能量，可以轉化為改造舊世界的基本動力。三灣改編則讓毛澤東找到了如何依靠民眾的自覺和認同，來提升組織化程度和管理績效水準。因此可以說湖南農民運動和三灣改編，是中國革命走入底層依靠底層的轉折性認識。在這個過程中，不斷地眼睛向下，身段放低，與傳統的精英管理模式決裂，真心實意地從工農大眾中吸取力量，提升底層群眾的自願自覺意識，這就是革命的階級路線。」

基於這種分析，曹征路得出了一個結論：

中國革命不僅是高度理性的，同時也是人民的歷史主動性和主體性得到得到極大動員和實現的過程──人民是中國革命的主體，也是革命的主要受益者，中國革命的勝利為

中國的現代化開闢了廣闊的道路。相對於中國革命，西方
的現代化道路已經顯得落後、陳舊了，對中國革命的非理
性否定，才是一種「扭曲的傳統性」。

長期以來，主流學界及其知識精英不僅壟斷了對現代性一詞
的解釋權，也壟斷了對中國革命的解釋權。因此，曹征路的這段
話不僅具有正本清源的意義，而且不啻是對肆意塗改歪曲和污蔑
中國革命普世精英們的一記響亮耳光。

除了通過壟斷對現代性一詞的解釋來閹割和塗改中國革命
史敘述，普世精英們不遺餘力譭謗中國革命的另一套手段和策
略，就是對革命領袖不擇手段地進行貶損、污蔑和妖魔化。擒賊
先擒王，要想毀掉革命的名聲，必先毀掉其領袖的名聲。列寧曾
指出：「馬克思的學說在今天的遭遇，正如歷史上被壓迫階級在
解放鬥爭中的革命思想家和領袖的學說常有的遭遇一樣。當偉大
的革命家在世時，壓迫階級總是不斷迫害他們，以最惡毒的敵
意、最瘋狂的仇恨、最放肆的造謠和誹謗對待他們的學說。在他
們逝世以後，便試圖把他們變為無害的神像，可以說是把他們偶
像化，賦予他們的名字某種榮譽，以便『安慰』和愚弄被壓迫階
級，同時卻閹割革命學說的內容，磨去它的革命鋒芒，把它庸俗
化。現在資產階級和工人運動中的機會主義者在對馬克思主義作
這種『加工』的事情上正一致起來。他們忘記、抹殺和歪曲這個
學說的革命方面，革命靈魂。他們把資產階級可以接受或者覺得
資產階級可以接受的東西放在第一位來加以頌揚。現在，一切社
會沙文主義者都成了『馬克思主義者』，這可不是說著玩的！那
些德國的資產階級學者，昨天還是剿滅馬克思主義的專家，現在

卻愈來愈頻繁地談論起『德意志民族的』馬克思來了，似乎馬克思培育出了為進行掠奪戰爭而組織得非常出色的工人聯合會！」（《國家與革命》）

列寧大概未曾料到，在他去世後，也遭受了幾乎跟馬克思同樣甚至有過之而無不及的命運。毛澤東也是如此。三十多年來，作為二十世紀中國革命化身和中國共產黨領袖的毛澤東所受到的詆謗和侮辱，恐怕遠遠超過了國際共產主義運動中所有領袖人物受到的詆謗的總和。當然，中國的「歷史虛無主義者」以及普世精英們使用的，也不外乎其先輩當年對馬克思、列寧曾經使用過的那套伎倆，他們一邊通過各種無恥下流的謠言謊言對毛澤東進行誹謗和攻擊，一邊又試圖把他「變為無害的神像，可以說是把他們偶像化，賦予他們的名字某種榮譽，以便『安慰』和愚弄被壓迫階級，同時卻閹割革命學說的內容，磨去它的革命鋒芒，把它庸俗化」。後一種伎倆更具有欺騙性、蠱惑性，對中國革命的「殺傷力」也就更大。

毛澤東和中國共產黨、中華人民共和國以及中國革命和社會主義建設是一個不可分割的整體，歷史證明，是毛澤東締造和重塑了中共，而不是相反。因而，要為中國革命辯護，同時也必須為毛澤東辯護。這是一切肯定、擁護中國革命者和左翼知識份子無法回避的課題；無論出於良知，還是責任，都不能回避。

曹征路在《重訪革命史》中用大量篇幅回應了這一歷史性的課題。

在《重訪革命史》中，直接以「毛澤東」入題的文章就有如《毛主席改變中國軍隊的現代性方案——三灣改編》、《1928年的毛澤東》、《毛澤東的現代性代表了歷史進步最本

質最前瞻的要求》、《共產黨集體選擇了毛澤東》、《革命為了誰——毛澤東的現代性回答》、《沒有誰比毛澤東更懂經濟工作》、《「只要有毛澤東，我們總會有希望」》、《為什麼是毛澤東領導了抗日戰爭的勝利？》、《「毛潤之是最痛恨官家文化的」》、《毛澤東、蔣介石對《甲申三百年祭》的不同態度》等不下十篇，比直接討論「現代性」的篇章還多，可見他對這一「課題」的重視。

對二十世紀的中國而言，毛澤東既是革命的化身，也是人民的化身。如果說蘇共否定了史達林，因為列寧的存在，並不影響蘇共的「合法性」，但作為中國的馬克思、列寧和史達林的毛澤東如果被否定，中共以及中華人民共和國的合法性則蕩然無存。那些試圖將中共與毛澤東實行切割的人，不是愚蠢之極，就是別有用心。而這些人恐怕沒有意識到，他們即使達到了這個目的，斷送和毀掉的也只是中共，而毛澤東卻非但不會被「毀掉」，反而會像日月經天、江河行地那樣永存於世。因為毛及毛思想自從其作為一種政治思想和哲學誕生之日起，就始終植根於中國的大地和億萬勞動人民之中。毛澤東在世時，將他創建的國家和軍隊乃至每一個行業和部門都賦予了人民的名義，毛逝世後，他的某些後繼者也許可以對這些有形和無形的影響進行「祛魅」和「無害化」處理，但「哪裡有壓迫，哪裡就有反抗」，只要毛澤東終其一生反抗的那種少數人剝削和壓迫多數人的現象死灰復燃，繼續存在，人民就不可能忘記他，將會高舉著他的旗幟，「將革命進行到底」！因此，人民不死，則毛澤東不死；毛澤東永恆，則革命永恆。

這個道理，精英們是不懂的。他們多年來挖空心思圍繞毛澤

東編造的無數謊言，如同一隻紙糊的燈籠，既經不住時間風雨的沖刷，也經不住歷史和人心的「質證」。

曹征路就是這樣一位「質證者」。

這位質證者把筆觸和目光投向1924、1927、1928、1935、1945，投向了秋收起義、三灣改編、富田事變、古田會議、延安整風、國共和談等一個個與中國革命生死攸關的歷史節點，投向中共艱難多舛的幼年時期，通過大量具有說服力的歷史細節告訴人們，毛澤東是怎樣一次又一次地將走途無路的中共和紅軍從困境和危難中解救出來的，並用他的思想，將一支以農民為主體、充滿流寇習氣的弱小隊伍，打造成具有先進無產階級覺悟和共產主義信念的人民軍隊，直到打出一個新中國，這其中的過程真可謂千迴百轉、備嘗艱辛。

毛澤東是在遭受黨內無數教條主義者、投機主義者的殘酷迫害和打擊下成長起來的革命領袖，毛與黨內同志如博古、王明、張國燾等進行思想鬥爭、政治鬥爭付出的心血，有時甚至超過了與外部敵人作戰付出的心血。毛之所以能夠最後勝出，並非他具有什麼超群的黨內鬥爭經驗，更不是高華之類的「陰謀史學派」編造的所謂「黨爭」「權鬥」，而是因為從一開始，毛就把自己的政治生命扎根在廣大無產階級和勞動人民之中。正如曹征路所說，「在共產黨的眾多領袖人物中，胸懷遠大、思想先進、抱負宏偉、具有獻身精神的優秀份子比比皆是，毛澤東之所以脫穎而出，絕非偶然。在他身上，凝聚了幾千年中國農民被壓迫被愚弄的痛苦和反抗智慧，一旦與馬列主義相結合，便產生了前所未有的現代性，代表了歷史進步最本質最前瞻的要求。」（《毛澤東的現代性代表了歷史進步最本質最前瞻的要求》）

在《毛澤東與蔣介石，誰站在時代前列不是一目了然了嗎》
這篇文章中，曹征路記載了一段史實——

> 1937年10月艾思奇到延安親眼目睹了人們談論哲學的
> 盛況，十分驚奇。他從毛澤東論證表達問題的方式和用語
> 上，看到了中華民族所特有的哲學理論思維方式和風格，
> 這種觀點鮮明、言簡意賅、資訊豐富，寫法上深入淺出、
> 通俗易懂，又善於運用中國的民間俚語、風俗、典故以及
> 中國人日常生活的經驗，生動地形象地闡明馬克思主義認
> 識論和辯證法的深刻哲思，看到了鮮明特色的中國風格和
> 中國氣派。
>
> 1943年艾思奇撰文說：「鐵的事實已經證明，只有毛
> 澤東同志根據中國的實際情況發展了和具體化了的辯證法
> 唯物論，才是能夠把中國之命運引到光明前途去的科學的
> 哲學，才是人民的革命哲學。」

相對於官方的概括，艾思奇的「人民的革命哲學」，似乎才
是對「毛澤東思想」最精准的把握。

著名法學家馮象曾經說，工人的罷工權雖然早已在法律上
被取消，但工人罷工的權利並不取決於法律，而是由中華人民共
和國的國歌賦予的。與此相同，只要毛澤東像仍然高懸在天安
門廣場上，一切反抗社會不公平、不正義的行動就是天然正當
的，無須法律認可，無須各種精英同意，因為這是毛澤東與人民
的約定，也是1949年革命的精神，是新中國之所以為新中國的理
由——這是新中國最高的憲法原則。

如果要問什麼是新中國的「道統」，毛澤東與人民的這一約定，就是最大的「道統」，也是中共和中國革命真正的「初心」。

十多年前，我在武漢接受一位德國漢學家採訪時，曾經這樣回答他關於「毛」的提問：「對一部分精英而言，毛澤東永遠是一個揮之不去的噩夢，而對廣大中下層民眾來說，毛則是一個偉大的解放者。」在《重訪革命史》中，曹征路有更加深入精彩的闡釋：「人民，在毛澤東的心目中不僅僅是一個詞彙一個概念，而是一種觀念一種理想，是他看世界想問題的立足點。縱觀毛澤東的全部革命生涯，人民觀念是貫穿始終的，無論是重大歷史關頭，還是點點滴滴的日常生活，構成了他一貫的世界觀方法論。在毛澤東思想的體系中，人民觀念具有核心地位，是他改造中國造福人類的動力源，也是他個人生活裡最動人最富魅力的喜怒哀樂。在毛澤東的精神世界裡，人民已經昇華了，成為他魂牽夢繞的勞動花園。」又如：「人民，在毛澤東的心目中，也有一個提出和演進深化的歷史過程，由『國民』、『民眾』、『群眾』、到『人民』，成為一個有特定政治和階級內涵的觀念。」所以，「在毛澤東的心目中，是把中國革命的進程看作人的覺醒過程和政治民主化的過程，具有充分的現代性價值。」

這些敘說與告白，既具有清晰的辯證邏輯，又充滿了豐沛的哲思與詩情，也是這部著作中最令人怦然心動的華彩段落。

三

《重訪革命史》不是一部通常意義上的學術著作，曹征路也

不是一個通常意義上的學者（儘管他擁有教授職銜）。作為一名作家，他當然不屑於同早已變得臭哄哄的所謂學術界扯上任何關係——多年來，那些主流知識精英們給中國革命潑的無數罪名和污水，哪一條不是以學術的名義呢？在「學術」和「學者」被體制內外各種政經利益贖買、裹挾，整個知識群體深陷於犬儒主義難以自拔的世代，這反而為曹征路的言說贏得了真正的自由——揭示歷史真相、守護真理和良知的自由。因此，曹征路才得以在這部著作中擺脫「學術體制」乃至文體的羈絆，以一種福柯式的「知識考古學」和地質勘探工作者的堅韌和耐心、細緻，一次一次返回到二十世紀中國革命撲朔迷離的現場，通過對一塊塊被遮蔽、隱匿的歷史的碎磚片瓦、備受爭議和曲解的懸案公案重新翻檢和矯正，將革命進程中的污泥濁水和崇高壯美一併呈現出來，讓一個個當代謊言在理性和理想的陽光照射下不攻自破。比如對高華《紅太陽是怎樣升起的》關於延安整風的蓄意歪讀的駁斥和揭露，對毛澤東在延安文藝座談會全過程中對文藝工作者將小資產階級的立場轉變為工農和人民立場的良苦用心和真摯期待，都在在體現出曹征路深刻而敏銳的洞察力和歷史真知。他不只是運用抽象的思辨和理論推演來實現這一目標的，而是通過對許許多多被掩埋在歷史塵埃中的細節的擦拭、撫摸和凝視，從情感和理性上給人以觸動、啟迪。比如，他在《因為，人民萬歲》一文中這樣描寫毛澤東：「生活上，他喜歡自由自在、無拘無束，反感裝腔作勢，居高臨下。他愛吃辣椒、紅燒肉，愛穿便裝、粗布鞋，衣褲破了補了再穿，被子破了補了再用，茶喝完了吃掉茶葉渣子，走路累了撿一根樹枝權當拐杖。工作上，他反對官僚文化，反對講排場、搞形式，更反感戒備森嚴、隔絕群眾。看到戲

臺上的苦難他會動情，嘗一口農民無法下嚥的窩窩頭他會難過，聽到有人餓死的事情他會落淚。他尊重周圍普通人的生活習俗，體會他們的冷暖溫飽。他的每一次握手、每一次交談、每一個玩笑，甚至每一個喜怒哀樂的表情，都在傳遞著這種情感。這種從內心裡散發出來的平民氣息，曾經被許多人解讀為『老土』，其實這正是他擺脫了傳統知識份子自以為高人一等的惡習，把自己徹底改造成馬克思主義者的真實寫照。」而在《毛澤東與蔣介石，誰站在時代前列不是一目了然嗎》中，他捕捉到了這樣一個細節：「蔣介石重形式，喜歡擺譜，蹬馬靴披大氅，端著肩憋著氣，時而威嚴時而親和，舉手投足都透著領袖派頭。毛澤東重內容，相比之下就土得多，老棉襖肥棉褲，膝蓋上還打著補丁，喜歡無拘無束，唯一與現代人物匹配的物件就是胸前還插著一支鋼筆。這兩種形象代表著1937年的南京與延安兩地的不同審美趣味，一邊是精英的一邊是平民的。」

類似的生動鮮活的細節，在《重訪革命史》中俯拾即是。這是令許多讀者所熟悉的作家曹征路的風格。在當代中國的文學語境中，曹征路無疑是一個「異數」，但這並不意味著他是可以忽略的，因為他無法忽略，才顯得極其重要。正如自我「放逐」於體制外的張承志那樣。當代中國的主流文學體制也許能夠通過其掌控的媒體、評獎等一系列話語生產線和利益分配部落裝作「忽略」他們，但愈是這樣做，愈是以另一種形式凸顯了他們的存在和價值。因為，無論是政治還是文學，面臨的絕不僅僅是掌握各種話語和現實權力者的垂青或收編，還將接受時間和歷史的裁決。

幾年前，我在撰寫《走近陳映真》一文時，曾引用過陳映真

先生評論曹征路小說《那兒》的一段話：

> 《那兒》後的激動中，也有「這樣的作品終究出現了」的
> 感覺，覺得事有必至，理所當然。一九九〇年代初，中國
> 的改革深刻地改變了四九年以後推動的生產方式，自然也
> 改變了社會的下層建築，而社會上層建築也不可避免地發
> 生相應的巨大變化。隔著遙遠的海峽，我雖然關心這些變
> 化，卻無力掌握具體的資料，僅僅朦朧地知道有影響深遠
> 的新自由主義和「新左派」的爭論，「告別革命」論和承
> 認革命的合理性的爭論；反對重返五、六〇年代極「左」
> 文學和對於中國左翼文學和現實主義創作方法進行再認
> 識，重新評論文學與社會、與政治的關連的爭論。《那
> 兒》的出現和相關的討論，在少數的文脈中，《那兒》激
> 動人心地、藝術地表現了當下中國生活中最搶眼的矛盾，
> 促使人們沈思問題的解答。究其原因，曹征路恐怕是最後
> 一代懷抱過模糊的理想主義下廠下鄉勞動過的一代。這一
> 代人要打倒資本主義，卻在資本主義太少而不是太多的社
> 會中從來未真正見識過資本的貪婪和殘酷。而九〇年代初
> 以後的巨大社會變化，既催促一批作家隨商品化、市場化
> 的大潮寫作，也促使像曹征路這樣的作家開始反思資本邏
> 輯……

同曹征路、張承志等人一樣，陳映真也屬於「左翼知識份
子」行列，右翼精英及其擁囤們則乾脆將其誣為「極左」或「文
革餘孽」，多年來進行了各種各樣的謾罵和「圍剿」。在大陸文

化語境中，「左派」幾乎已經成為一個最容易引火焚身甚至遭來橫禍的「頭銜」。連許多被稱為「新左派」代表人物的學者和作家都避之唯恐不及。因此，在右派們一統天下的所謂知識界，作為一個群體的「左派」是否存在似乎也成了疑問，抑或即便存在，也只是在右派們的權勢下畏畏縮縮、仰人鼻息。對某些人而言，別說與右派們展開針鋒相對、短兵相接的鬥爭，就連公開宣示左翼的基本立場，也成了一種稀缺的勇氣。而設若自己的「同志」遭到右派圍攻面臨困境時，他們非但不會施以援手（哪怕是幾句精神上的安慰），反而會迫不及待地與之劃清界線，有的甚至落井下石，暴露出一副十足的「偽士」嘴臉。

這種虛與委蛇和投機客式的所謂「左派」，在革命年代也曾屢見不鮮，其中自有「不得已而為之的」的利益考慮，但也與當下中國乃至全球左翼陣營彌漫著的嚴重失敗主義情緒有關，正如一位民間左翼人士譏諷的那樣，「某些棲身體制的學院左派，之所以在一些場合願意以『左翼』示人，並非他們認同左翼這個詞代表的立場和理想，而是因為右派陣營已經人滿為患，容不下他們立足了。」

正是在這個意義上，我願意以此文向曹征路先生表達一份敬意，並以能夠作為他的同道和同志為榮。

我認為，《重訪革命史》的意義遠遠超出了這部著作本身。如同曹征路的《那兒》、《問蒼茫》和《民主課》等小說那樣，她的寫作和發表（目前還只是在網路上），都是歷史徵候與時代徵候雙重擠壓的產物，毫無疑問也會遭致那些仇視革命的右派和假裝左派的「趙家人」的貶損和攻擊（有時是以漠視的方式）。她或許將作為一份由良知和勇氣混搭的「證詞」，被雪藏在時間

的深處，但如同曹征路為之辯護的二十世紀中國革命，她不可能長久被漠視，遲早有一天會被人們發掘，被追認，被褒揚。

那時候，我們或許才可以像青年馬克思那樣說——

「如果我們選擇了最能為人類福利而勞動的職業，那麼，重擔就不能把我們壓倒，因為這是為大家而獻身；那時我們所感到的就不是可憐的、有限的、自私的樂趣，我們的幸福將屬於千百萬人，我們的事業將默默地，但是永恆發揮作用地存在下去，而面對我們的骨灰，高尚的人們將灑下熱淚。」

（2018年）

丁玲的「左」與「右」

一

在我看來，如果要評選十名20世紀中國最為傑出的女性，丁玲大概能排前五，如果評選20世紀中國最傑出的女作家，丁玲則可以排第一。

我這樣說，反對的人肯定會如過江之鯽，馬上舉出張愛玲、蕭紅、冰心等名字來。沒錯，這幾個人也都是20世紀很優秀的女作家，特別是張愛玲，近幾十年來紅遍海內外，幾乎成為了中國女作家的形象代表，她的許多小說如《半生緣》《傾城之戀》《紅玫瑰白玫瑰》等風靡一時，長銷不衰，不僅在文學青年特別是文學女青年中，隨手能抓出一大把「張粉」，就連不少已成名的女作家也明裡暗裡把張當成學習和模仿的對象，有的還因此得了茅盾文學獎，讓一些男作家也忍不住加入到「張粉」的行列，以致有人在讀中國當代小說時，不小心就讀出一股濃濃的「張愛玲風格」來。還有蕭紅，這位在1930年代曾經跟蕭軍一起頗受魯迅先生器重，並以「左翼作家」的面目走紅上海灘的東北女作家，雖然早逝，但從1980年代起再次走紅於文壇，在重寫文學史思潮中影響和地位僅次於張愛玲；只不過，她的「再次走紅」，是經過「退紅」（左翼色彩）處理的。如同張愛玲那樣，媒體和學術界塑造出的蕭紅，無論作品還是個人生活也都處於被主流社

會打壓和排斥的境遇，命途多舛，婚姻情感充滿曲折——這似乎是自由派知識份子的一般性格，也符合大眾對女性公眾人物的文化想像，因而也是張愛玲和蕭紅作為兩個「文化幽靈」，在20世紀後半葉復活並成為流行人物乃至文化現象的奧秘。至於冰心，儘管作品的影響不及前二位，但她的散文及個人氣質中那種端莊嫻淑和聖母般的慈祥面容，再加上她的大家閨秀身份和海外留學的背景，自然就與濫觴於20世紀後半葉的西化潮流和普世價值無縫對接，不謀而合了。

而丁玲呢，無論是作品還是個人經歷，都與張愛玲、冰心們大相異趣。北京大學的孔慶東教授曾經對丁玲作過一個評價：「丁玲真是代表了『五四精神』，『五四精神』宣導的這種真正的人格獨立、女性獨立。當然還有一個蕭紅，可惜蕭紅死得太早，蕭紅如果能夠健康地活到一個老太太的歲數，可能跟丁玲並列。張愛玲是才華橫溢，但是空間太狹小。丁玲的一生，正是跟中國百年革命風雲激蕩完全同構的一生，看看丁玲一生接觸到的這些男性們，就可以知道，哪一段都少不了她，每一場運動都少不了她，她都有自己的表態。」（孔慶東：《丁玲：二十世紀中國最偉大的女性》）

的確如此。從丁玲最初的小說《莎菲女士的日記》到延安時期的《三八節有感》《我在霞村的時候》和土改時期的《太陽照在桑乾河上》，再到被打成右派到北大荒後寫的《杜晚香》以及長篇小說《在嚴寒的日子裡》等，如同她的經歷一樣，印證了20世紀中國革命波瀾壯闊和錯綜複雜的歷程。

1936年，當丁玲從國民黨的監獄出逃，幾經輾轉來到延安後，毛澤東專門填了一首詞，用電報發給聶榮臻，請他轉給丁

玲，這就是著名的《臨江仙・給丁玲同志》：

> 壁上紅旗飄落照，西風漫捲孤城。保安人物一時新。
> 洞中開宴會，招待出牢人。
>
> 纖筆一枝誰與似？三千毛瑟精兵。陣圖開向隴山東。
> 昨天文小姐，今日武將軍。

毛澤東之所以給丁玲如此之高的禮遇，除了丁是「紅遍上海灘」，並頗受魯迅看重的「大作家」，還因為當時的陝北「正缺知識份子」。作為剛剛結束完長征，在荒涼的黃土高原立足未穩的中國共產黨的領袖，毛澤東此時最迫切的大概是儘快建立一支「文化的軍隊」。丁玲的到來，正好滿足了毛的期待。

也正是由此開端，丁玲走上了一條同蕭紅、張愛玲截然不同的寫作和人生之路——從追求個性解放和充滿叛逆精神的小資產階級知識份子，到自覺地融入到民族解放和人民革命洪流，成為一名革命的知識份子和共產主義者的曲折道路。

對丁玲來說，這大概是她一生中最重要的轉變，但這個「轉變」並非一蹴而就，而是充滿了痛楚與苦悶。《三八節有感》便是寫於這一時期的作品。這篇不足三千字的雜文批評了當時延安存在的某些特權現象，如「首長有選擇妻子的自由，女性為了革命利益沒有選擇丈夫的自由」等等。寫這篇文章時，丁玲剛從前線回來。「鬥爭的火氣還沒有熄滅」，她在《我們需要雜文》中寫道：「有一位理論家曾向我說，『活人很難說，以後談談死人吧』。我懂得這意思，因為說活人常要引起糾紛，而死人是永無對證，更不至於有文人相輕，宗派觀

念，私人意氣⋯⋯之諷刺和責難。為逃避是非，以明哲保身為原則當然是對的。」但丁玲不屑於做這種人，說「這是我們的恥辱」，並明確提倡要學習魯迅寫雜文，於是就有了《三八節有感》。文章發表後，引起了一些老幹部的氣憤：「我們在前方打仗，後方卻有人在罵我們的司令⋯⋯」碰巧的是，《解放日報》在發表《三八節有感》不久，接著發表了王實味的《野百合花》。延安整風開始後，《野百合花》被當做「大毒草」遭到了批判，王實味被打成了託派。丁玲也因《三八節有感》受到了批判，但毛澤東明確表示，「丁玲和王實味不同，丁玲是同志，王實味是託派。丁玲遂得以平安過關。

幾十年後，丁玲在反思這段經歷時說：

> ⋯⋯當時我因兩起離婚事件而引起的為婦女同志鳴不平的情緒，一泄無餘地發出來了。這兩起事件的當事人今仍在，可能會想得起來的。那時「文抗」的俱樂部，每逢星期日就有幾個打扮得怪裡怪氣的女同志來參加跳舞。「每星期跳一次舞是健康的」，說這話的是江青。四十年之後，現在我重讀它，也還是認為有錯誤的。毛主席對我說過，內部批評，一定要估計人家的長處，肯定優點，再說缺點，人家就比較容易接受了。（《延安文藝座談會的前前後後》，《丁玲文集》卷五）

從這段話看出，丁玲將自己看作是革命隊伍的一名戰士，對缺點和毛病提出批評，因為是自己人，所以就顧不上講什麼「策略」和「面子」，但作為一名剛從上海左翼文化圈投入革命陣營

的作家,她身上那種似乎根深蒂固的知識份子氣質如書生氣、理想化,個性張揚以及女性的敏感細膩,也表現得淋漓盡致,如他自己總結的那樣:「我不反對跳舞,但看這些人不順眼,就順便捎了她們幾句。我的確缺少考慮,思想太解放,信筆所之,沒有想到這將會觸犯到什麼地方去。我也沒想到文章可能產生的影響和對被批評者應有的體諒,更想不到敵人可以用來反對黨的。」

其實,這並非應該全部予以否定的缺點,有的甚至是一個作家直面現實、追求真理時最為寶貴的品質。對於已經決心將自己全部交付給革命的丁玲來說,如何正確處理好二者的關係是個不小的難題,從丁玲後半身的經歷看出,儘管她一直在勉力而為,但直到死也沒有處理好。

《三八節有感》的風波後不久,中共中央召開了文藝座談會,毛澤東發表了重要的講話。講話中專門談到了「歌頌」與「暴露」的問題:

> 對於敵人,對於日本帝國主義和一切人民的敵人,革命文藝工作者的任務是在暴露他們的殘暴和欺騙,並指出他們必然要失敗的趨勢,鼓勵抗日軍民同心同德,堅決地打倒他們。對於統一戰線中各種不同的同盟者,我們的態度應該是有聯合,有批評,有各種不同的聯合,有各種不同的批評。他們的抗戰,我們是贊成的;如果有成績,我們也是讚揚的。但是如果抗戰不積極,我們就應該批評。如果有人要反共反人民,要一天一天走上反動的道路。那我們就要堅決反對。至於對人民群眾,對人民的勞動和鬥爭,對人民的軍隊,人民的政黨,我們當然應該讚揚。人民也

有缺點的。無產階級中還有許多人保留著小資產階級的思想，農民和城市小資產階級都有落後的思想，這些就是他們在鬥爭中的負擔。我們應該長期地耐心地教育他們，幫助他們擺脫背上的包袱，同自己的缺點錯誤作鬥爭，使他們能夠大踏步地前進。他們在鬥爭中已經改造或正在改造自己，我們的文藝應該描寫他們的這個改造過程。只要不是堅持錯誤的人，我們就不應該只看到片面就去錯誤地譏笑他們，甚至敵視他們。我們所寫的東西，應該是使他們團結，使他們進步，使他們同心同德，向前奮鬥，去掉落後的東西，發揚革命的東西，而決不是相反。（《在延安文藝座談會上的講話》，《毛澤東選集》第三卷）

這當然不只是毛澤東對丁玲《三八節有感》引起的風波的回應，而是對「革命的文藝家」應該持什麼態度寫作的權威論述，從理論上解決了文藝為什麼人，站在什麼立場，帶著什麼感情和態度的問題。《在延安文藝座談會上的講話》，開啟了人民文藝的新階段，從此，許許多多文藝家踏上了同工農相結合的道路，並湧現出了大批反映人民革命鬥爭和工農兵生活，從形式到內容都煥然一新的作品，其中就包括丁玲的長篇小說《太陽照在桑乾河上》。

二

《太陽照在桑乾河上》是丁玲在河北阜平參加土改工作隊時創作的。由於寫的是自己參加土改工作的親身經驗，窮苦農民在

中國共產黨領導下推翻地主階級的壓迫和剝削翻身做主人的鬥爭實踐，使丁玲感受到一種從未有過的創作衝動：「我在村裡的小巷子裡巡走，挨家挨戶去拜訪那些老年人，那些最苦的婦女們，那些積極分子，那些在鬥爭中走到最前邊最勇敢的人們……他們有說不完的話告訴我，這些生氣勃勃的人，同我一道作過戰的人，忽然在我身上發生了一種異樣的感情，我好像一下子就懂得了許多他們的歷史，他們的性情，他們喜歡什麼和不喜歡什麼，我好像同他們在一道不只二十天，而是二十年，他們同我不只是在一次工作匯總建立起來的朋友關係，而是老早就有了很深的交情……我愛他們，不是因為他們有那些優點才去愛他們，而是因為我老早去愛了他們，才發現他們特有的優點的。甚至讀他們的缺點，我也帶著最大的寬容。總之，他們帶給我興奮，緊張，不安定，好像很不舒服，但我感到幸福。我在他們的宇宙裡生活著，編織著想像的雲彩，我盼望著勞動，我向我自己說：『動起手來吧，不要等了！』」（《丁玲文集》卷五，第391-392頁）

　　丁玲的體驗以及她講的道理，跟毛澤東在延安文藝座談話上講的幾乎如出一轍。毫無疑問，丁玲正是以自己的親身體驗，來踐行毛澤東文藝思想，走與工農相結合的道路的。《太陽照在桑乾河上》便是這一實踐的結晶。這部小說的創作過程，使丁玲體驗到了一種與以前全然不同的創作感受。她開始於上海亭子間的文學活動，最初只是一種個人的事業，即便在參加魯迅領導的「左翼作家聯盟」時，寫作對她也是如此。到寫《三八節有感》時，文學對她來說也只是一種表達個人思想和言論的權利和工具。而現在，她才真正從心理和行為上將文學創作當成了整個革命事業的一個組成部分，再也不只是個人的「事業」了，亦即列

寧指出的：「文學事業不能只是個人或集團的賺錢工具，而且根本不能是與無產階級總的事業無關的個人事業……文學事業應當成為無產階級總的事業的一部分，成為一部統一的、偉大的、由整個工人階級的整個覺悟的先鋒隊所開動的社會民主主義機器的」齒輪和螺絲釘。」（《黨的組織和黨的文學》，《列寧選集》第一卷第647頁，人民出版社，1975年版）真正實現了毛澤東所說的「要使文藝很好地成為整個革命機器的一個組成部分，作為團結人民、教育人民、打擊敵人、消滅敵人的有力武器，幫助人民同心同德地和敵人作鬥爭」的目的。可以說，《太陽照在桑乾河上》的誕生，是丁玲從一個「追求個性解放和充滿叛逆精神的小資產階級知識份子」，真正轉變為「自覺地融入到民族解放和人民革命洪流，成為一名革命的知識份子」的重要標誌。

「看一個知識份子是否進步，首先要看他能否與工農群眾相結合。」（毛澤東：《在延安文藝座談會上的講話》）《太陽照在桑乾河上》奠定了丁玲作為一個「革命作家」的重要地位。從上海亭子間的小知識份子，經過血與火的淬煉，成長為一個自覺同人民群眾打成一片的「革命的文藝家」，這不僅是「延安道路」的成功典型，而且是丁玲個人的成功實踐。《太陽照在桑乾河上》出版後受到的高度評價和丁玲本人獲得的各種殊榮，充分證明了這一點。

《太陽照在桑乾河上》首次在哈爾濱的《文學戰線》1948年第一卷第三期選載，同年全書由新華書店東北總分店出版，不久便獲得了史達林文學獎金，正隨蔡暢參加「中國婦女代表團」的丁玲領到五萬盧布的獎金後，全額捐獻給了全國婦聯兒童福利委員會。

　　1949年1月中旬丁玲回國後，有關她和《太陽照在桑乾河上》的消息及文章可以用「多如牛毛」來形容：《小說》三卷二期上有許傑的《論<太陽照在桑乾河上>》；1949年7月4日《光明日報》上張白的《訪問作家丁玲》；7月6日《進步日報》上傅東的《丁玲訪問記》；8月20日《人民日報》消息：《文藝報》與《人民日報》昨天舉行紀念晚會，丁玲羅果夫等三十餘人出席；同日，《人民日報》還有一則消息：丁玲當選國際民主婦聯和理事會主席團；10月25日，《解放日報》消息：《消息報》書評推薦《太陽照在桑乾河上》，丁玲這部小說已譯成俄文；11月19日《人民日報》消息：莫斯科作家招待丁玲，座談《太陽照在桑乾河上》；11月25日，《人民日報》消息：莫斯科婦女集會慶祝婦聯會，丁玲出席演說；《人民日報》報導，《太陽照在桑乾河上》已被譯成、俄、德、日、波、捷、匈、羅、朝等十二國文字……

　　受到如此熱捧，大概只能用「紅得發紫」形容了。然而就是這樣一部大紅大紫，贏得國內外好評的小說，出版過程卻並不順利。據丁玲自述，《太陽照在桑乾河上》寫完後，他最先給了時任中共中央華北局黨委宣傳部部長周揚看，但過了幾個月都沒有回音，丁玲就把稿子給艾思奇、蕭三和胡喬木看了。艾思奇是《大眾哲學》的作者，曾與丁玲一起在陝甘寧邊區文藝協會主持過工作；蕭三是從蘇聯回來的著名詩人，毛澤東的同鄉兼同學；胡喬木是毛澤東的秘書，是黨內有名的「筆桿子」。這三個無論從地位還是知名度都堪稱解放區的文化名宿來審讀一部小說，應該說有著無可爭辯的「權威性」。實際上，這三個人看完小說，都給予了一致的好評。「寫得好──」胡喬木口氣十分篤定，

「個別的地方做點修改，就可以發表。」

丁玲懸著的心終於落了地。然而，小說出版時卻遇到了意想不到的阻力。「照理說，這樣及時反映現實生活在當時是很需要的，這麼頗具規模的長篇，在解放區也是難得的。但是，『由於作品刺痛了某些人，他們指責作品反映的是富農路線，致使作品在華北未能出版。』」（周良沛：《丁玲傳》第480—481頁，北京十月文藝出版社，1993年版）

「富農路線」在當時可是一頂「可以壓死人的帽子」。丁玲在感情和思想上都無法接受，也為這頂對一部小說實屬「大而無當」的帽子感到莫名其妙。當她後來得知，《太陽照在桑乾河上》之所以「未能在華北出版」，真正的原因是小說中的工作隊長「文采」被指影射了周揚，這才恍然大悟：「哦，難怪……」

丁玲和周揚之間的「過節」由來已久。

周揚與丁玲本是在「左聯」共同戰鬥過的戰友。丁玲1933年5月被捕之後，周揚接任了「左聯」黨團書記一職。1936年11月，丁玲出獄後先期到達陝北；半年多以後的1937年8月，周揚也去了延安。在左聯期間，丁玲和周揚之間並沒有在工作上發生過什麼矛盾和齟齬。但由於馮雪峰，兩人的關係才顯得比較微妙起來。馮雪峰是上世紀20年代末30年代初上海的左翼文化的代表人物，1932年，吸收了周揚進入「左聯」，並委以「左聯」機關刊物《文學月報》的主編。但其後兩人除了短時間的友好相處外，大部分時間處於嚴重對立的狀態。1933年馮雪峰離開上海到中央蘇區後，周揚繼而成為上海左翼文化界的領導人。1936年5月，馮雪峰作為中央特派員返回上海，在上海開展抗日民族統一戰線工作。但因以前與周揚的對立關係，他沒有找周揚，這引

起了周的極大不滿；其後因為「左聯」的解散、「國防文學」和「民族革命戰爭的大眾文學」兩個口號的爭論的不同看法，兩人的關係更加緊張。

而丁玲和馮雪峰1927年就認識了。那時丁玲已經與胡也頻結婚，有了一個孩子，但她覺得，她與也頻只是像「小孩子過家家」，馮才是她喜歡的類型。她甚至公開承認，馮才是她第一個愛上的男人。但最終理智戰勝了感情，丁玲沒有背叛也頻，而只是與馮保持著很好的朋友關係。可想而知，周揚和馮雪峰之間的政治糾葛，多多少少也會影響到周對丁以及丁對周的看法。

但丁玲真正對周揚產生「不滿」，還是到延安之後。

1941年，周揚在《解放日報》上發表長文《文學與生活漫談》，提出「然而太陽也有黑點」，意在要求文藝家對生活不要「求全責備」。「文抗」的舒群、蕭軍等五人聯名，寫了《〈文學與生活漫談〉讀後漫談集錄並商榷於周揚同志》，提出不同意見，認為「若說人一定得承認『黑點合理化』，不加憎恨，不加指責，甚至容忍和歌頌，這是沒有道理的事」。據說，丁玲也參加了與這五人的討論，最後文章發表時才劃去了名字。由於不久前《解放日報》發表《三八節有感》，引起了延安文藝界的批評，丁玲認為周揚這篇文章是針對自己的。心情鬱悶之中，她寫了一篇借題發揮的悼文：《風雨中憶蕭紅》。文中有這樣一段話：「但我仍會想起天涯的故人的，那些死去的或是正受著難的。前天我想起了雪峰，在我的知友中他是最沒有自己的了，他工作著，他一切為了黨，他受埋怨過，然而他沒有感傷過，他對於名譽和地位是那樣的無睹，那樣不會趨炎附勢，培植黨羽，裝腔作勢，投機取巧。」丁玲研究專家袁良駿據此分析，這段話明

褒雪峰，暗貶周揚，明眼人一看便知。丁玲這篇文章，周揚更是不可能不知。

或許是由於以上原因的迭加，才導致周揚對《太陽照在桑乾河上》的「封殺」？否則，像周揚這樣一個被視為解放區文藝界理論權威的人，怎麼會得出小說中的「文采」是影射他自己的低級判斷呢？

此時的周揚已經不是剛從上海到延安時那個無足輕重的人物了。他先是擔任陝甘寧邊區教育廳長，當時邊區文協由老資格的革命家吳玉章掌舵，哲學家艾思奇，詩人柯仲平和丁玲擔任副手，沒有周揚的位置。直到1940年，周揚才當上了魯迅藝術文學院副院長，並曾由於在辦學方向上受到批評。1942年毛澤東《在延安文藝座談會上的講話》發表後，周揚在《解放日報》發表長文《藝術教育的改造問題——魯藝學風總結報告之理論部分：對魯藝教育的一個檢討和自我批評》，不僅全面否定魯藝以往的工作，而且以革命意識形態指導文化文藝工作，才開始受到毛澤東的重視。此後周揚逐漸樹立了他作為毛澤東文藝思想權威闡釋者的身份，並進入黨的宣傳機構，擔任了一系列重要領導職務，直至全國解放後成為黨在文藝界的重要領導人。

顯而易見，周揚對《太陽照在桑乾河上》出版過程中的阻擾，使丁玲從左聯時期就埋下的對周的「成見」更加強烈了。直到這部小說出版獲獎和引起轟動，給她帶來巨大榮譽，此事在丁玲心頭布下的陰影才消散，並逐漸忘記了過去的不快。

幾年之後，當丁玲被劃為「右派」，「新賬老賬」一起算時才意識到，周揚對他倆之間的「過節」，從來就不曾忘記過。

三

　　丁玲被劃為「右派」的前兩年，即1955年，她就以所謂「丁玲、陳企霞反黨小集團活動」受到過「嚴肅處理」。

　　這兩起事件的主要操盤手，都是主管文藝的中共中央宣傳部副部長周揚。1955年9月30日，《中國作家協會黨組關於丁玲、陳企霞等進行反黨小集團活動及對他們的處理意見的報告》擬定，由中宣部轉呈黨中央。該報告列舉了所謂丁玲、陳企霞反黨小集團「反黨」的主要表現：

　　一、拒絕黨的領導和監督，違抗黨的方針、政策和指示。

　　二、違反黨的原則，進行感情拉攏，以擴大反黨小集團的勢力。

　　三、玩弄兩面派黨的手法，挑撥離間，破壞黨的團結。

　　四、製造個人崇拜，散播資產階級個人主義思想。

　　這四種「表現」也成了後來丁玲被劃為右派的主要罪狀。丁玲知道之後，寫了長達數萬言的《辨正書》，經過調查小組的調查，證明了「丁、陳反黨集團的結論站不住腳」。1957在作協黨組會議上，周揚向丁玲道歉：「1955年的批判有偏差，鬥爭過火，對丁玲這樣的老同志，不應該這麼做。」既然周揚對丁玲道了歉，風波也應該能夠平息了。但是，周揚借隨後的反右派運動之勢，把丁玲打成右派，並同時打倒了馮雪峰。

　　從此，丁玲成為了全國文藝界揪出的最大「右派」，連《毛選》都點了名，還不是最大？毛澤東在1957年10月13日的最高國務會議第十三次會議上，幾次談到丁玲：「大鳴大放，一不會亂，二不會下不得台。當然，個別的人除外。比如丁玲，她就下

不得台，還有馮雪峰，他在那裡放火，目的是要燒共產黨，就下不得台」「有的人進了共產黨，他還反共，丁玲、馮雪峰不就是共產黨反共嗎？」又說：「還有一些著名的右派，原來是人民代表，現在怎麼辦？恐怕難安排了。比如丁玲，就不能當人民代表了。」

同丁玲一起劃為右派的還有她的丈夫陳明。1958年夏天，丁玲主動要求隨陳明到北大荒的湯原農場安了家，以實現她五十年代初立下的「到群眾中去落戶」的夙願。1970年丁、陳夫婦又以莫須有的「叛徒」罪名雙雙被捕，關押到秦城監獄，1975年被安置在山西長治。在山西，丁玲一直待到1978年，中共中央「通盤解決反右鬥爭這一歷史遺留問題的時候」。

當她從山西回到北京時，已經是一個滿頭華髮的74歲老太太了。

爬梳丁玲從被打成「反黨集團」和「右派」到平反這二十多年各種撲朔迷離的史料，我不止一次地陷入迷茫。夏衍曾經說過：「十七年中，如果不是周揚同志領導文藝界工作，而是什麼李揚、王揚……恐怕挨整的人會更多。」這話明顯有替周揚洗白的意思，但事實是，如果不是周揚具體策劃、組織的話，胡風、丁玲、馮雪峰等未必一定成為被打擊的首選人物。而據各種公開的史料證實，丁玲的挨整和蒙冤，更是與周有著直接的關聯。

其實，就周揚代表中宣部轉呈黨中央列舉的「丁玲、陳企霞反黨小集團」的反黨集團的「四大表現」，沒有一條可以作為丁玲「反黨」的證據。其中第一條所指丁玲勾結陳企霞寫匿名信攻擊黨對《文藝報》的領導，第二條所指在「文研所」丁玲拉攏和培植親信，第三條所指丁玲唆使人將她的照片同魯迅、郭沫若、

茅盾並列及所謂「一本書主義」等等，丁玲在《辨正書》中都一一進行了自辯和反駁，所謂的「罪狀」多為不實之詞。但既然如此，在中宣部決定重新核查「丁、陳反黨集團」並有可能糾正之際，主管文藝界大權的周揚為何還要罔顧事實，趁「反右」運動硬是將丁玲打成「右派」呢？

1978年春天，周揚接受趙浩生的訪談時，談到了在延安與丁玲的分歧問題：「當時延安有兩派，一派以『魯藝』為代表，包括何其芳，當然以我為首。一派是以『文抗』為代表，以丁玲為首。這兩派本來在上海就有宗派主義。大體上是這樣，我們『魯藝』這一派的人主張歌頌光明……而『文抗』這派主張要暴露黑暗。」

此時，距丁玲被劃為「右派」已過去了二十多年，周揚卻還沒有忘記「舊賬」。在他看來，丁玲的「右」遠非始於1957年，而是在延安時期就開始了，最早甚至可以追溯到丁玲寫作《莎菲女士的日記》的1930年代。

所謂「歌頌與暴露」，的確是延安時期兩種具有代表性的寫作傾向，對此，毛澤東已經在延安文藝座談會進行了理論上的解決，何況毛還親自把丁玲與王實味區別開來：「丁玲是同志，王實味是託派」。而且《講話》之後，丁玲便像上前線一樣，打背包、裹綁腿，到榆林同老鄉一起紡線，改革紡車，幫盲藝人韓起祥創作新節目，寫出了《田寶霖》等一批反映解放區農民生活的作品，毛澤東為此給丁玲和《活在新生活裡》的作者歐陽山寫信：「你們的文章引得我在洗澡後睡覺前一口氣讀完，我替中國人民慶祝，替你們兩位的新寫作作風慶祝！」後來丁玲又寫出了直接反映土改鬥爭的長篇小說《太陽照在桑乾河上》，並大獲成

功。實踐證明，丁玲是一位踏踏實實走與工農相結合道路的「革命的文藝家」。

1953年，丁玲在中國文藝工作者第二次代表大會上講話中談到「體驗生活」時還說：

> 「什麼是體驗呢？我的理解是，一個人生活過來了，他參加了群眾的生活，忘我地和他們一起前進，和他們一塊與舊的勢力，和阻攔著新勢力的發展的一切舊制度、舊思想、舊人做了鬥爭。他不是一個旁觀者，他在生活中不是一個遊手好閒的人，不是一個吹噓的人。他踏踏實實地工作著、戰鬥著、思想著。他在生活中碰過釘子，為難過、痛苦過，他也要和自己戰鬥，他流過淚，他也歡笑，也感到幸福。他深刻地經歷了各種感情，她為了繼續戰鬥，就必須得隨時總結，而且繼續在自己的思想有了提高的情況下再生活……」
>
> ——丁玲《到群眾中去落戶》，作家出版社，1954年版

這是丁玲根據自己創作《太陽照在桑乾河上》的心得體會，因為真實，顯得那麼親切、樸素、感人，體現出她作為一個革命的文藝工作者扎根於人民群眾獲得的自信和自豪。從她身上，如何嗅得出一絲「右」的味道來呢？

如果非要以丁玲曾經是包括因寫《野百合花》罹禍的王實味在內的所謂「暴露派」的代表，而指責其一貫「右傾」不可的話，我倒想借作家曹征路曾經說過的一段話來回應：

在當時的延安，像王實味這樣具有深厚馬克思主義理論素養的人才極為罕見。與那些有留蘇背景的海歸人士相比，王實味才真正是「從理論到理論」的純粹的「馬克思主義者」，他比王明那種人對於理論與現實的分裂更敏感。王實味對邊區官僚主義現象的批評，可以聯想到共產主義的核心價值，聯想到馬克思主義的平等理念和「異化」理論，卻最終被說成「小資產階級」、「自由化」。

1980年代以後為他鳴冤叫屈的人，是理解不了王實味的，他們把王實味奉為自由化的鼻祖。其實王實味才是「真左派」，與丁玲一樣，是那個時代徹底的理想主義者。在他們那裡，不是他們與馬列主義社會主義有矛盾，而恰恰是認為延安不夠社會主義不夠馬克思。

——《延安整風就是整知識份子嗎——重訪革命史之三十八》

然而，歷史就這樣吊詭，真正踐行延安文藝道路的「左派」丁玲，在二十世紀五十年代被打成了「右派」，而在左聯時期就因宣導「國防文學」明顯右傾的周揚，卻以正統馬克思主義理論家和毛澤東文藝思想宣諭者的「左派」身份坐到了「審判長」的席位上。這一「左」一「右」的變幻如同魔術一般，其中的奧妙究竟何在？如果像許多人認為的那樣，僅僅是因為丁、周二人之間的私人成見和恩怨，說得通嗎？

魯迅先生在論證左傾很容易變成右傾時曾說：「從前海涅以為詩人最高貴，而上帝最公平，詩人在死後，便到上帝那裡去，圍著上帝坐著，上帝請他吃糖果。在現在，上帝請吃糖果的事，是當然無人相信的了，但以為詩人或文學家，現在為勞動大眾革

命，將來革命成功，勞動階級一定從豐報酬，特別優待，請他坐特等車，吃特等飯，或者勞動者捧著牛油麵包來獻他，說：『我們的詩人，請用吧！』這也是不正確的。」

是的，「讀懂了魯迅，便讀懂了丁玲的赤誠。」魯迅的話，證明了毛澤東提出的知識份子改掉「自以為高人一等」「瞧不起泥腿子」的毛病，走與工農相結合道路的必要性、正確性。丁玲正是按照毛澤東指引的方向，真正實現了「與工農相結合」的。對此，某些自由派學者不僅視而不見，而且故意「誤讀」和貶損，將丁玲之所以「沒有躲過災難」以及她和周揚之間從「貌合神離」發展到「水火不容」的原因，歸咎到所謂「自身的因素」。「丁玲有什麼樣的性格呢？與丁玲有過交往的王蒙這樣描述說，丁玲具有很強的『明星意識』，『作家意識』。她『是一個藝術氣質很濃厚的人，她熱情、敏感、好強、爭勝、自信、情緒化，個性很強，針尖麥芒，意氣用事，有時候相當刻薄』。這樣的性格，就難免給人留下『丁具有『一切壞女人』的毛病：表現欲、風頭欲、領袖欲、嫉妒……』的印象。王蒙進而斷言：丁玲『一輩子攪在各種是非裡』。這種『明星意識』、『作家意識』，使丁玲『不大瞧得起和她同時代的一些作家』。曾擔任過丁玲秘書的張鳳珠和在文學研究所工作過的朱靖華，對丁玲的這種做法仍記憶猶新。建國初期，對於已在文學上奠定了地位的一些沒有在延安或解放區工作過的作家，丁玲的著眼點不在於他們的作品如何，『她可以自傲於他們的就是她參加了革命，而那些人沒有這種經歷』。因此，「有時她對別人有一種不自覺的輕視。在一般作家和知識份子面前，她也有一種解放區來的高人一等的潛在心理」，「造成文講所以後悲劇的原因和這種自豪感也

有關係」。（徐慶全：《丁玲與周揚的「歷史碰撞」》）

在這一點上，徐慶全們真不如曹征路看問題準確、一針見血：

「原因就在於前面提到的延安文藝界的宗派主義。革命成功以後，當初左翼文藝運動的骨幹紛紛走上了領導崗位，掌了權就要施威，在這方面他們並不比舊軍閥文明。」曹征路進一步指出，「到了1980年代，這一切又被翻轉過來，這些作品成了啟蒙主義的樣板，『一個感傷主義者的內心認知』，是『五四文學觀的再現』。這種重彈資產階級人道主義人性論老調的文學批評觀念一直延續到今天。曾經供職於美國中情局的夏志清在《中國現代小說史》中寫道：『丁玲在1940年代初期無法遮蔽她對延安共產政權的不滿，而短暫的回到了她過去的頹廢、虛無主義的情緒』。於是掌權的批評家也跟著夏志清搖旗吶喊。但在其後，丁玲並沒有按照他們的意願去醜化共產主義，反而用一系列言行證明自己仍然是共產黨人。於是丁玲又被當成了左派，遭到周揚為代表的權勢者打擊排斥醜化。面對歷史的吊詭，丁玲表現出一個真正知識份子的風骨：『當初把我打成右派的人，就是今天把我打成左派的人。』」（曹征路：《延安整風就是整知識份子嗎—重訪革命史之三十八》）

關於丁玲平反覆出後又稀裡糊塗地變成「左派」，王蒙是這樣說的：「在她的晚年，她不喜歡別人講她的名著《莎菲女士的日記》、《在醫院中》、《我在霞村的時候》；而反覆自我宣傳，她的描寫勞動改造所在地北大荒的模範人物的特寫《杜晚香》，才是她的最好作品。丁玲到美國大講她的北大荒經驗是如何美好快樂，以致一些並無偏見的聽眾覺得矯情。丁玲屢屢批評那些暴露文革批判極左的作品。說過誰的作品反黨是小學水準，

誰的是中學，誰的是大學云云。類似的傳言不少，難以一一查對。」王又說，她的對手「過去一再論證的就是她並非真革命真光榮真共產主義者，這有莎菲女士為證，有她的某些『歷史問題』為證，有她的犯自由主義的言談話語為證。這是對她的最慘重的打擊。有了這一條她就全完了，再寫一百部得史達林獎的小說也不靈了。而她的生死存亡的決定因素是她必須證明她才是真革命的：這有杜晚香為證」。王還以一位比他「大七、八歲的名作家」私下的話說，「丁玲缺少一位高參。她與××的矛盾，大家本來是同情丁的。但是她犯了戰略錯誤。五十年代，那時候是愈左愈吃得開，××批評她右，她豈有不倒楣之理？現在八十年代了，是誰『左』誰不得人心，丁玲應該批判她的對立面『左』，揭露××才是文藝界的『左』的根源，責備他思想解放得不夠，處處限制大家，這樣天下歸心，而××就臭了。偏偏她老人家現在批起××的『右』來，這樣一來，××是愈批愈香，而她老人家愈證明自己不右而是很左，就愈不得人心了。咱們最好給她講一講。」（王蒙：《我心目中的丁玲》）

文中的××顯然是指周揚。王蒙的話亦褒亦貶，亦莊亦諧，話裡藏鋒，語中含譏，頗能蠱惑人，但他還是難免像那位徐慶全先生一樣散發出濃厚的市儈主義氣味。在王蒙看來，丁玲最大的「失誤」就是不識時務，沒有像周揚和多數人那樣「與時俱進」。他甚至給作為前輩的丁玲當起了「人生導師」。這不是偶然的，王一直就把周當做榜樣，對周在官場上表現出的那種深文周納、長袖善舞和左右逢源佩服得五體投地。（參見王蒙：《周揚的目光》）

歸根結底，丁玲的坎坷命運以及她和周揚長達半個世紀的衝

突，除了各自的個性使然，還同中國革命進程中與影相隨的官僚主義、宗派主義、教條主義和機會主義以及知識份子本身的弱點等等，都存在撇不清的關係。

四

讓我們再次把目光投向1940年代的紅都延安。

從1944年5月到1942年2月，毛澤東陸續在延安幹部會議、中共中央黨校發表了三次講演：《改造我們的學習》、《整頓黨的作風》和《反對黨八股》。在整風運動中，這三篇講演均作為學習材料印發給全黨。

在《改造我們的學習》中，毛澤東對黨內存在的主觀主義作風提出了批評：「……無實事求是之意，有嘩眾取寵之心。華而不實，脆而不堅。自以為是，老子天下第一，『欽差大臣』滿天飛。這就是我們隊伍中若干同志的作風。這種作風，拿了律己，則害了自己；拿了救人，則害了別人；拿了指導革命，則害了革命。」在《反對黨八股》一文中，毛又進一步指出：「主觀主義、宗派主義和黨八股，這三種東西，都是反馬克思主義的，都不是無產階級所需要的，而是剝削階級所需要的。這些東西在我們黨內，是小資產階級思想的反映。小資產階級革命份子的狂熱性和片面性，如果不加以節制，不加以改造，就很容易產生主觀主義、宗派主義，它的一種表現形式就是洋八股，或黨八股。」對黨八股，毛一共列出了八條罪狀，其中第二條是「裝腔作勢，藉以嚇人」：「從前許多同志的文章和演說裡面，常常有兩個名詞：一個叫做『殘酷鬥爭』，一個叫做『無情打擊』。這種手

段，用了對付敵人或敵對思想是完全必要的，用了對付自己的同志則是錯誤的……無論對什麼人，裝腔作勢藉以嚇人的方法，都是要不得的。因為這種嚇人戰術，對敵人是毫無用處，對同志只有損害。這種嚇人戰術，是剝削階級以及流氓無產者所慣用的手段，無產階級不需要這類手段。無產階級的最尖銳最有效的武器只有一個，那就是嚴肅的戰鬥的科學態度。……」（《反對黨八股》，《毛澤東選集》第三卷第791—792頁）

當抗日戰爭正處於最艱苦的階段時，延安整風運動，起到了純潔組織、統一思想、提高全黨戰鬥力和馬克思主義水準的作用，凝聚起蓬勃力量，最終取得了戰勝日本帝國主義和解放全中國的偉大勝利。然而，毛澤東指出的主觀主義、教條主義和宗派主義等一度在中共黨內普遍存在的現象並沒有根除，而是像病菌一樣潛伏下來。誠如曹征路所說，「王實味和丁玲帶給延安政治生活的衝擊，革命理想與官僚主義的衝突沒有完結，以工具理性為特點的官僚體制與共產主義信念之間的衝突沒有完結。」當中共由革命黨成為執政黨後，便在新的歷史條件下借屍還魂，大量繁殖，同官僚主義媾和為一體，給中國的社會主義革命和建設造成了極大的危害。

1963年，毛澤東發表《論反對官僚主義》一文，歸納出了「官僚主義」的二十種表現，如「官氣熏天，唯我獨尊」，「浮誇謊報，弄虛作暇，欺上瞞下，文過飾非」，「兩面俱圓，八面玲瓏」，「上下隔離，互相排擠，既不集中，又不民主」，「個人利益、派別利益高於一切」，「革命意志衰頹，政治生活蛻化」，「打擊報復，壓制民主，欺壓群眾」等等，比整風時期「黨八股」的「八條罪狀」增加了整整一倍多，可見中共幹部隊

伍存在的問題，比延安時期嚴重了許多。

主觀主義、教條主義、宗派主義和官僚主義的「四風」在建國後的一次惡性發作就是反右擴大化。按毛澤東的預想，真正的右派在幹部和知識份子中只占極少數，但最終被打成右派的多達數百萬人之眾，有的地方為了完成「指標」，甚至出現了按人頭比例劃分「右派分子」的荒唐事件。

丁玲無疑就是「四風」的受害者之一；在周揚身上，則集中體現了「四風」的種種「病狀」。

從左聯時宣導「國防文學」反對魯迅支持的「民族革命戰爭的大眾文學」；到延安時期以「歌頌派」自居，反對以王實味、蕭軍和丁玲等為代表的所謂「暴露派」；從1954年發表批判胡風的文章《我們必須戰鬥》，推波助瀾將胡風打成反革命集團，到羅織「丁玲、陳企霞反黨集團」和執意將其劃為右派份子，再到文革後複出，1979年，主持召開全國文學藝術工作者第四次代表大會，在《繼往開來，繁榮社會主義新時期的文藝》的報告中總結幾十年來文藝的歷史經驗和個人工作中的失誤教訓，對遭受不公正批評和待遇的同志一再表示歉意，周揚贏得了廣泛的同情和諒解，並提出人道主義問題和馬克思主義異化論，最終成為1980年代思想解放的一面旗幟。在其中，周揚不斷地「變臉」，其變化的頻率令人眼花繚亂，與不同時期的政治粘合得天衣無縫。

改革開放初期，中國形成了許多學派。以馮友蘭、梁漱溟、季羨林、啟功等老一代文化人為代表的新文化學派，主張應該恢復和弘揚傳統文化；以于光遠、周揚、胡績偉、吳江、王若水、楊西光、阮銘、孫長江、蘇紹智、鮑彤、于浩成、張顯揚、嚴家其等為代表的「理論務虛會派」，主張「西化」。以賀敬之、魏

魏、劉白羽、歐陽山、瑪拉沁夫、李爾重、馬峰、魏傳統、呂驥、姚雪垠、夏征農等為代表的「正統馬克思主義」（自由派稱其為「極左派」），等等。周揚還曾多次為鄧小平、胡耀邦起草講話稿，成為改革開放初期的主流派代表人物，在引導當時中國文化走向過程中發揮著舉足輕重的作用。這期間，文化思想界展開了激烈的論戰，包括《中流》雜誌問題、電影《苦戀》的禁與放、「七一講話」風波等，最終以「極左派」全面潰敗，「主流派」或「西化派」完勝而告終。據說，在八十年代的中國文藝界，許多人一提起周揚的名字就肅然起敬，將他視為「西化派」的保護傘和「後臺」，威望遠遠超過了他同樣作為掌控文藝界生殺大權領導人的五六十年代；而許多「中青年作家」提起丁玲則不以為然、不屑一顧，斥之為「保守」「極左」，可見丁玲名聲之「狼藉」，幾可與她被打成右派時媲美了。

社會的每一次變遷都會使各類人的命運此起彼落、分道揚鑣。有人見風駛舵，左右逢源，左的時代比誰都左，右的時代比誰都右。有人則一根筋到底，堅持自己的信念。周揚是前一類人的代表，丁玲則是後一類人的代表。

周揚的一生可以用「左時可怕右時出奇」來形容，從他的身上能看到某些文化人和職業官僚鬆軟的骨頭及多面的人格。如果說主觀主義、教條主義、宗派主義和官僚主義有一個共同特徵，那就是，「對任何事物都不加分析，完全以『風』為准。今天刮北風，他是北風派，明天刮西風，他又是西風派。自己毫無主見，往往由一個極端走到另一個極端。」（《論十大關係》，《毛澤東選集》第五卷，第286頁，人民出版社，1977年版）這個特徵，用在周揚身上完全合適。魯迅先生曾稱這種人為「風

派」。這種人物的滋生和盛行，並不能簡單歸咎為個人品格，而有著複雜的社會歷史原因。周揚曾經不止一次地稱自己為「職業革命家」。對周揚來說，當他成為中共的一員之後，所從事的職業就是行政工作，除了「職業革命家」外，周揚從來不認為自己還應該成為理論家或其他的什麼家。建國初期，他在文學研究所講演時，曾幽默地說：外國要編名人大辭典？詢問我算什麼「家」，我說我不是作家，也不是評論家，就算組織家吧。不管是像有的人所說周揚在玩弄權術方面手段高明也罷，還是說他本身有能力也罷，反正都得承認，周揚至少有這樣的認知：他這一輩子已經沒有自我了，這一切都交給黨了。黨給他安排什麼工作，周揚沒有挑三揀四的餘地。

據說，毛澤東曾經評價周揚：「黨正確了周揚也正確，黨錯了周揚也錯了。」這究竟是讚揚還是批評呢？聯想到毛一生宣導「造反」和「反潮流」精神，晚年甚至號召人民，如果他死後有人搞修正主義，「你們就起來造反，將他們打倒！」批評的成份似乎更大。

不錯，作為「職業革命家」，「對黨忠誠」是一種必須具備的覺悟或紀律。但當歷史從戰爭年代進入和平年代，「職業革命家」變身為「職業官僚」之後，這種「一切為上級是從」的所謂組織原則，很可能就成為教條主義、機會主義和官僚主義的藉口。如果執政黨內充斥著唯上級是從，唯黨是從，喪失理想和信念的「職業官僚」，這個黨也許就離垮臺不遠了。毛澤東在建國初期就看到了這種危險，所以他希望通過搬用延安整風的成功實踐，號召黨外人士給黨「提意見」，希望以此清理黨內肌體上的有害病菌，恢復戰爭年代曾經有過的那種健康活力和生機：「我

們的目標，是想造成一個又有集中又有民主，又有紀律又有自由，又有統一意志，又有個人心情舒暢、生動活潑，那樣一種政治局面，以利於社會主義革命和社會主義建設，較易於克服困難，較快地建設我國的現代工業和現代農業，黨和國家較為鞏固，較為能夠經受風險。」（《一九五七年夏季的形勢》，《毛澤東選集》第五卷第456頁－457頁）可是，反右運動不僅沒能達到毛澤東的預期，反而因擴大化使一批真正忠實於共產主義信仰，擁護中國共產黨領導如丁玲這樣的黨員和知識份子遭受了殘酷迫害，致使中共黨內和整個國家的政治生態嚴重惡化，而直接導致這一後果的，正是毛在延安時期就深惡痛絕的那種忽「左」忽「右」的周揚式的主觀主義、教條主義、宗派主義以及建國後開始盛行的官僚主義。

「這一事件開啟用政治手段解決思想問題的先河，帶來的傷害也是深刻而久遠的……讓毛澤東難於釋懷的，恰恰在於王實味的理論挑戰性。王實味對在革命口號下逐漸強化的等級制度及其官僚化趨向表達了他的焦慮，這同樣也是毛澤東的焦慮。」（曹征路：《延安整風就是整知識份子嗎——重訪革命史之三十八》）反右運動的惡果很快在1958年的大躍進運動中暴露出來，「大躍進」中許多幹部大搞浮誇風，虛報糧食產量，致使三年困難時期許多地方出現了餓死人的現象。這再次引起了毛澤東的警覺，隨後發動的「四清」和「社教」運動，其規模不亞於「反右」，只是在主觀主義、教條主義、宗派主義和官僚主義的「四風」之外，還針對當時黨內出現的苗頭，增加了一條反對「修正主義」，因而可以視為「反右」的一次延續。毛的初衷不僅是讓人民起來監督政府，還要讓人民參與管理，以確保國家的人民民

主性質和社會主義方向不變，防止資本主義復辟，但歷次運動的效果仍然不理想。於是，毛畢其功於一役，發動了「史無前例的無產階級文化大革命」，但終因「打倒一切」「全面內戰」而宣告失敗。1974年，垂暮之年的毛澤東在觀看電影《難忘的戰鬥》時，禁不住吟哦梁武帝詩句「時來天地皆同力，運去英雄不自由」，正是這種悲壯、悲涼心態的真實流露。

毛澤東的失敗絕不只是他個人的悲劇，而是二十世紀共產主義運動的悲劇，從這一大的背景看，丁玲的坎坷命運也不只是她個人的悲劇，而是眾多像她一樣忠誠於共產主義信仰的知識份子的悲劇。丁玲從來不是一個「職業革命家」，身上也許存在知識份子和文人的某些「毛病」，但她卻是一個義無反顧投身於共產主義事業，真心實意走與工農相結合道路，從未懷疑和背叛自己信仰的「革命的文藝家」。

法國大革命時期的羅蘭夫人臨上斷頭臺前曾疾呼：「自由啊，多少罪惡假汝之名而行！」後來，有人將這句話改成「革命啊，多少罪惡假汝之名而行！」來指控共產主義革命對「人性」的戕害，而指控的人就是那些曾經借革命之手傷害過真正革命者的主觀主義、教條主義、宗派主義和官僚主義者。正是他們玷污了革命的聲譽，當革命退潮之後，自由主義者和無知的群氓蜂擁而上，朝著革命的遺骸扔石頭、吐唾沫、潑污水，極盡污蔑和辱罵時，他們卻把自己裝扮成一副受迫害者的面孔，一把鼻涕一把眼淚地懺悔和道歉，同時搖身一變成了「開明紳士」，不僅讓革命替他們的惡行「背鍋」，而且一馬當先地成為了「告別革命」和否定革命的急先鋒。

二十世紀是世界共產主義運動和中國革命由弱到強、由盛

轉衰的世紀。這場曾給廣大無產階級勞苦大眾帶來希望和鼓舞，也給另外一些人帶來「災難」的革命悲壯地落幕了。令人唏噓的是，當共產主義運動的敵人以及變節者為「歷史的終結」歡呼雀躍時，那些因忠誠踐行自己的信仰而蒙冤和蒙難的革命者如丁玲們，卻在死後還要承受曾經的「革命同路人」、自由主義精英以及庸眾們的嘲諷、侮辱和謾罵。作為個體，他們或許是一些失敗者，但對於中國革命而言，他們卻是真正的烈士。

革命不死，則丁玲不死。

謹向二十世紀中國偉大的女性和革命作家丁玲致敬！

（2018年）

毀譽褒貶郭沫若

今年是郭沫若先生逝世四十周年，但除了個別學術團體組織的紀念活動，主流媒體鮮有人提及，一如四十年來郭沫若在中國文化界備受冷落的境遇。

記得郭沫若去世時，我還在上初中，語文課本中有一篇《科學的春天》，是郭沫若在全國科學大會閉幕式上的講話。「我祝願全國的青少年從小立志獻身於雄偉的共產主義事業，努力培育革命理想，切實學好現代科學技術，以勤奮學習為光榮，以不求上進為可恥。你們是初升的太陽，希望寄託在你們身上。革命加科學將使你們如虎添翼，把老一代革命家和科學家點燃的火炬接下去，青出於藍而勝於藍。……春分剛剛過去，清明即將到來。『日出江花紅勝火，春來江水綠如藍』。這是革命的春天，這是人民的春天，這是科學的春天！讓我們張開雙臂，熱烈地擁抱這個春天吧！」過去了四十年，重讀這樣充滿激情和詩情的文字，會情不自禁地想起那同樣充滿激情詩情的《女神》和《屈原》，想起那個才華橫溢，充滿理想主義和浪漫主義精神的「五四詩人」。

在許多像我一樣出生於60年代的人心目中，郭沫若不僅是一位百科全書式的文化巨匠，而且是一個參加過北伐和南昌起義的革命家和社會主義中國的重要領導人。

「郭沫若同志是我國傑出的作家、詩人和戲劇家，又是馬

克思主義的歷史學家和古文字學家。早在『五四』運動時期，他就以充滿革命激情的詩歌創作，歌頌人民革命，歌頌社會主義和共產主義，開一代詩風，成為我國新詩歌運動的奠基者。他創作的歷史劇，是教育人民、打擊敵人的有力武器。他是我國運用馬克思主義觀點研究中國歷史的開拓者。他創造性地把古文字和古代史的研究結合起來，開闢了史學研究的新天地。他在哲學社會科學的許多領域，包括文學、藝術、哲學、歷史學、考古學、金文甲骨文研究，以及馬克思主義理論著作和外國進步文藝的翻譯介紹等方面，都有重要建樹。他長期從事科學文化教育事業的組織領導工作，扶持和幫助了成千上萬的科學、文化、教育工作者的成長，對發展我國科學文化教育事業作出了不可磨滅的貢獻。他和魯迅一樣，是我國現代文化史上一位學識淵博、才華卓具的著名學者。他是繼魯迅之後，在中國共產黨領導下，在毛澤東思想指引下，我國文化戰線上又一面光輝的旗幟。」

這是我從網上搜到的一段四十年前關於郭沫若的介紹，其中「他是繼魯迅之後，在中國共產黨領導下，在毛澤東思想指引下，我國文化戰線上又一面光輝的旗幟」這句話，出自鄧小平在郭沫若追悼會上致的悼詞，顯然代表了官方對郭的權威評價。

然而，對於今天的人們來說，郭沫若的名字早已隨他的時代煙消雲散，偶爾有人談起他，也大多是一副輕薄、鄙夷的語氣，常常在他的名字前加上「無恥文人」「文化流氓」「馬屁精」「變色龍」等一類侮辱和醜化的定語。這類詞如果用於在世者，

足以按誹謗罪起訴，但作為歷史人物的郭沫若，其名譽權不再受現行法律的保護，似乎也只能任人辱罵和詆毀了。

今日大眾視野中的郭沫若儼然變成了一個小丑，這無疑是四十年來學術界最為顯著的成果之一。四十年來，對郭沫若的攻擊和誹謗一刻也未曾停止過。曾經看到一篇《為什麼說郭沫若是無恥文人》的文章，列舉了郭的「四大罪狀」：1、見風使舵；2、賣友求榮；3、好色濫情；4、拋妻棄子。作者還以審判者的口吻說：「以上四點，如果放在當今任何一個公眾人物身上，都足以使他被唾沫淹死，郭沫若全部囊括，確實算是一個不折不扣的小人。」

但只要認真地對郭沫若的生平做一番研究就會發現，所謂「四大罪狀」，要麼是穿鑿附會，要麼是無中生有、惡意誹謗。許多學者將郭沫若最後一部史學專著《李白與杜甫》，當做他奉承毛澤東和作為「馬屁精」的鐵證，而事實並非如此。據青年學者、郭沫若研究專家李斌考證，1979年，夏志清問前來美國訪問的錢鐘書：郭沫若為什麼要寫貶杜揚李的書？錢鐘書答曰：「毛澤東讀唐詩，最愛『三李』——李白、李賀、李商隱，反不喜『人民詩人』杜甫，郭沫若就聽從聖旨寫了此書。」錢的這一說法從此在學術界廣為流傳。臺灣學者金達凱也據此認為：「關於《李白與杜甫》一書的寫作動機與目的，大都認為郭沫若是揣摩當時中共統治者的心理，迎合毛澤東的好惡，不惜違反自己以往尊重杜甫的言論，作違心之論。」「當大陸政治季候風轉向時，郭沫若就換了另一幅面孔與口吻，《李白與杜甫》一書，就是這種急遽轉變的產物。」直到不久前，還有學者認為這部著作體現了「郭沫若對毛澤東的個人崇拜」，「將偉大領袖的審美情趣拔

高為平衡文學藝術家歷史地位的準繩」，表面上是反潮流，但「滲透全書的那種帶有『文革』印記的拔高或苛求歷史人物的思維方式，在實際上迎合了這股潮流。」還有學者指出，郭沫若迎合的是「遵法反儒」的政治風氣：「據說李白已內定為法家詩人，而杜甫是儒家，《李白與杜甫》揚李抑杜，是順乎尊法反儒的時代潮流」。「此後不久便隨之而來一場評法批儒的政治運動。《李白與杜甫》以揚李抑杜為基調，正是迎合這種政治運動的需要的。」這些觀點今天已經成為各種貶損郭沫若人格的網路文章的重要材料。

李斌進一步分析道：

> 在80年代產生的這些觀點，符合反思文革、貶低郭沫若的時代思潮，但跟事實並不相符。首先，郭沫若對杜甫有微詞是其一貫的表現，而並非如上述論者所謂的見風使舵、對杜甫『先揚後抑』。其次，毛澤東儘管在1958年前後確實公開說過喜歡李白，但後來他對李白也有過嚴厲批評，他同王洪文、張春橋談郭沫若的《十批判書》時說：『你李白呢？盡想做官！結果充軍貴州。』辯證地看待歷史人物，是郭沫若和毛澤東的共同特點。以郭沫若對毛澤東的瞭解，他不可能只知道毛澤東肯定李白的一面，而不知道其否定李白的另一面。故他即便迎合毛澤東，也不會如此拙劣。再次，《李白與杜甫》開始寫作於1967年，尊法反儒、批林批孔是在1971年林彪事件之後才開始展開的，在波橘雲詭的激進年代，處於決策層外的郭沫若不可能在四年之前就能預料到後來的高層思想。綜上所述，說《李白

與杜甫》為了逢迎毛澤東，趕上尊法反儒的時代潮流的觀點無疑是站不住腳的。

李斌還認為，「郭沫若作為創造社的領袖，以叛逆的姿態和撕碎一切假面的激情出現在文壇，受到以北大、清華的教授們為代表的學院派知識份子的詬病。……沈從文在1930年嘲笑流亡中的郭沫若沒有純正的『趣味』、『不會節制』、『糟蹋文字』、『創作是失敗了』。季羨林在1932年的日記中說：『讀完《創造十年》，我第一就覺得郭沫若態度不好，完全罵人。』錢鐘書雖然沒有直接點名批評過郭沫若，但在1933年評論曹葆華的《落葉頌》時推崇『消滅自我以圓成宇宙，反主為客』的『神祕主義』，反對『消滅宇宙以圓成自我，反客為主』的『自我主義』，在論者看來：「他對自我主義所作的描述，儼然是對郭沫若的『我把全宇宙來吞了』、『我便是我了！』之類『天狗』式宣言和天狗式衝動的傳神寫照。」沈從文、錢鐘書等人反感『罵人』、反感『自我主義』，要求節制，處處表現出了郭沫若於他們作為『異己』的存在，而其背後正是他們對傳統的遵守和對體制的順從。」（李斌：《郭沫若《李白與杜甫》著述動機發微》）」

從上述分析不難看出，《李白與杜甫》非但不能視為郭沫若「見風使舵」「取悅領袖」和「人格卑下」的證據，反而可以當做具有強烈叛逆精神的郭沫若，「向幾千年歷史和『文明』」和季羨林、錢鐘書、沈從文所尊崇的「歷史『常識』」進行的一次辯駁。然而鬥轉星移，局勢變換，長期邊緣化的學院派（自由派）知識份子在重新成為「主流」之後，郭沫若像李白那樣，最

終難逃「被漫畫化和放逐的悲劇命運」。

由此可見，圍繞《李白與杜甫》對郭沫若從學術到人格所進行的全方位批判乃至栽贓和潑污，是自「五四」到新中國成立後錯綜複雜的政治嬗變過程中，兩種截然不同的知識人格、價值選擇和政治路徑發生激烈碰撞的集中體現。而作為《女神》的作者和創造社領袖，郭沫若個人性格及作品中散發出的那種令人暈眩的狂飆突進的氣質，既是他骨子裡我行我素的個性的自然流露，又與「五四」時期充滿反抗和叛逆的時代精神密不可分。

五四運動是中國近代史新舊兩種文化和新舊兩種政治的分水嶺，正如毛澤東在紀念五四運動二十周年時指出的那樣：「二十年前的五四運動，表現中國反帝反封建的資產階級民主革命已經發展到了一個新的階段。五四運動的成為文化革新運動，不過是中國反帝反封建的資產階級民主革命的一種表現形式。由於那個時期新的社會力量和發展，使中國反帝反封建的資產階級民主革命出現一個壯大了的陣營，這就是中國的工人階級、學生群眾和新興的民族資產階級所組成的陣營。」

「在『五四』以前，中國的新文化，是舊民主主義性質的文化，屬於世界資產階級的資本主義的文化革命的一部分。在「五四」以後，中國的新文化，卻是新民主主義性質的文化，屬於世界無產階級的社會主義的文化革命的一部分。」毛澤東在《新民主主義論》中進一步指出，「在『五四』以前，中國的新文化運動，中國的文化革命，是資產階級領導的，他們還有領導作用。在『五四』以後，這個階級的文化思想卻比較它的政治上的東西還要落後，就絕無領導作用，至多在革命時期在一定程度上充當一個盟員，至於盟長資格，就不得不落在無產階級文化思想的肩

上。這是鐵一般的事實，誰也否認不了的。」

在毛澤東看來，五四運動最大的功績，就是催生工人階級和無產階級革命登上了歷史舞臺，而最初在五四運動中起主導作用的資產階級，則隨著無產階級的成長壯大，逐漸失去領導資格，降為了一般的「盟員」。毛澤東的論述是符合歷史實際的。因為五四運動不久的1921年，中國共產黨便誕生了，而這個無產階級政黨的主要創建者如陳獨秀、李大釗以及毛澤東等人，都是五四新文化運動的重要參加者乃至領導者。「對於毛澤東來說，『五四』運動不僅提供了中國共產黨及其現實策略的合理性和合法性的歷史證明，而且也是一個關於未來社會及其與中共關係的現實的預言。」（汪暉：《什麼是『五四』文化運動的政治？》）

很長一段時期，毛澤東的論斷成為了五四運動最為權威的主流觀點，直到上世紀八十年代，也就是在郭沫若去世後不久，以李澤厚等為代表的一批知識份子，提出了「救亡壓倒啟蒙論」，直至近年來學界流行的所謂「兩個五四」的觀點，不過是「救亡壓倒啟蒙論」在新世紀的一種延續。

所謂「兩個五四」，指以宣導民主和科學的新文化運動和反帝反封建的愛國主義運動，即所謂「文化的五四」和「政治的五四」。前者被李澤厚們推崇為堪比歐洲文藝復興，並開啟中國現代性進程的「啟蒙運動」，後者被指責中斷了現代性進程，濫觴為一場具有強烈民族主義和民粹主義色彩、並由無產階級主導的共產主義運動。這種觀點在新中國成立的「後三十年」，逐漸成為了知識界乃至整個社會的主流敘述。被稱為自由派學者的張鳴就曾認為：「當年五四政治運動爆發，新文化運動輸入學理，改造文化的實踐，剛剛開了頭，就被一場挾帶道德高調的政治運動

打斷,紮實的文化改造和建設,至少部分地被浮躁的群眾政治取代了。」（張鳴:《「兩個五四」在今天》）

張鳴的話代表了當今知識界的主流敘述,郭沫若逝世後所遭受的前後「判若兩人」的褒貶毀譽,正是「新時期」以來這種敘述的必然反映。

毫無疑問,如同毛澤東一樣,郭沫若也是「五四」精神的參與者和繼承者之一。不僅如此,郭沫若五四後就開始信仰馬克思主義,1927年蔣介石發動「四一二」政變後,參加中國共產黨,義無反顧投身到中共革命的行列,直到新中國成立後,郭成為地位顯赫的國家領導人。這種政治光譜直到他去世那一刻也從未改變。因此,「始終處於中國革命漩渦」的郭沫若,絕不僅僅是一般意義上的文學家和學者,還是一個具有堅定信仰的革命家、政治家,而且後一種身份對前一種身份佔有統御和支配性的地位。

多年來,在郭沫若與毛澤東的關係上,自由派文人們編造了許多關於郭「吹捧領袖」和「軟骨頭」的所謂「劣跡」。譬如網上曾經盛傳據說是郭沫若獻給毛澤東的一首「祝壽詩」《毛主席賽過我親爺爺》:「天安門上紅旗揚,毛主席畫像掛牆上,億萬人民齊聲唱毛主席萬歲萬萬歲,萬歲萬歲壽無疆,毛主席呀毛主席,你真賽過我親爺爺。」後來證明是偽作。

其實,毛澤東和郭沫若早在1926年就建立了親密的私人友誼,當時郭沫若已經是名滿天下的大詩人和學者,連時任國民革命軍總司令的蔣介石也待若上賓,對於不過是國民黨中央農民運動講習所所長的毛澤東,大概用不著拍他的馬屁吧。從那時算起,郭沫若和毛澤東相交達半個世紀之久。早在1945年春,郭沫若就曾跟一位與他親近的青年說,他最崇拜的人是毛澤東,這不

僅因為毛澤東已是中國共產黨的主席，更因為毛超撥非凡的才華和人格力量。1949年1月，社會各界舉行歡迎從香港歸來的民主人士大會。會上，郭沫若公開表示，今後要「以毛澤東主席的意見為意見」。開國大典時，他在天安門城樓上代表無黨派人士給毛澤東獻錦旗，錦旗上大書：「我們永遠跟你走。」而毛澤東也一直很尊重郭沫若。1945年毛澤東赴重慶談判，在桂園接待各界人士，談話快結束時，毛從衣袋裡掏出一塊老懷錶來看時間。郭見這塊懷錶已經很舊，毛目前正在和國民黨談判，應該有一塊更好的表，他立即把自己的瑞士名表相贈。毛澤東對郭沫若的這一贈品十分珍視，曾多次對身邊的工作人員談起這塊表的來歷。平時兩人書信往來，毛總是稱比他大一歲的郭為「沫若兄」，年事漸高後，毛對別人提起郭時還尊稱為「郭老」。

郭沫若對毛澤東的敬佩乃至崇拜，除了毛作為革命領袖的人格魅力，更因為兩人從青年時代形成並在漫長革命征途中建立的共產主義信仰。可以說，郭沫若終其一生都是一位堅定的共產主義的信仰者和踐行者，直到去世，他沒有按規格將骨灰安放到八寶山公墓，而是撒到了被毛澤東樹為中國農村走社會主義道路典型的山西省昔陽縣大寨村的梯田中。

郭沫若和大寨的結緣可以追溯到1965年冬天。為了響應「農業學大寨」的號召，郭沫若親率中科院的專家們，奔赴大寨參觀訪問，學習「取經」。他來到大寨後，與全國勞動模範、大寨村的當家人陳永貴一起搬石造田，參加勞動，並與大寨人結下了很深的「階級感情」。在大寨學習與勞動期間，郭沫若詩興大發，寫下了許多歌頌大寨的詩篇。其中最著名的當數《頌大寨》——

全國學大寨，
大寨學全國。
人是千里人，
樂是天下樂。

狼窩戰良田，
凶歲奪大熟。
紅旗毛澤東，
紅遍天一角。

　　郭沫若離開大寨時，大寨人依依不捨，郭沫若鄭重承諾：
「等有空了，一定再到大寨來看看。」後來，由於事務纏身，他
一直沒能實現重返大寨的諾言。1978年6月12日，郭沫若與世長
辭，留下遺囑「將部分骨灰撒在大寨的大地上」，以兌現他對大
寨人的承諾，將骨灰撒在大寨的梯田中。

　　除此之外，郭沫若常為人詬病的還有他在打倒「四人幫」
前後填的兩首詞。一首是1976年5月20日寫的「水調歌頭」《四
海〈通知〉遍》：「四海《通知》遍，文革卷風雲。階級鬥爭綱
舉，打倒劉和林。十載春風化雨，喜見山花爛漫，鶯梭織錦勤。
茁茁新苗壯，天下凱歌聲。走資派，奮螳臂。鄧小平，妄圖倒
退，奈『翻案不得人心』，『三項為綱』批透，復辟罪行怒討，
動地走雷霆。主席揮巨手，團結大進軍。」另一首是1976年10月
21日發表於《解放軍報》，11月1日《人民日報》轉載的《水調
歌頭·大快人心事》：「大快人心事，揪出『四人幫』。政治流
氓文痞，狗頭軍師張。還有精生白骨，自比則天武后，鐵帚掃而

光。篡黨奪權者，一枕夢黃粱。野心大，陰謀毒，詭計狂。真是罪該萬死，迫害紅太陽！接班人是俊傑，遺志繼承果斷，功績何輝煌。擁護華主席，擁護黨中央。」對於詩詞中先是歌頌「文革」，後又揭批「四人幫」的句子，被自由派視為郭在政治上「見風使舵」的「巔峰之作」。但殊不知，在郭沫若心目中，文化大革命是毛澤東發動的一場旨在「反修防修」「防止資本主義復辟」的政治運動，從一開始就全心全意地擁護和支持，用現在的說法，郭應該算是典型的「極左」；而按照當時的官方文件，「四人幫」之所以被打倒，其主要罪狀就是破壞文革。因此，所謂「見風使舵」說根本不成立，恰恰表明跟郭死後將骨灰撒到大寨那樣，是他至死不渝信仰共產主義的一種表現。

對此，自由派們顯然是無法理解的，或者即便理解，也難以容忍，只能以「見風使舵」「馬屁精」之說，對郭極盡庸俗化和醜化，這不僅是出於他們自身的政治立場，還源於其內心格局的狹小和陰暗，這種典型的「以小人之心度君子之腹」，最容易使自己陷入「以子之矛攻子之盾」的尷尬。這一點，在錢鍾書對待郭沫若的態度上，表現得尤為充分。

錢鍾書1949年後和郭沫若在同一單位供職，郭沫若是科學院院長，錢鍾書是科學院屬下的哲學社會科學學部文學研究所研究員。據自由派學者謝泳撰文披露，一向以清高孤傲自詡，新時期被主流知識界封為「文化昆侖」的錢鍾書，當年在批判胡風的運動中，「也寫了文章，還是在《人民日報》上」；而且，錢不僅在「揭發」郭以史學著作《李白與杜甫》向毛澤東「獻媚」這件事上有功，還早在其小說《圍城》中，就曾通過影射手法諷刺郭撰寫《甲申三百年祭》也是為了對毛獻媚：

我們來看《圍城》第七章中的一個細節描寫：「何況汪處厚雖然做官，骨子裡只是個文人，文人最喜歡有人死，可以有題目做哀悼的文章。棺材店和殯儀館只做新死人的生意，文人會向一年、幾年、幾十年、甚至幾百年的陳死人身上生髮。『周年逝世紀念』和『三百年祭』，一樣的好題目。」（《圍城》第234頁，人民文學出版社，1991年）。

這段文字最見錢鐘書諷刺風格，如果說其他文字還算一般敘述，我們不大可能索引出具體所指，但這個「三百年祭」，顯然是指郭沫若的名文《甲申三百年祭》，因為「三百年」並非約定成說，錢鐘書不用「二百年、四百年、五百年」，特別用了「三百年祭」，一定略有深意，至少我們可以這樣理解，就是妄斷錢鐘書的心理，這個理解在學術上也可以成立，因為巧合也是寫作時記憶的反映。

《圍城》寫於1946年，而《甲申三百年祭》寫於1944年，在重慶《新華日報》連載四天，受到毛澤東的高度重視，他曾在給郭沫若的信中說，「你的《甲申三百年祭》，我們把它當作整風文件看待。」此文在延安和當時共產黨控制地區大量發行。《圍城》的敘事，凡具體事件、書名及當時風尚，皆有真實所指，而這個諷刺，也可以理解為是錢鐘書對一篇名文的態度，其中可能包含了他對文章作者人格和學術的評價，不知這個理解有無道理？

——謝泳《錢鐘書與郭沫若》

對於錢鐘書這種並不光彩的行為，作為自由派的謝泳顯得格外寬容，以「壓力下為尋求自保，寫文章批判別人極為常見」做了開脫，與他對郭沫若的苛責態度形成了鮮明對照。相比較之下，一位佚名網路作者對郭、錢二位的評價倒客觀中肯多了：

> 郭沫若雖善於『歌功頌德』，但仔細觀察，其歌頌之對象，皆為『革命陣營』之領袖。
>
> 其人生性浪漫浮誇，熱衷新事物，喜投機，雖謀身，卻初心不改。歷五四，北伐，抗日，解放，建國後諸多運動，皆有言功，從未隱藏自己真實意圖，始終走在時代最前沿。與性格合拍。
>
> 錢鐘書者，少年狂狷，以英文揚名。中年以後師古。愛惜羽毛，憂讒畏譏。持才傲物，卻外表謙卑。未曾有一日與革命同志向，卻以苟全於亂世官場，聞達於革命政權而自詡。陰陽雙面。不直也。且心思晦暗。喜猜度。晚年病危之際，以曲附中共之身，怒斥探病粉絲『不三不四』『想沾自己的光』。性狹也。
>
> 錢氏，謀身且曲，郭氏，謀身且直。錢不如郭也。

這段文字堪稱是為郭沫若和錢鐘書勾勒的一副惟妙惟肖的素描，讓人得以窺見從五四運動到新中國成立後長達半個多世紀的時間裡，自由派與左翼知識份子之間始終難以「見容」的真正奧秘。其中透露的政治訊息無疑是耐人尋味的。

如果說五四運動主要是以胡適、蔡元培等為代表的一批親

歐美派知識份子和以李大釗、陳獨秀等為代表的一批親俄派知識份子聯合主導，成為對中國影響最大的兩種勢力，那麼，在二十世紀上半葉的大部分時間裡，這兩股力量之間的博弈和較量一刻也不曾間斷過，直到1949年中華人民共和國建立，新的道統和法統得以定於一尊，歷史的天平真正傾斜到了「親俄派」，也就是共產黨和工農大眾這一邊。用毛澤東的話說，原來的「盟長」下降成了普通的「盟員」，原來的「盟員」上升成了「盟長」。由此帶來的政治地位和文化身份的變化，真可謂「天翻地覆慨而慷」，譬如建國初期，郭沫若便出任政務院副總理，後來又擔任全國人大常委會副委員長，以文化人之身站上國家領導人之位，這在中國近現代史上恐怕也是絕無僅有的，而相比之下，那批一直視郭為「異己」的自由派如錢鍾書、陳寅恪、季羨林等人，在新體制下則只是大學裡的一名教授或研究所的普通研究員，同地位顯赫的郭沫若一比，簡直判若雲泥。而且在隨後對知識份子不斷進行「工農化」的思想改造過程中，他們遭受的諸多屈辱和痛苦，與一直身居政治和文化高位的郭沫若作為歷史主宰者的感受顯然有天壤之別。這一點，從後來季羨林和楊絳在其一系列隨筆散文中用「牛棚」比作「五七幹校」可見一斑。

不過，那時的中國已進入「新時期」。1978年，中共中央召開的十一屆三中全會，被視為改革開放的標誌性事件。歷史像一個鐘擺，在轉了一個大彎之後，終於倒向了自由派這一邊，以郭沫若、茅盾等為代表的左翼文化人迅速邊緣化，直至完全被逐出主流知識界，遭到長期的貶損乃至污名化、妖魔化。如同一輛列車在快速行駛很長一段之後突然轉向，剎車之猛，拐彎之急，大概讓許多人出乎意料。自由派中間的許多人其時已年逾花甲，但

還是忍不住為歷史終歸「正途」喜極而泣，只差像杜甫那樣吟哦「漫捲詩書喜欲狂」了。

也就是在這一年的6月12日，郭沫若的生命走到了終點。中國人講究「蓋棺定論」，但對郭的評價並沒有隨著他的去世而「定論」，恰恰相反，自他逝世後，中國知識界和學術界對他的否定性評價像洪水一樣決堤而出，不絕如縷，使郭的文化地位彷彿從雲端一下子跌落到了地獄，其褒貶和譽謗的反差之大，不僅在中國就是世界文化史上，恐怕也罕有其匹。

與之相反，自由派們則紛紛從邊緣進入主流，由「異類」回到了「正統」，用一句毛時代流行的話說，他們終於「找回了失去的天堂」，其中不乏郭沫若曾經有意無意壓制和傷害過的如錢鐘書、沈從文，都一個個搖身一變成了「大師」和「泰斗」，比起當年的郭沫若毫不遜色。比郭更勝一籌的是，他們中的有些人在盡享榮耀時，還沒忘記朝著早已聲名狼藉的郭沫若啐幾口唾沫，這種行為的貶義說法叫「落井下石」，褒義說法叫「痛打落水狗」，他們當然是取義後一句——此句出自魯迅先生，「左翼」一直是魯迅的政治標籤，廣義上可以視作郭沫若的同盟者，但新時期後，學界早已將魯迅「形塑」成了「自由知識份子」。況且，在經過許多人考證之後，郭沫若三十年代化名寫文章批判和謾罵魯迅，已經成為了一件「誰也不能否認」的「惡行」，從而將「魯郭」實行了成功的切割（學界素有「魯郭茅、巴老曹」的排序）。誰要替郭辯護，誰就是反對魯迅，就是以主流知識界為敵。

歷史從來都是由勝利者書寫的。對郭沫若評價的起伏跌宕和翻雲覆雨，再次證明了這是一條顛撲不破的鐵律。但辯證法告訴

我們，每部歷史都是當代史，對於歷史包括歷史人物的評價，從來不是「最後的審判」，也就是說，歷史的書寫將不斷接受一個個和一代代書寫者的「再書寫」「再評價」。對郭沫若的評價也是如此，尤其當書寫者如果「通過偽造書信、回憶錄等材料，將郭沫若在政治上塑造成阿諛奉承、表裡不一的佞臣，在文化上塑造成態度粗暴、致人死地的酷吏，在道德上塑造成始亂終棄、玩弄女性的流氓和阿諛奉承、賣友求榮的小人，從而通過對郭沫若革命理念和行為的妖魔化、庸俗化，以達到將革命收編進資本主義消費文化的目的」時，更有可能面臨嚴厲的質詢。譬如，自由派們在對郭沫若進行政治清算和道德審判時，卻對屬於自己陣營的錢鍾書揭發郭沫若以及在巴黎留學期間「嫖宿站街妓女」視而不見，同理，對季羨林在日記中寫道「我今生沒有別的希望，我只希望，多日幾個女人，（和）各地方的女人接觸」，非但不予指責，反而以「真特麼有個性」倍加欣賞，這與他們長期針對郭沫若「不堪」私生活的口誅筆伐，形成了鮮明對比。類似的「雙重標準」，在當下文化界也屢見不鮮。

俗話說，金無足赤，人無完人，何況郭沫若這樣一位複雜而重要的歷史人物。說到底，郭去世後遭受的中傷和詆毀，不單是他個人的「厄運」，而且是二十世紀下半葉世界共產主義運動和中國革命經受重大挫折的一種普遍症候。冷戰結束後，全世界無產階級的導師馬克思、恩格斯、列寧、以及蘇聯文豪高爾基等人，無一例外地遭受了猛烈的攻擊和誹謗，範圍從私人生活到學術思想及政治實踐，手段包括造謠、污蔑、謾罵、構陷等等，無所不用其極。至於被視為中國的馬克思、列寧和史達林的毛澤東，幾十年來更是成為了「自由派」集中攻擊和

詆毀的首選目標。

1883年，恩格斯曾在馬克思墓前的講話中指出：

　　馬克思首先是一個革命家。他畢生的真正使命，就是以這種或那種方式參加推翻資本主義社會及其所建立的國家設施的事業，參加現代無產階級的解放事業，正是他第一次使現代無產階級意識到自身的地位和需要，意識到自身解放的條件。鬥爭是他的生命要素。很少有人像他那樣滿腔熱情、堅韌不拔和卓有成效地進行鬥爭。最早的《萊茵報》（1842年），巴黎的《前進報》（1844年），《德意志—布魯塞爾報》（1847年），《新萊茵報》（1848—1849年），《紐約每日論壇報》（1852—1861年），以及許多富有戰鬥性的小冊子，在巴黎、布魯塞爾和倫敦各組織中的工作，最後，作為全部活動的頂峰，創立偉大的國際工人協會，——老實說，協會的這位創始人即使沒有別的什麼建樹，單憑這一成果也可以自豪。

　　正因為這樣，馬克思成了當代最遭忌恨和最受誣衊的人。各國政府——無論專制政府或共和政府，都驅逐他；資產者——無論保守派或極端民主派，都競相誹謗他，詛咒他。他對這一切毫不在意，把它們當作蛛絲一樣輕輕拂去，只是在萬不得已時才給以回敬。現在他逝世了，在整個歐洲和美洲，從西伯利亞礦井到加利福尼亞，千百萬革命戰友無不對他表示尊敬、愛戴和悼念，而我敢大膽地說：他可能有過許多敵人，但未必有一個私敵。

作為「繼魯迅之後，在中國共產黨領導下，在毛澤東思想指引下，我國文化戰線上又一面光輝的旗幟」，郭沫若所受到的污蔑和誹謗，不亞於任何一位革命導師和領袖人物，都不過是共產主義運動從高峰跌入深谷之後的一種「多米諾效應」。

我想，對於郭沫若，這不是他的恥辱，而是光榮。

（2018年）

被「極左」的姚雪垠

晚年姚雪垠曾經對人說，他「既非右派又非左派」，並引用丁玲的說法，他是「獨立大隊」。這顯然是針對1980年代後期他和劉再複那場論爭中，被主流學界誣為「極左」的一種回應。而在1957年的反右運動中，姚雪垠曾被劃為「右派」，一個人身兼「右派」和「左派」兩種身份，這在1949年之後的中國作家中，除了姚雪垠和丁玲，似乎再無別人。

在中國現當代文學史上，姚雪垠的身份的確比較獨特。自1940年代的延安，到1949年新中國成立，直至1980年代中後期，影響和主宰中國文學界的主要是兩撥人，一派是從1930年代以上海「左聯」為中心，以魯迅為實際領袖的左翼文化人，如矛盾、周揚、丁玲、胡風、馮雪峰、夏衍、洪深等，另一派是延安時期特別是毛澤東發表《延安文藝座談會上的講話》之後成長起來的一派所謂解放區作家，如周立波、趙樹理、何其芳、賀敬之、田間、張光年、孫犁、李季、劉白羽等。

但姚雪垠這兩派都不屬於。

1910年10月，姚雪垠出生於河南省鄧州市一個破落地主家庭，父親上過開封優級師範。由於家境窘困，母親準備在他出生時溺嬰，幸為曾祖母所救。姚雪垠從小愛聽外祖母講故事，還由此激發了想像能力和文學興趣。1924年小學畢業後，去信陽上中學。同年冬，由於第二次直奉戰爭爆發，學校提前放假，回鄉途中，與二哥和其他兩名學生一起被李水沫的土匪隊伍作為

「肉票」抓去，旋又被一個土匪小頭目認為義子。在土匪中生活約100天的這段特殊經歷，成為姚雪垠後來創作自傳性小說《長夜》的基本素材。1929年夏，姚雪垠考入河南大學法學院預科，與此同時，在《河南日報》副刊用「雪痕」的筆名發表處女作《兩個孤墳》和其他作品，這些小說寫下層勞動者受封建勢力迫害致死的悲慘故事，表現了鮮明的民主主義傾向。入學後不久，即參加進步活動，和開始閱讀馬克思主義著作，還讀了清代樸學家、《古史辨》派和郭沫若等唯物史觀派的一些代表性論著，立志成為馬克思主義的史學家或文學家。1931年暑假被學校當局以「思想錯誤，言行荒謬」的罪名開除。從此結束學生生活，在北平等地以投稿、教書、編輯為生。到抗戰爆發前夕，先後在《文學季刊》、《新小說》、《光明》、北平《晨報》、天津《大公報》上發表了《野祭》、《碉堡風波》、《生死路》、《選舉志》等10多篇小說，這些作品展現了內地農村黑暗混亂的現實圖景，和被壓迫者奮力反抗的鬥爭畫面。此外，他還編過《大陸文藝》、《今日》兩種刊物，在《芒種》、《申報》上發表雜感，刊出散文和散文詩、文學論文多篇。這些文章同樣表現了姚雪垠對現實的關切，有敏銳的時代感。由於受文藝大眾化、大眾語討論的影響，1936年曾收集家鄉口語，編為《南陽語彙》。1939年，長篇小說《春暖花開的時候》開始在胡繩主編的重慶《讀書月報》上連載。1943年初至重慶，姚雪垠當選為中華全國文藝界抗敵協會理事。1945年初至四川三台任東北大學中文系副教授。同年夏季返成都創作了取材於自身經歷的長篇小說《長夜》。抗戰勝利後，姚雪垠到上海，任私立大夏大學副教務長、代理文學院長。其間出版有報告文學集《四月交響曲》，短篇小說集《M

站》、《差半車麥秸》，中篇小說《牛全德和紅蘿蔔》、《重逢》，長篇小說《戎馬戀》、《新苗》、《春暖花開的時候》、《長夜》，論文集《小說是怎樣寫成的》，傳記文學《記盧鎔軒》等。同時研究明代歷史，發表了《明初的錦衣衛》、《崇禎皇帝傳》等學術論著……

　　早在河南大學讀預科時，姚雪垠就開始接觸政治，「在白色恐怖下的開封他所能找到的所有與馬克思主義有關的書籍」，儘管當時他並不完全理解，但還是「囫圇吞棗一知半解」地讀下去。當然，他當時所讀的也不都是紅色政治書籍，同時他也閱讀包括梁啟超與顧頡剛等人在內的學術著作，並且對史學和文學產生了濃厚的興趣。從此，文學和史學成為姚雪垠的安身立命之本。他將大部分精力和時間用在史學學習和研究與文學閱讀和創作之上，但又不時為窗外的政治所吸引。

　　自20世紀中國的大學誕生以來，各種政治就一直在大學的校園裡遊蕩，在大學師生的胸中激蕩，特別是風起雲湧的20年代後期到30年代，大學校園更是不斷掀起政治風暴。大學預科時期就開始接觸馬克思主義的姚雪垠自然不會關起門窗一心讀書。當革命的政治風暴席捲河南大學的校園時，「他沒有絲毫猶豫，而是迫不及待地縱身躍入了革命的洪流之中。」積極地參加遊行，發表演講，張貼標語，散發傳單，幾乎成為一個職業革命者，為此被懷疑是共產黨，遭到國民黨西北軍的逮捕。由於得到軍隊中河南老鄉的幫助，姚雪垠轉危為安，又由辛亥革命老人保釋，最終脫離了危險。獲得保釋以後，姚又回到了河南大學繼續讀書，然而由於他「不肯放棄對理想的追求」，又被確定為「危險人物」，遭到了學校的開除。與此同時，國民黨又準備逮捕他，姚

不得不開始逃亡。隨後，姚來到北平求學與謀生。在北平，雖然大學校園裡仍然不斷掀起學潮，但他已經不再將主要精力放在政治上，也沒有參加政治組織和各種政治活動，他雖然沒有與政治脫鉤，但是將大部分精力花在了讀書和文學創作上來。他一方面希望在文學創作上有所作為，一方面要靠筆桿子賺取稿費，解決現實生活中的一日三餐問題。由於刻苦勤奮與才華過人，姚很快在林語堂等人創辦的《論語》和曹聚仁創辦的《芒種》上嶄露頭角。不久，姚患了肺結核，需要修養和調理，於是在1933年離開北平來到河南杞縣的大同學校。這所學校由河南大學教授王毅齋創辦，學校裡沒有國民黨特務，卻有共產黨地下組織，在這裡，他與梁雷、趙伊坪等地下黨員交往密切，建立「課外文藝小組」，創辦《海鷗》文學雜誌，宣傳抗日救國的政治主張。姚雪垠在教學之餘，做的最有意義的一項工作就是搜集整理家鄉的方言土語，進而為他後來在文學語言上弘揚民族文化傳統奠定了堅實的基礎。身體多病是不幸的，可以改變一個人的人生道路。姚因此沒有成為一名到前方浴血奮戰的抗日戰士，倒是促成他走上了文學道路。

抗戰全面爆發以後，姚雪垠經過一番漂泊奔波，來到了開封。在這裡，姚和朋友一道創辦刊物《風雨》，宣傳抗日。由於他們的努力，這本雜誌很快就在全國產生了巨大的影響。而這影響又與姚比較科學的抗戰文學觀有很大關係。當時的許多人僅僅將抗戰文學視為宣傳，作品標語口號化相當嚴重，而且主題直奔抗日，缺乏耐人尋味和令人深思的東西，更缺乏藝術性；而姚則強調「對敵人謾罵侮辱並不能長自己的志氣，滅敵人的威風，還是把敵人的暴行多多揭露」，「作家們不應該把視線都集中在

『抗戰』呀，『咆哮』呀，『雄壯的行進』呀，而應把建設民主政治和改善大眾生活作為兩種緊要任務。」根據這樣理念創作的作品顯然比那些直截了當為抗戰服務的作品更有份量，更有思想內涵，也更能夠打動讀者。只是後來中共河南省委受極左思想影響，強令刊物左轉，導致《風雨》越來越「紅」，隨即雜誌的撰稿人不斷流失，發行越來越萎縮。面對這種情況，姚雪垠感到困惑和迷茫，於是寫文章表達出來。然而有關方面負責人不僅沒有進行深刻的反思，吸取經驗教訓，反而對姚進行懲罰性地調離開封，令他到故鄉去搞地下工作，其實是將他往虎口裡送。這是姚第一次遇到中共黨內的政治鬥爭。儘管當時沒有對他進行批判，但是這種以革命的名義要求他必須服從命令的打擊報復方式也顯示出一定的殘酷性。姚頗感無可奈何，只好默默地離開開封。離開開封以後，他既沒有按照組織要求回家鄉去做地下工作，也沒有像當時的許多熱血青年那樣奔赴「革命聖地」延安，而是來到徐州附近的台兒莊，來到國民黨軍的三十軍進行採訪，同時找當地的遊擊隊員進行座談，為後來的寫作積累豐富的素材……（參見許建輝著《姚雪垠傳》，湖北人民出版社）

從以上經歷看出，姚雪垠在1949年以前的大部分時期，都游離於主流文學之外，堪稱文壇的邊緣人。但這並不意味他對中國現實和民族命運漠不關心，或者是那種崇尚英美的自由派文人，相反，姚的思想深處有著強烈的左翼色彩，這顯然與他出身底層，對勞動人民的疾苦懷有深切同情有關。姚對中共革命心嚮往之，但又一直保持著某種若即若離的關係。這在很大程度上影響了他的創作乃至一生的命運。

但儘管如此，姚雪垠還是避免不了捲入革命文藝陣營的各

種論爭與鬥爭，甚至曾遭到過胡風組織的國統區進步作家的「整肅」。

據《胡風清算姚雪垠始末》一文記敘，1944年初，毛澤東《在延安文藝座談會上的講話》被介紹到國統區。5月，何其芳、劉白羽受中共派遣來到大後方，宣傳延安整風和「講話」精神，重慶文藝界整風開始。進步文藝界以「讀書小組」為組織形式進行學習，每組若干作家，由黨的文藝領導召集，批評和自我批評相結合，氣氛和風細雨。

姚雪垠參加了「讀書小組」，經受了批評。他在回憶文章中寫道：「1944年的春天，《牛全德與紅蘿蔔》遇到了一次最深刻、最公正、最嚴肅、最使我感激難忘的批評。這次批評是採取討論會的形式，並沒有文章發表，至今我珍貴地保存著當時在幾張紙片上記下的批評要點。參加這次討論會的有茅盾先生，馮乃超先生，以群兄，克家兄，SY兄。」

胡風也參加過類似的「讀書小組」。他在《再返重慶》中寫道：「乃超在鄉下召開了一次小型的座談會，是為了學習毛主席《在延安文藝座談會上的講話》……乃超約了十來個人，除他和我外，記得有蔡儀，其他人就不清楚了。」由於胡風的態度頗不合作，此後他便與讀書小組無緣，更沒有進行過自我批評。

在中共組織國統區進步作家整風期間，胡風發動和組織了文壇的「整肅」運動，向他所認為的進步文藝戰線內部的「反現實主義逆流」宣戰，這個運動造成了嚴重的後果，若干年以後甚至成為導致他也遭受「整肅」的重要原因之一。4月，胡風在文協第六屆年會上宣讀了一篇論文，題為《文藝工作底發展及其努力方向》，總結了六年來抗戰文藝的歷史和現狀，並對文協未來的

工作提出設想。這篇論文後來被認為是胡風號召抗戰文壇內部開展「整肅」運動的動員令。他通過路翎聯繫北碚的青年學生，其中包括石懷池及後來被稱為「胡風派」的一些青年；他指示要清算的作家及作品，包括清算的方法和要點。在他與路翎等人的來往信件中，被點名清算的作家有郭沫若、茅盾、巴金、曹禺、沙汀、姚雪垠、臧克家、碧野、嚴文井、朱光潛、陳白塵等……

　　1944年7月24日，石懷池批評姚雪垠和碧野的文章在《新華日報》發表，把他們的作品圈定為胡風所指的第三類，批評他們描寫了「帶有抒情意味的知識份子的緋色戀愛故事」。更有甚者，把沙汀的《困獸記》稱作「禽獸記」，把臧克家的《感情的野馬》說成「色情的瘦馬」等等。其後，眾多蜂擁而至的批評便把胡風文章中所謂「對生活的賣笑態度」和石文中所稱「帶有抒情意味的知識份子的緋色戀愛故事」，乾脆地詮釋為「娼妓文學」或「色情文學」了。從此，姚雪垠便被某些人輕蔑地稱為「娼妓作家」或「色情作家」。

　　不久，胡風又推出《置身在為民主的鬥爭裡面》和《論主觀》等論文，高揚起「反對客觀主義」的大旗，把「整肅」運動提高到與「機械──教條主義」作鬥爭的哲學的高度。這種煞有介事的姿態引起了進步文壇的惶惑，黃藥眠等紛紛提出質疑。1944年底，姚雪垠寫了一篇隨感，題目叫《硬骨頭》，文中慷慨激昂地表示：「想做一個文學家，必須有一把硬骨頭，吃得苦，耐得窮，受得種種打擊。」算是對關心他的讀者朋友的答覆，也是對胡風等的攻擊的回應。1947年初，他帶著《長夜》和《記盧軒》的書稿，從河南來到上海，這兩部作品是他反擊胡風派的武器。上海是戰後的文化中心，姚雪垠想在這裡重振旗鼓。就在這

時，「懷正文化社」的老闆劉以鬯伸出了援手，不但為他提供住處，而且答應給他出選集。劉以鬯是後來的香港著名作家，他開的這家出版社定名「懷正」是為了紀念他的父親，與「蔣中正」沒有關係。此後一年多，姚雪垠就住在出版社，安心寫作。很快，《雪垠創作集》共四種順利出版。姚在《雪垠創作集》的跋中，把幾年來蒙受胡風等攻擊的委屈情緒一古腦兒地發洩了出來：「繼這個集子之後，我還有許多作品將陸續的，一部一部地拿出來，毫不猶豫地拿出來。善意的批評我絕對接受，惡意的詆毀也『悉聽尊便』。我沒有別的希望，我只希望這些表面革命而血管裡帶有法西斯細菌的批評家及其黨徒能拿出更堅實的作品來，不要專在這苦難的時代對不能自由呼吸的朋友擺擂。」這篇文章又名《論胡風的宗派主義》，載北平《雪風》第3期，是現代文學史上公開地系統地批評胡風派宗派主義的第一篇文章。

姚雪垠的挑戰，引起胡風等人的震怒。阿壟的文章不久就寫出來了，題目叫《從「飛碟」說到姚雪垠的歇斯底里》。文章發表後，阿壟把載有此文的《泥土》寄給胡風。此時，胡風等人認為「懷正文化社」是國民黨的文化機關，並認定姚雪垠是國民黨特務。從一椿「莫須有」的流言，到鐵板釘釘般的宣判，姚在文壇上的地位由此一落千丈，幾乎被「進步文藝界」拋棄了。

1949年7月，全國第一次文代會在北平隆重召開，來自解放區的與來自國統區的進步作家勝利會師了。此時，新中國尚未宣告成立，中共中央率先召開這次文藝盛會，顯示了新政權對文藝的高度重視，與會代表都把能參加這次盛會當作畢生的政治榮耀。文藝界代表824人，除了極個別政治上有嚴重問題的作家之外，稍有點兒名氣的作家都得到了邀請。然而，一度被認為是抗

戰時期成長起來的青年作家中「最為傑出的一個」的姚雪垠卻不在其列。這顯然與幾年前胡風發動的那場針對他的「整肅」有關。從1949年到1954年，黨和政府給予胡相當高的政治待遇——全國政協委員，全國文聯委員，中國作協常委，華東文委會委員，全國人大代表。而姚只享有普通公民的權利——上海大夏大學兼職教授，代理文學院院長並兼任副教務長，後調回河南文聯當專業創作員。可見「整肅」對胡、姚兩位主要當事人的影響是深遠的。

　　瞭解姚雪垠被胡風「整肅」的這段經歷後，我們也許就不難理解他後來為什麼被打成「右派」了。

　　1949年以後的姚雪垠雖然自青年時代建立起的對中國共產黨和共產主義的信念「癡心未改」，但胡風組織的那場「整肅」使他在新體制內業已邊緣化，與政治「若即若離」，處於十分尷尬的位置，作為曾被茅盾稱讚為「最有才華的青年作家」的作家，一方面，「他的創作道路與文藝思想都與『無產階級』要求格格不入。」另一方面，在1953年的供給制向工資制轉化時，姚的工作被定為最低的文藝六級，住房分配也比別人差，被安排住進了距公廁只有一丈之遙的小屋裡。處在這種惡劣環境中，姚雪垠一方面深感壓抑，另一方面感到「老冉冉其將至兮，恐修名之不立！」其實，姚不過43歲，還處在人生的中年時期，根本談不上老。姚雪垠不甘心，為了適應當時的形勢，他到工廠去體驗生活，調整自己的創作思路，並根據當時的形勢要求，創作了《攜手》（後又根據政治要求改寫成以階級鬥爭為綱的《捕虎記》）。這種按照固定的套路和圖解主題創作的作品當然不會成功，姚意識到照這樣下去，自己的未來一定全毀了。於是他將

「真正的」文學創作轉入「地下」。可惜他的「地下寫作」沒持續多長時間，就被人發現，接下來自然是受到批評，姚雪垠與領導辯論起來，憤慨之下將文稿付諸一炬。在隨後的反右運動中，姚遭到全面批判，被打成了「右派」。姚之所以被打成「右派」，並非政治問題，而是因為他「狂放驕縱」，與所在的武漢作協的領導關係沒有搞好，因而受到了嚴厲的報復。（許建輝：《姚雪垠傳》，第139頁）

這跟胡風被打成「反革命集團」，同丁玲被打成「右派」似乎有所不同。胡風的最終「罹禍」，除了他的個人性格，還與他自持甚高，不滿足於「有職無權」的邊緣化處境，其「堅持主觀戰鬥精神」的文藝理論同當時的主流文藝思想格格不入，並試圖挑戰周揚作為文藝界領導人以及毛澤東文藝思想權威闡釋者的地位等原因有關；丁玲也是如此，她在左聯比周揚還老的資歷，她在延安時期與周揚因《三八節有感》產生的「縫隙」以及對周的主觀主義宗派主義作派不滿的言論等等，最終使她成了周揚借政治運動「定點清除」的首選目標。相形之下，姚雪垠只不過是中國作家協會武漢分會的一名專業作家，無職無權，他被打成「右派」，純粹是官僚主義的犧牲品。

不過，塞翁失馬，焉知非福，身處逆境的姚雪垠受司馬遷寫作《史記》的啟示，開始創作長篇小說《李自成》，希望以此填補新中國成立後長篇歷史小說創作的空白。《李自成》原計畫寫作150字，最後全部完成時達到了300多萬字。1961年，《李自成》第一卷完稿，於1963年問世。由於姚雪垠嚴謹的創作態度、紮實的史學功底與深厚的文學造詣，小說獲得了巨大成功，第一版就印了幾十萬冊，一時洛陽紙貴，並得到了毛澤東主席的讚

賞。這為姚後來為了寫完《李自成》全書，爭取最高領袖以及其他方面的支持，提供了有利的契機。

這樣，到了1978年，姚雪垠的《李自成》第二卷出版後再次引起轟動，並於1982年獲得了首屆茅盾文學獎，不少文壇名宿權威紛紛撰文推介，如茅盾的《關於長篇歷史小說〈李自成〉》、嚴家炎的《〈李自成〉初探》，都從藝術成就方面對文本進行了深入細緻的分析，給予了高度的評價。姚因此成為當時中國作家中最為耀眼的人物。不久，姚當選為湖北省文聯主席。而差不多同一時期，與姚一樣被打成右派的許多中老年作家，大多剛獲平反摘帽，還沉浸在「傷痕文學」寫作和對「四人幫」和「十年浩劫」的控訴之中，無論從規模還是影響，都未拿出堪與《李自成》媲美的成果。在這種背景下，姚雪垠及其《李自成》的一枝獨秀，無疑顯得有些刺眼，甚至可能讓一些人心裡有些「不適應」。

1988年2月份，中國一南一北兩家具有全國影響的文藝刊物——上海的《文匯月刊》和北京的《人民文學》，以顯要地位分別發了劉再複的兩篇長文。前者是他與劉緒源的談話：《談文學研究與文學爭論》，後者是他為一本新時期中國文學作品的外文譯本寫的序言《近十年中國文學精神和文學道路》，由此引發了一場關於姚雪垠和《李自成》「再評價」的熱潮。

此時，距《李自成》第二卷出版已過去了整整十年。如果以1978年中共中央十一屆三中全會為標誌，中國的改革開放也已經滿十歲了。思想文化界在經過「實踐是檢驗真理的唯一標準」討論之後，西方現代、後現代文藝思潮和作品大量湧入，一套以譯介西方現代文化政治名著為主的「走向未來叢書」成為知識份子

和文化人爭相購買的流行讀物。許多老中青作家紛紛扔掉現實主義的行頭，加入到現代派的行列，連姚雪垠在湖北的老同事，湖北省作家協會副主席、《哥德巴赫猜想》的作者，已經年逾七旬的徐遲也寫出《文藝需要現代化》等文章，為現代派吶喊助威。在1987年的中國作協換屆大會上，首次實行了民主投票選舉，被視為「保守派」的詩人、歌劇《白毛女》的作者之一賀敬之在副主席選舉中落選，而曾經在1957年被打成右派，1978年後又以《人妖之間》等暴露社會陰暗面產生重大反響，被視為「改革派」和「自由派」代表人物的報告文學作家劉賓雁，以及同樣曾被劃為右派，以創作意識流小說著稱的王蒙，以高票當選新一屆中國作協副主席。此間，儘管中共中央發起過兩次「清除精神污染」「反對資產階級自由化」的小運動，非但沒有阻止住所謂的「污染」和「自由化「，反而使」現代派」的潮流加速反彈，漸成大勢。

在這股大潮中，時任中國社會科學院文學研究所所長的文藝理論家劉再複的《文學的主體性論綱》和《性格二重組合論》，是新時期文學在理論上由「傳統」邁向「現代」的重要標誌。

1988年，這位中國文藝理論界的翹楚和明星人物將目標對準年逾七旬的老作家姚雪垠和已經出版了十年的長篇歷史小說《李自成》，絕非一時心血來潮，或如有人猜測的那樣出於私怨，「故意跟姚老過不去」。但細究起來，劉再複和姚雪垠之間並非沒有「過節」。1985、1986年劉再複在《文學評論》分兩期發表《論文學的主體性》一文，認為「我國文學在相當長的一個時期，普遍地發生主體性失落的現象，為此，我們需要探討一下文學主體性的回歸、肯定和實現的途徑。」他提出文學創作和文學

研究要重視文學的主體性，「文學的主體包括作為對象主體的人物形象，作為創造主體的作家和作為接受主體的讀者和批評家。」在文學創作上，劉強調把筆下的人物「看成人」，「注意人的精神世界的能動性、自主性和創造性」，反對「把人變成任人擺佈的玩物和沒有血肉的偶像」，創作主體應肩負歷史使命，實現「對世俗觀念、時空界限及『封閉性自我』的超越」，並「昇華到自我實現」的境界，表現「人道」的精神追求。劉文的發表，在文藝理論界引發了一場激烈的爭論，老一輩評論家陳湧、陸梅林、敏澤、程代熙、楊柄、鄭伯農、丁振海、李準、陳燊等人提出了尖銳的批評。另有一批活躍在文壇的中、青年批評家王春元、何西來、杜書瀛、陳遼、徐俊西、林興宅、孫紹振、楊春時等則對劉再複的觀點進行了支持。

在這場論爭的後期，姚雪垠連續發表了《創作實踐和創作理論——與劉再複同志商榷》和《繼承和發揚祖國文學史的光輝傳統：再與劉再複同志商榷》兩篇論文，對劉再複的「文學主體性」論說提出批評。姚批評劉再複的觀點主要有：1、劉的文學主體論不符合馬列主義的原理，文學的「外部規律」和「內部規律」是一個不可分割的整體，劉人為地將文學「內部規律」和「外部規律」隔開，將研究文學的「內部規律」看作是「回復到自身」是不對的。2、劉對「作家的主觀能動性」作了無限的誇大，是「主觀唯心主義」。3、結合自己的創作經驗，對劉提出的文學創作中「寫活的人物是不受創作主體控制的」提出了質疑。4、劉對中國文學史存在錯誤認識，否認祖國文學史的光輝傳統，簡單地認為古代文學是消滅個性的文學。

應該說，在當時中共中央提出「反擊資產階級自由化」的背

景下，姚雪垠對劉再複的批評，給這場頗為敏感的論爭添了一把不大不小的火，肯定讓處於風尖浪口的劉再複感到不爽，甚至緊張。於是在1988年初，劉再複在當時被認為是「改革派」知識份子重鎮的《文匯月刊》和中國文學第一刊的《人民文學》接連發表《劉再複談文學研究與文學論爭》、《近十年的文學精神和文學道路》和《劉再複談姚雪垠現象》三篇重磅文章，不僅對姚雪垠批評他的觀點逐一進行回應，還把槍口對準了譽為中國歷史小說創作里程碑的《李自成》。

劉再複反擊姚雪垠文章的主要觀點如下：1、《李自成》是「表現高大完美的農民英雄的歷史小說」，是「偽浪漫主義最猖獗」時代的產物。2、姚以自己的經驗來證明自己符合馬克思主義，陷入了「我證我」的「怪圈」，其推理和論證充滿悖論。3、姚對傳統文化的態度需要反思，姚的觀點不利於我們民族的生存與發展。4、《李自成》「一卷不如一卷」，原因在於：「姚先生堅持了『三突出』、『高大完美』等文學觀念。按這種理論精心設計自己的人物，人物就不能不成為抽象的寓言品和簡單的時代精神的號筒。李自成、高夫人這些主要人物，都成了這種號筒。並提出所謂「八個樣板戲和兩個作家」之說（「兩個作家」指浩然和姚雪垠）5、姚對「文學主體性」的批判，是對「新的文學潮流的不滿和對新一代作家學人的強烈排拒」，他的痛苦是「與時代大潮相背離的逆向性的苦悶」。（參見周志雄：《回顧劉再複和姚雪垠的論爭》）

劉再複的「反擊」可謂刀刀見血，字字戳到了姚雪垠的痛處。尤其是將姚耗費大半身心血，體現其畢生文學成就的《李自成》說成是堅持和迎合「三突出」「高大全」的產物，並提出所

謂「八個樣板戲和兩個作家」之說，給姚扣上了「極左」和「與時代大潮相背離」、對「新的文學潮流的不滿和對新一代作家學人的強烈排拒」的大帽子，肯定令當時正處於事業和榮譽最高峰的姚雪垠難以接受。正如本文前面指出的，姚雪垠是一個深受馬克思主義和革命現實主義文學影響的作家，在《〈李自成〉第一卷前言》中，他曾毫不諱言地說：「隨著我在新的條件下不斷地學習馬克思列寧主義、毛澤東思想，我對接觸過的歷史資料獲得了新的認識，從而形成了《李自成》的主題思想。」姚十分強調辯證唯物主義的歷史觀，自認為《李自成》是自覺踐行革命現實主義與革命浪漫主義相結合的創作方法的成果，並將積極致力於創造「有中國作風和中國氣派的」歷史小說作為自己的使命。可見，姚雪垠的文學觀以及《李自成》的創作，絕不僅僅是對政策的圖解和迎合，而是他從青年時代就建立起的共產主義信仰的結晶。況且，姚雪垠在大半生的時間裡都遊離於主流政治和主流文學體制之外，自認為「非左非右」，因此，劉再複指姚雪垠為「極左」，肯定使他大為震怒。氣急之下，接連發表了《〈劉再複談文學研究與文學論爭〉一文讀後》、《不要用誹謗代替爭鳴──答劉再複君》進行反批評。姚的主要觀點有：1、劉再複對《李自成》的評價是「肆意誹謗」，列舉《中國大百科全書》的評價、嚴家炎的評論反證劉再複的觀點錯誤。2、回顧《李自成》的創作歷史，說明《李自成》的創作是反「三突出」的。3、劉的「辱罵和誹謗太過火了」，擬起訴劉「侮辱和誹謗罪」。4、劉的文章回避所爭議的「是非問題」，而是「放暗箭、潑髒水，千方百計地搞臭論敵」。5劉醜化姚對新時期文藝的態度。6、劉醜化姚寫批評文章的寫作動機是「對新一代作家

學人的強烈排拒」。

現在看來，劉再複和姚雪垠的這場論爭除了明顯的情緒化，還帶有強烈的政治色彩。這是1980年代後期特定政治環境的反映。「改革開放初期，中國形成了許多學派。如新文化學派、自由派（或稱「西化派」）、「正統馬克思主義」（自由派稱其為「極左派」）等等。在姚雪垠身上，集中體現了所謂「正統馬克思主義」知識份子的普遍特徵：青年時代受「五四」啟蒙精神和馬克思列寧主義的雙重影響，在隨後的抗日救亡運動中，加入到中國共產黨領導的新民主主義革命和社會主義革命的歷史潮流，並以此為終身信仰。這一信仰在他們經歷過「反右」「文革」的政治磨難之後，也未曾動搖。而與之相對應的另一批所謂「自由派」知識份子，起初他們走上「革命道路」的動機跟姚雪垠們也許是相同的，但也有相當一部分人出於政治投機。而當以激進主義為特徵的中國革命遭受挫折和失敗之後，他們很快調整自己的身段，迫不及待地「告別革命」，加入到控訴共產主義的行列。他們之所以做出這樣的選擇，一半因為個人在激進的思想改造運動中受到「迫害」後的報復心理，另一半則出於政治信仰的蛻變。

對於知識份子同二十世紀中國革命之間這種錯綜複雜的關係和兩種截然相反的政治選擇，李陀在研究丁玲與「毛文體」的關係時，曾經做過較為理性的剖析：

> 像丁玲這樣為毛文體所感召，並且以毛文體參與話語實踐，去從事文化和知識生產的知識份子，多至千千萬萬。儘管有過多次批判運動，有過反右鬥爭，有過無產階

級文化大革命，但是就總體而言，就絕大多數知識份子而言，在整個民主革命和新中國時期，他們並不是一生受難的可憐蟲，也不只是一些被動、機械的齒輪和螺絲釘。被種種「受難史」掩蓋起來的事實是：知識份子都有過浪漫的、充滿理想的「參加革命」的經歷，有過「建設共產主義」的激情，也有過高呼「美帝國主義是紙老虎」的豪邁和氣概。這些記憶是不應被抹煞的。更重要的是，作為知識的傳播者和生產者，他們雖然一生受制於毛文體，但另一方面，他們也都為毛文體的再生產貢獻了熱情、才華和「最美的青春歲月」。即使在他們一生最困難的日子裡，在出賣和被出賣、迫害和被迫害、批判和被批判等尷尬困惑的時刻，許許多多的人仍然堅持毛文體的生產，並且把檢討、批判、迫害都變成毛文體再生產的特定形式。這些記憶也是不應該被忘記的。如果說毛文體的形成、發展是一個歷史過程的話，正是千萬知識份子的智慧和努力使這一過程成為可能。

回答可能是各種各樣的。但無論如何，以壓迫／反抗這類模式去解釋當代中國的人和歷史，只能是管窺蠡測，難以有什麼大意思。倘真有志於此，恐怕首先要考慮如何找到或創出一套新的語言，以使我們的思考複雜化，而不是相反。

——李陀：《丁玲不簡單》

姚雪垠和劉再複之間的論爭持續沒多久，姚就撤回了對劉的起訴，這顯然是他情緒冷靜下來之後的決定。對於文人之間的紛

爭，訴諸法律畢竟不是最好的選擇。多年以後，早已遠走海外的
劉再複在談起他和姚雪垠的這場筆墨官司時，也做出了自己的反
省：「本來我是不準備響應的，恰好《文匯月刊》的劉緒源先生
來訪問我，我就談了，談到姚雪垠的心態，說他有一種失落感，
還談到了他的小說《李自成》一卷不如一卷，尤其是後來幾卷受
了四人幫「高大全」理念的影響。老先生很不高興，說我是故意
誹謗他，聲稱要控告我，鬧得沸沸揚揚的。但後來還是不了了
之。馬克思和恩格斯是政治經濟學家，是偉大的思想家，但不是
文學家。我們討論問題應尊重馬克思的意見，但也可以有自己的
文學見解，姚先生認為我反馬克思主義，把問題看得太嚴重。我
反批評時，也太激動，也不必扯到『四人幫』的文藝上去。」

　　1999年4月，姚雪垠在北京的寓所溘然長逝，享年89歲。這
位生性耿直、自詡為「非左非右」，終生信仰馬克思主義、充滿
知識份子氣質的作家，除了手中的筆，從未執掌過任何實際權
力，卻因為晚年的一場論爭，被蓋棺論定成了「極左」。有人
說，好人往往在左的時代成為右派，在右的時代成為左派；壞人
則在左的時代極左，在右的時代極右。雖然我不同意這種道德主
義的說辭，但如果用在姚雪垠身上，倒是恰如其分。

　　姚雪垠與劉再複之間的論爭雖然在當時似乎並未決出勝負，
但最終還是以「極左派」全面潰敗、「主流派」或「西化派」完
勝而告終。因此，這場30年前的論爭，就成了中共體制內「極左
派」與已然羽毛豐滿的「自由派」們發生的最後一場思想對決。
其言決絕，其聲悲壯，隨著這一代被稱為「正統馬克思主義者」
的知識份子的先後離世，他們也從中國的主流文化界徹底消失
了，消失得大地白茫茫一片真乾淨。

　　自此以後，1980年代那種左右平衡的局面不復存在，中國的主流文化界已經整體右傾化，全部為「現代派」（或曰「自由派」）及其支持者接管，在貌似多元化的語境下，其實只有右翼精英或打著現代主義旗號的「近親」們一元獨大。

　　如果姚雪垠先生地下有知，不知會作何感想？

（2018年）

我們怎樣理解浩然

　　瞭解和研究新中國七十年的文學發展歷程，浩然大概是一個繞不過去的人物。從當代文學史的脈絡看，無論是「十七年文學」，「文革文學」，還是「新時期文學」，浩然的創作始終佔據著一個舉足輕重的位置。浩然寫於上世紀六十年代初的長篇小說《豔陽天》，七十年代的《金光大道》和八十年代的《蒼生》，都被公認為中國當代文學史上的代表性作品。但由於這幾個時期之間存在的巨大裂縫，再加上浩然曾經與特定時期的政治生活千絲萬縷的聯繫，人們對浩然及其作品的評價也充滿了分歧、誤解、爭議，乃至居心叵測的誹謗和攻擊。

　　在「傷痕文學」和「重寫文學史」的鼎盛時期，浩然本人以及他的《豔陽天》《金光大道》一直是被當作批判和貶損對象出現的。上世紀80年代，隨著《金光大道》四卷的出版，文壇上刮起了一股清算浩然的浪潮；針對浩然的「不後悔」，某評論家斥之為極左和「文革餘孽」，恨不得將浩然「打翻在地，再踏上一隻腳」。類似的攻擊，對浩然來說恐怕一點也不陌生。剛粉碎「四人幫」時，也曾有不少作家對他口誅筆伐地揭發批判過。那時文壇上流行一句話：「文革時期中國只有一個作家和八個樣板戲」。「一個作家」指的就是浩然。這樣一來，無疑把浩然跟「四人幫」捆綁在一起，從政治上判了他的死刑。

　　所謂「一個作家和八個樣板戲」當然不是事實。孔慶東曾經寫過一篇《文革時期的文藝》，他說得頗為精闢：「關於文革

時候的文學，也有一個謬論：文革的時候只能看一個作家的作品，叫浩然，再加上一個已經死去的作家，叫魯迅。浩然的作品叫《金光大道》，所以他們概括為『魯迅走在金光大道上』，就像『八個樣板戲』一樣，這是對文革文學的概括。……文革的作品我就不說了，因為我在這裡列出了幾百部、上千部。文革時候的作品是汗牛充棟。我這麼愛讀書的人，都多數沒讀過，只讀過其中的一部分。而我只讀過其中的一部分，就成了一個略有修養的人。非常遺憾的是，我上了大學之後，發現大學裡的文學史不講這些作品。我和我的小夥伴們曾經喜歡的、全國人民都喜歡的那些作品，現在大學裡的文學史裡竟然沒有！那麼多的小夥伴、那麼多的老百姓都讀過《烈火金剛》《沸騰的群山》《閃閃的紅星》，他們怎麼沒讀過呢？你可以說這書不好，你可以有理有據地說這書寫的哪不好哪不好；但是億萬人民讀過的東西，在你的書裡竟然沒有！這不是一個專業的態度，這不是實事求是。……」

　　我和孔慶東差不多是同齡人，他羅列的那些作品，我小時候也讀過，而且還可以列出更多，如《萬山紅遍》《海島女民兵》《大刀記》《激戰無名川》《征途》《鐵旋風》《分界線》《千重浪》《萬年青》《新來的小石柱》《虹南作戰史》《春潮急》《武陵山下》《土地詩篇》等等。那時沒有電視，也沒有網路，但人們尤其是「工農兵」卻獲得了更多的讀書機會。可精英們每每回顧「十年浩劫」，總是感歎「沒有書讀」，覺得置身在「文化沙漠」。正是從這點上讓我意識到，文化也好，文學也罷，並不像精英們宣稱的那樣「普世」，否則為什麼不同身份不同價值立場的人對同一時代的評價反差如此之大呢？

在粉碎「四人幫」後的清理整頓中，中共中央並沒有將浩然「一棍子打死」，不僅給浩然提供了重新創作的機會，還讓他當了北京市文聯副主席和北京市作家協會主席。這顯然讓那些一心想將浩然「批倒批臭」的人很不甘心，所以到九十年代，又掀起了對浩然的「再清算」，並逼迫他學習「文壇泰斗」巴金先生，為自己在文革中的行為認罪和「懺悔」。遺憾的是，浩然直到去世，也沒有滿足那些人的要求。

曾經在天涯社區論壇上看到一篇署名「子喬」的文章《浩然的「不懺悔」和某些人的「懺悔」》。作者寫道：

> 文革剛一結束，浩然就遭到批判，作品被定為「毒草」，他自己也不只一次承認「走了彎路」，但是他並沒有按照批判者的要求正式「懺悔」，批判者自然不會滿意，於是揪住不放。90年代末，浩然公開表示「不後悔」，並稱自己是個「奇蹟」，新一輪批判和清算應聲而至，一直延續到今天。

> 浩然的這種態度，一方面是出於個人情結，一方面是「嘴硬」──長期遭受攻擊而引起的逆反。我覺得，對他不妨多一些寬容和理解。現在，別說是網民的帖子，就是一些文學評論家的文章，也都夾雜了很多對浩然個人品行的貶損，甚至是惡毒的人身攻擊，離真正的文學評論差了十萬八千里。

> 某些跳著腳罵浩然的人，在文革中就是打手加歌手，寫的東西只怕比浩然還噁心，當然人家現在都懺悔了。記得某位善於扣帽子的學者曾說：「雖然我在文革

中也寫過那啥那啥，但是後來我懺悔了」（大意），其
潛臺詞就是：現在我有資格批判你了，誰讓你不先懺
悔？你就受著吧！

我想說，你們這種懺悔算個屁！

現在文革被否定了，毛澤東被「請下神壇」了，你
們的懺悔不需要任何代價！很難得嗎？很光榮嗎？你們
不過是「與時俱進」，好繼續混飯吃，高興了再當當打
手而已。

這種「懺悔」較之浩然的「不懺悔」，又能高尚多
少？跟他們一比，浩然倒顯得坦蕩耿直了。

如果非要在兩者當中選擇一個朋友，我寧願選擇浩然
這種「不懺悔」的！

這位作者的話，讓我想起前不久從網上看到的一份資料輯
錄的當代作家在文革十年發表的作品「目錄大全」，其中許多人
都是新時期文壇和「傷痕文學」的健將，除了前面提到的張抗抗
《分界線》、諶容《萬年青》外，還有王蒙、陳忠實、劉心武、
賈平凹、葉辛以及劉再復等等，作品的題材和內容也跟浩然一
樣，都是反映社會主義和資本主義兩條路線鬥爭，「為工農兵服
務」的。與浩然不同的是，他們及時同被全盤否定的「文革」劃
清界限，跟上了新時期主流政治的步伐，浩然卻沒有從原來的
「節奏」中走出來，而且拒絕「懺悔」，這就太「不識時務」，
遭到那些與時俱進的同行們的敵視，也就勢在必然了。

然而，文革期間走紅或受到器重，後來也沒有「懺悔」的
作家，並不止浩然一人，例如汪曾祺，文革時曾在北京京劇團擔

任編劇，因參加樣板戲《沙家浜》的劇本創作，受到江青的「賞識」，還被列為「四人幫餘黨」受過清查。但他後來以《受戒》《大淖記事》等一系列短篇小說成了新時期文學最重要的作家之一，贏得了極高的榮譽和地位。坊間也曾有人翻出汪曾祺作為樣板戲作者以及他與「文革旗手」江青之間過從甚密的經歷，據說，汪本人對此不僅無懺悔之意，還坦然承認江青對自己有「知遇之恩」，甚至「客觀」地肯定了江青在戲劇創作上提出的「十年磨一劍」的理念。（齊東：《汪曾祺與江青》）這種態度倘若放在浩然身上，肯定會引發許多人的口誅筆伐，但到了「汪老爺子」身上，主流輿論則不僅未有譴責，反而表現出少見的寬容，有人還撰文讚美汪曾祺為人多麼多麼敦厚豁達，這與浩然受到的「待遇」形成了鮮明的反差。個中原因，很大程度上跟汪曾祺後期的創作符合乃至引導了新時期文學的價值取向和審美趣味，而浩然儘管在新時期也發表了不少新的作品，但在主流文學界看來，其思維和創作思維模式仍然沒有從「文革」擺脫出來有關，同他「懺悔」與「不懺悔」的表態並無多大關係。

如果做進一步探究，這種不經意表現出的「雙重標準」，還與汪曾祺和浩然兩個人迥然相異的「出身」有關。

我們先看一下兩人的履歷——

浩然，本名梁金廣，1932年3月生於河北省開灤趙各莊，「長於礦區的大糞場子，出門就是攤曬或堆積的大糞幹兒，彌漫的熏人臭氣」。1942年父親去世後，浩然隨母親投奔薊縣舅父家，在那兒與姐姐度過了苦難的童年。

浩然13歲前念過三年小學、半年私塾，14歲即參加

革命活動，當兒童團長。1946年參加革命工作，1948年11月加入中國共產黨時只有16歲，1949年調區委做青年團工作，並開始自學文化，立志文學創作，練習寫作小戲、詩歌和新聞報導。邊工作邊苦讀苦寫。1953年，浩然調通縣地委黨校當教育幹事，後參加貫徹農村統購統銷政策和農村合作化運動。近8年的基層幹部工作為他以後的文學創作提供了豐富的生活積累。他以「深入一輩子農村，寫一輩子農民，給農民當一輩子忠實代言人」為誓言，在冀東和北京郊區農村做了50年艱辛的生活積蓄和藝術耕耘，創作出版著作80餘種，作品曾在廣播電臺連播，被改編繪製成連環畫出版發行。其作品記錄了中國農村的歷史風貌，塑造了一系列富有鄉土氣息、時代特徵及個性鮮明的人物形象，影響和感染過眾多讀者，尤其是其《豔陽天》《金光大道》出版後，幾乎家喻戶曉。1973年，長春電影製片廠將其改編拍成了電影。

汪曾祺，江蘇高郵人，1920年3月5日（農曆正月十五，元宵節）傍晚出生於江蘇高郵城鎮的一個舊式地主家庭，祖父是是清朝末年的「拔貢」，父親汪菊生（1897－1959），字淡如，多才多藝。

1935年秋，汪曾祺初中畢業考入江陰縣南菁中學讀高中。1939年夏，從上海經香港、越南到昆明，以第一志願考入西南聯大中國文學系。1950年，任北京市文聯主辦的《北京文藝》編輯。1961年冬，用毛筆寫出了《羊舍一夕》。1981年1月，《異秉》在《雨花》發表。代表作品

有《受戒》《晚飯花集》《晚翠文談》等。

汪曾祺在短篇小說創作上頗有成就，對戲劇與民間文藝也有深入鑽研，被譽為「抒情的人道主義者，中國最後一個純粹的文人，中國最後一個士大夫」和京派作家的代表人物。1996年12月，在中國作家協會第五次全國代表大會上被推選為顧問。

從上面的履歷看出，浩然出身於中國最底層的窮苦農民家庭，這樣的「出身」，對中國共產黨領導的新民主主義革命及社會主義革命和建設懷有一種「血濃於水」的認同和擁護，浩然作為一名兒童團員參加革命工作，並加入中國共產黨後，將共產主義當做了畢生的信仰。當他拿起筆來從事業餘寫作直至成為一名專業作家，也因為這種「出身」，呈現出與一般作家截然不同的藝術取向和價值選擇。

浩然後來在回憶錄中說自己的「成功」是一個「奇跡」。我理解有兩層含義，一是個人的勤奮和稟賦，二是建國後的社會主義文學體制對工農兵作者的培養。

1942年，毛澤東在延安文藝座談會上的講話中指出：「我們的文藝，第一是為工人的，這是領導革命的階級。第二是為農民的，他們是革命中最廣大最堅決的同盟軍。第三是為武裝起來了的工人農民即八路軍、新四軍和其它人民武裝隊伍的，這是革命戰爭的主力。第四是為城市小資產階級勞動群眾和知識份子的，他們也是革命的同盟者，他們是能夠長期地和我們合作的。這四種人，就是中華民族的最大部分，就是最廣大的人民大眾。」（《毛澤東選集》第三卷，第615、616頁，人民出版社1968年

版）《講話》發表之後，解放區的文藝工作者響應毛澤東的號召，到群眾中去，湧現出了一大批反映工農兵生活和鬥爭的優秀作家和作品，如趙樹理《小二黑結婚》，袁靜、孔厥《新兒女英雄傳》，柳青《銅牆鐵壁》，歐陽山《高幹大》，李季《王貴與李香香》，賀敬之《白毛女》等，開啟了現代文學史上的「人民文藝」新階段。新中國成立後，中共的文藝政策適時調整，將「文藝為社會主義服務，為人民服務」當作社會主義革命和建設時期的指導方針。

　　「知識份子工農化，工農兵知識化」，一直是毛澤東建設新民主主義和社會主義文化思想的重要組成部分。早在延安時期，他就痛感於小資產階級知識份子出身的作家藝術家徹底轉變立場的困難：「堅持個人主義的小資產階級立場的作家是不可能真正地為革命的工農兵群眾服務的，他們的興趣，主要是放在少數小資產階級知識份子上面。而我們現在有一部分同志對於文藝為什麼人的問題不能正確解決的關鍵，正在這裡。」（《在延安文藝座談會上的講話》，《毛澤東選集》第三卷，第812頁，人民出版社1968年版）

　　新中國成立後，毛澤東期望隨著大規模經濟建設的到來，迎來一個大規模的文化建設時期。起初，毛對知識份子寄予了很大的希望。「音樂家中的許多人在思想上是屬於資產階級的。我們這些人過去也是這樣。但是我們從那方面轉過來了，他們為什麼不能過來呢？事實上已經有許多人過來了。團結他們是有利於工人階級的革命事業的。要團結他們，幫助他們改造，把他們化過來。」（毛澤東：《同音樂工作者的談話》，人民出版社，1979年版），1957年，毛在接見上海文學藝術教育界人士時又說，

「音樂家中的許多人在思想上是屬於資產階級的。我們這些人過去也是這樣。但是我們從那方面轉過來了，他們為什麼不能過來呢？事實上已經有許多人過來了。團結他們是有利於工人階級的革命事業的。要團結他們，幫助他們改造，把他們化過來。」（秋石：《關於一篇「親聆」1957年「毛羅對話」回憶的追蹤調查》，《黨的文獻》2018年第5期）。可見，毛對這些經過延安整風和抗日戰爭及人民解放戰爭等血與火鍛煉的小資產階級知識份子，經過誠心誠意的思想改造後徹底轉變到人民大眾立場上來，並在社會主義文化建設中發揮主力軍的作用，是充滿信心的。但建國後頭幾年知識份子們的表現，似乎並不能滿足他的這種期望和信任，甚至有點失望了。毛從建國初電影《武訓傳》的拍攝和大受歡迎這一現象敏銳發現，「在許多作者看來，歷史的發展不是以新事物代替舊事物，而是以種種努力去保持舊事物使它得免於死亡；不是以階級鬥爭去推翻應當推翻的反動的封建統治者，而是像武訓那樣否定被壓迫人民的階級鬥爭向反動的封建統治者投降。我們的作者們不去研究過去歷史中壓迫中國人民的敵人是些什麼人，向這些敵人投降並為他們服務的人是否有值得稱讚的地方。我們的作者們也不去研究自從一八四〇年鴉片戰爭以來的一百多年中，中國發生了一些什麼向著舊的社會經濟形態及其上層建築（政治、文化等等）作鬥爭的新的社會經濟形態，新的階級力量，新的人物和新的思想，而去決定什麼東西是應當稱讚或歌頌的，什麼東西是不應當稱讚或歌頌的，什麼東西是應當反對的。」（《應當重視電影武訓傳的討論》，《毛澤東選集》第五卷，第46頁）並由此得出一個結論：「電影《武訓傳》的出現，特別是對於武訓和電影《武訓傳》的歌頌竟至如此之

多，說明了我國文化界的思想混亂達到了何等的程度！」

1963年12月12日，毛澤東在《柯慶施同志抓曲藝工作》一文的批語中寫道：「各種藝術形式—戲劇、曲藝、音樂、美術、舞蹈、電影、詩和文學等等，問題不少，人數很多，社會主義改造在許多部門中，至今收效甚微。許多部門至今還是死人統治著。不能低估電影、新詩、民歌、美術、小說的成績，但其中問題也不少。至於戲劇等部門，問題就更大了。社會經濟基礎已經改變了，為這個經濟基礎服務的上層建築之一的藝術部門，至今還是大問題。這需要從調查研究著手，認真地抓起來。」「許多共產黨人熱心提倡封建主義和資本主義的藝術，卻不熱心社會主義的藝術，豈非咄咄怪事。」以及「才子佳人、帝王將相」仍然佔領著我們的舞臺等等現象，使毛澤東意識到，知識份子的思想改造並非一朝一夕、一蹴而就的事，而是一個長期的、艱巨的任務。大規模的社會主義經濟建設和文化建設，必須有一支全心全意站在無產階級和人民大眾立場的知識份子隊伍。也就是說，除了依靠知識份子出身的文藝家，還需要從工農兵中培養出一大批「自己的文藝工作者」。

為了實現這一目標，党不僅號召廣大知識份子和專業的文藝家繼續發揚延安時期的傳統，走工農兵相結合的道路，還努力從工人、農民和解放軍中間發現和培養工農兵作者，並為此制定了一整套培養制度和辦法，如文藝刊物乃至報紙副刊設立「通訊員」，舉辦各種形式的「業餘作者改稿班」等等，將那些有深厚生活基礎和寫作能力的工人農民和戰士選拔和集中到一起，輔導和修改稿件，提高他們的文化水準和寫作能力。這一傳統從五十年代初延續到七十年代末期，成為新中國前三十

年「人民文藝」的一種特有現象，發掘和培養了不少工農兵作家和詩人，如上海工人作家胡萬春、湖北工人詩人劉不朽、陝西農民詩人王老九、煤礦詩人孫友田、戰士作家高玉寶等。浩然就是其中的傑出代表。

新中國「前三十年」的文壇大致由兩撥人構成，一撥是以丁玲、趙樹理、歐陽山等為代表的「延安派」，另一撥是來自上海北平等國統區的「自由派」。

「自由派」只是現在的說法，當時只能稱為小資文人。對於小資產階級，毛澤東在《中國社會各階級的分析》中曾經做過精闢的分析：「小資產階級內的各階層雖然同處在小資產階級經濟地位，但有三個不同的部分。第一部分是有餘錢剩米的，即用其體力或腦力勞動所得，除自給外，每年有餘剩。這種人發財觀念極重，對趙公元帥禮拜最勤，雖不妄想發大財，卻總想爬上中產階級地位。他們看見那些受人尊敬的小財東，往往垂著一尺長的涎水。這種人膽子小，他們怕官，也有點怕革命。因為他們的經濟地位和中產階級頗接近，故對於中產階級的宣傳頗相信，對於革命取懷疑的態度。這一部分人在小資產階級中占少數，是小資產階級的右翼。第二部分是在經濟上大體上可以自給的。這一部分人比較第一部分人大不相同，他們也想發財，但是趙公元帥總不讓他們發財，而且因為近年以來帝國主義、軍閥、封建地主、買辦大資產階級的壓迫和剝削，他們感覺現在的世界已經不是從前的世界。他們覺得現在如果只使用和從前相等的勞動，就會不能維持生活。必須增加勞動時間，每天起早散晚，對於職業加倍注意，方能維持生活。他們有點罵人了，罵洋人叫『洋鬼子』，罵軍閥叫『搶錢司令』，罵土豪劣紳叫『為富不仁』。對於反帝

國主義反軍閥的運動，僅懷疑其未必成功（理由是：洋人和軍閥的來頭那麼大），不肯貿然參加，取了中立的態度，但是絕不反對革命。這一部分人數甚多，大概占小資產階級的一半。第三部分是生活下降的。這一部分人好些大概原先是所謂殷實人家，漸漸變得僅僅可以保住，漸漸變得生活下降了。……這種人在精神上感覺的痛苦很大，因為他們有一個從前和現在相反的比較。這種人在革命運動中頗要緊，是一個數量不小的群眾，是小資產階級的左翼。以上所說小資產階級的三部分，對於革命的態度，在平時各不相同；但到戰時，即到革命潮流高漲、可以看得見勝利的曙光時，不但小資產階級的左派參加革命，中派亦可參加革命，即右派分子受了無產階級和小資產階級左派的革命大潮所裹挾，也只得附和著革命。」（《毛澤東選集》第一卷，第5、6頁，人民出版社1968年版）

而「文人」和「知識份子」則屬於「小資產階級」中的一個特殊群體。這類人長期受英美文化的影響，既有同情勞動人民的樸素感情和民主主義思想，又滿腦袋高人一等的優越感，將個人自由視為至高無上的價值觀。這種矛盾的雙重性格，使他們在革命大潮來臨時懷著某種羅曼蒂克的熱情甚至投機主義目的投身革命，成為「革命的同路人」，可一旦革命出現挫折乃至失敗，他們往往會產生動搖乃至變節。上世紀二十年代大革命失敗後，許多「小資」出身的中共領導人叛變投敵和上世紀七十年代文化大革命和激進社會主義運動失敗後，大批小資文人紛紛「告別革命」，一頭紮進西方自由主義陣營的現象，便證明了這一點，從而也再一次佐證了毛澤東所說知識份子是一張皮，「要麼依附在資產階級身上，要麼依附在無產階級身

上，二者必居其一」的論斷。

在新中國的「前三十年」，隨著「工農兵作者」作為一個群體登上歷史舞臺，中國文壇呈現出「延安派」、「自由派」和「工農兵」三足鼎立的局面，文革期間，還出現了「工農兵」唱主角，其他兩派當配角，甚或「靠邊站」的格局。因此，當文革結束，「延安派」「自由派」和被稱為「歸來一代」的右派作家重返文壇後，許多「工農兵作者」便在新的政治衝擊下煙消雲散了，唯獨浩然像一塊碩果僅存的化石那樣頑強（頑固？）地挺立著。這肯定會讓那些在「反右」和文革期間因各種原因受過「迫害」，一聽到「樣板戲」和「工農兵」的字眼就做噩夢的主流們心有不悅，將其視為眼中釘、肉中刺。比較而言，汪曾祺雖然在文革期間也曾有過短暫的「躥紅」乃至被江青賞識的「污點」，但汪出身於舊式地主家庭，本人作為毛澤東所說的那類需要改造世界觀的小資產階級知識份子文人，無論是生活和審美趣味，都與「工農兵」格格不入，對於「自由派」而言，終歸是「自己人」。

從八十年代開始，在「告別革命」的西風勁吹之下，中國文壇經歷了從「人民文學」到「人的文學」，與「世界文學」接軌的蛻變，文壇話語權也由最初的「延安派」和「自由派」共治，變為「自由派」大權獨攬的局面，非但「工農兵作者」們早已被逐出文壇，連曾經位居主流的「延安派」也漸漸被邊緣化（參見拙作：《丁玲的「左」與「右」》、《被「極左」的姚雪垠》），整體文學語境發生了堪稱顛覆性的變化。汪曾祺的創作也脫胎換骨，完全拋棄樣板戲《沙家浜》的革命話語模式，回歸到其早年所推崇和追隨的那種沈從文式的民間鄉土文化和士大夫

文化，從傳統文化層面呼應了濫觴於上世紀八十年代的純文學思潮，成了熾手可熱、備受尊重的「汪老爺子」。

其實，單從為人處世看，浩然是文學圈裡公認的「厚道人」。據熟悉浩然的人回憶，即使文革期間大紅大紫，浩然也未曾高調批鬥過別人，他還在一個紅衛兵的批判會上保護過老舍。至於汪曾祺，更是文學圈裡圈外出了名的「好人」。可見，主流文壇對浩然的「清算」和逼迫其「懺悔」，並非某些人「報私仇」，而是前三十年兩類不同「出身」的文人和兩種不同文藝觀、價值觀之間的鬥爭在新時期的延續，用許多人熟悉的一句文革流行話語，是一場大是大非的意識形態鬥爭。順便說一句，後三十年，「自由派」一邊宣稱階級已經消失，自己卻睜大眼睛，一刻也沒有停止對他們眼裡的「左派」或「極左」大搞「階級鬥爭」，對已成為「死老虎」的浩然也不肯放過。曾經被打入另冊的「自由派」和「右派」文人，此時已彙集在一起成了文壇主角。這一落一起，一跌一宕，折射出二十世紀中國政治生活的劇烈蛻變。無論作為失敗者的浩然們，還是作為勝利者的「右派」文人，都不過是這種蛻變過程的產物。二十世紀後半葉至今，歷史格外鍾情於右派們，這從四十年來他們臉上始終蕩漾著一種掌穩歷史方向盤之後那副順我者昌、逆我者忘的跋扈看得出來。相比之下，浩然或被稱為「極左派」的浩然們，縱使在文藝體制內還有一些象徵性的頭銜和地位，但已徹底淪為邊緣人，即便還能堅持寫作，但也不能或不敢僭越新意識形態的規約，有點像文革期間只許老老實實，不許亂說亂動」的「地富反壞右」，即使像浩然那樣囁嚅幾句「不後悔」，也會馬上遭到一頓聲色俱厲、劈頭蓋臉的斥責。

在這樣一種境遇下仍然堅持寫作的浩然心情可想而知。從九十年代直到2008年去世，浩然都待在遠離北京文化中心的河北省三河縣，在那兒辦了一份《鄉土文學》雜誌，他培養當地業餘作者的投入和認真勁頭，讓人聯想起新中國「前三十年」培養工農兵作者的群眾性文藝體制，以及他自己如何從一個農民出身的基礎業餘作者成長為全國著名作家的傳奇歷程。或者，他正是通過這種方式，在重溫或祭奠那個朝氣蓬勃、充滿理想主義的時代，並向那些逼迫他「懺悔」的人表達無聲的抗議？我仿佛看見浩然微微仰起臉龐，撐著倔強的嘴唇，喃喃自語道：「我絕不後悔！」這一聲低語，與其說是在捍衛他作為一個作家的尊嚴，倒不如說是他永不背叛自己「出身」的階級的錚錚誓言。

1976年9月9日，毛澤東與世長辭。聽到這一噩耗，浩然腦子裡閃出的第一個念頭是：「漫長的革命道路，八億人將怎樣走下去？」他被選中作為文藝界代表為毛主席守靈，內心裡充滿了悲痛甚至恐懼：「我是一個極普通的共產黨員。一九四六年參加革命活動，至今已整整三十年。在這三十年裡，我從一個無知的農村孩子，在生活實踐中逐漸信奉起馬列主義、敬仰起毛澤東的領導，一步一步地走到今天。今天比三十年前是先進了，可是還有很長的路要我走完。我又怎麼走下去呢？」──

山村的農民世世代代以「安分守己過日子，當正經的莊稼人」為本，蔑視又懼怕政治，以「不沾官派」為律。我以這樣的莊稼人為榜樣，立志長大之後當個正經的莊稼人。不幸母親也緊隨父親身後病故。有心計的母親在

世時，曾經瞞著沾染了嫖賭惡習的父親，把變賣祖籍田產的錢，托舅父在山村購置了能讓我們生存養命的房屋和土地。不料舅父暗地裡將文書契約都寫在他的名下，母親死後他立即變心，狠著心腸要把我們兩個孤兒趕出家門。自古以來都是「千年文書會說話」，文書上寫著舅父的姓名，那土地家產就歸他所有，對既成的事實，為「天經地義」的章程所保護，就是神仙下凡也無法搭救我們了！當我和姐姐就要變為露宿街頭、無家可歸的流浪兒的時候，解放區民主政府得到群眾舉報，馬上派來工作人員調查核實。他們不聽「文書」的假話，而聽群眾的真話，立即按實情判決，我得到應得的財產，我有了生活下去的保障。從此，我感激毛主席的恩德，我靠近了共產黨，進而投身革命，一心無二地奮鬥了三十年！

這三十年裡，我時時夢想見到毛主席。一九五六年我從《河北日報》調到北京，國慶日參加盛大的遊行隊伍。經過天安門的時候，我看到城樓上檢閱遊行隊伍的毛主席。遠遠地望著他滿面紅光，慈愛地向人們揮手致意。我激動得流下止不住的熱淚。從那以後，凡是「五‧一」或「十‧一」的遊行活動，我都不辭辛苦地爭取參加，為的是看一眼毛主席。看毛主席一眼，我在文學道路上進發、攀登就能增加信心和力量。到了六十年代中期，我的第一部長篇小說出版後受到社會讚揚，老作家汪曾祺要執筆把它改編成京劇現代戲。有一次，我應邀到設在虎坊橋的京劇團跟汪曾祺商談改編事宜，完畢，一位負責同志對我說：「毛主席對京劇改革很關心，我們把你小說改好以

後，請毛主席看看，他一定會很高興。」聽了這句話，我
心裡油然萌起一個願望，暗自想：根據我的小說改成京
戲，毛主席看了若是能喜歡，說不定能接見我，能當面說
說我對他感恩的話……

——浩然《我為毛主席守靈》

對於浩然對毛澤東這種親人般的感情，右派們肯定會老調重
彈，嘲諷和攻擊他愚昧或愚忠，他們的價值立場註定了其無法理
解幾千年來處於社會最底層深受封建地主階級壓迫和剝削的廣大
農民對領導他們「翻身做主人」的中國共產黨及其領袖的那種深
深的感激之情，也就不能理解浩然為什麼拒絕「懺悔」的真正原
因。因為，這不僅關涉到他個人的榮譽和信仰，更關涉到一個階
級的尊嚴。

關於「懺悔」和「不懺悔」的問題，青年學者李雲雷曾經
在《一個人的金光大道》中分析道：「『懺悔』與否是個人的
事，與個人的信仰、觀念及認識相關，別人似不應強求，而且正
如有研究所指出的，無論是盧梭還是托爾斯泰的《懺悔錄》，都
是通過『懺悔』來確認自己道德上的正確性與優越感，所有的懺
悔歸結到最後不過是『我錯了，但我是個好人』，這在盧梭《懺
悔錄》那著名的引言中就可以看出，從『懺悔』的基督教原義來
說，也不過是以『懺悔』來換取靈魂得救，是人與上帝的一種交
換或者默契。比如我們可以以巴金先生來對比，很多人對巴金
《隨想錄》評價很高，認為它是代表了『世紀良心』的作品，
但對於巴金來說，自我否定與反思是從30年代就開始的，1940—
70年代，他也在不斷『懺悔』，而《隨想錄》不過是一系列『懺

悔』的延續與最高峰，如果時代主潮發生變化，他會不會再『懺悔』也是件難說的事；其次，從《隨想錄》中兩篇關於胡風的文章來看，他懺悔的力度與深度是與政策的變化密切相關的，並不像一些人說得那麼『獨立』；再次，正是從『懺悔』中，他得到了文化界的高度讚揚，也確立了他在新時期以來文壇上『文化英雄』的地位。從一個『犯了錯誤的人』到『文化英雄』或『世紀良心』，這一戲劇性的變化是通過『懺悔』來完成的，其中充滿悖論，當然這裡我們並不是對巴金先生不敬，而是對『懺悔』本身也應該有一定的反省性認識。與巴金的『懺悔』相比，浩然的『不懺悔』正顯示出了他的『信仰』和內心的堅持，對這一『信仰』的看法可以有所不同，但在號稱『多元化』的時代，如果連這樣一個『異端』都不能寬容，就很難說是『多元』了。」

李雲雷的話擊中了那些逼迫浩然「懺悔」者的軟肋，也戳破了一向以「自由主義」自居的右派們的虛偽。站在「後三十年」的角度，人們也許可以批評浩然的落伍、保守等等，但他們無權逼迫一個人「懺悔」，更無權要求他背叛自己的過去。

對於忠誠與背叛，不同立場的人固然可以有各自不同的理解，但即便忠誠已經不再被當做美德，也不應將背叛視為一種值得褒獎的德行。

讓人感慨的是，新時期汗牛充棟的傷痕文學控訴的前三十年「文化專制主義」的主要罪狀，就是主流文化對異端的殘酷壓制，可今天，當那些把民主自由、多元包容掛在嘴邊的「老右」和「新右」們一旦位居主流之後，便擺出一副高高在上的老爺姿態，不僅對業已成為異端的「左派」或「極左」的壓制和打擊一點也不手軟，就連「工農兵」這個詞也成了他們鄙薄挖苦的對

象，暴露出一副魯迅先生所說的「資本家的乏走狗」嘴臉。

1980年，浩然在《金光大道》外文版序言中寫道：

> 一九五一年，也就是在全國範圍內土地改革基本完成之時，黨中央發出第一個關於農業互助合作的指示，批判了錯誤傾向，指出了必須積極地有步驟地把翻身農民組織起來，走共同富裕的道路，才是前進的、幸福的必由之路。
>
> 像春風吹散了滿天的烏雲，我的眼睛明亮了。我跟廣大的覺悟了的農民一起，豪情滿懷地投入到對農業實行社會主義改造的偉大鬥爭之中。
>
> 實踐的經驗，理論的指導，使我逐漸認識到：像中國這樣的一個農業國家，革命的政黨如果只滿足和停留在土地改革的勝利完成，而不繼續把廣大農民引上集體化的大道上，那就不是真正的馬克思主義者，就不是真正地搞社會主義。
>
> 土地是可貴的，可愛的，沒有土地，就沒有人類生存的基本條件。然而，土地革命再徹底，也只能使廣大農民得到比較暫時的滿足和歡樂；土地的所有權，沒有集體勞動組織加以保護，就會得而復失，滿足和歡樂也將隨著成為泡影。同時，建設一個社會主義國家，必須有鞏固的、發達的社會主義農業為基礎，否則就是在空中建造樓閣。
>
> 上述這些反復的實踐和曲折的認識，為我在將近二十年以後執筆創作的長篇小說《金光大道》，除了提供生活素材之外，主要是思想觀點方面的準備——作家自己因有真情實感而產生了對農業社會主義改造運動的擁護，對社

會主義道路的信仰，對參與這項事業的人的熱愛，他才能思想真摯、精力充沛地運用手裡的筆，去歌頌、再現偉大的鬥爭生活情景。

浩然的話，既是他為自己和億萬工農大眾曾經將全部身心投入並付出過巨大熱情乃至犧牲的共和國「前三十年」社會主義革命和建設的嚴正辯護，也可以看作是對那些逼迫他「懺悔」的人的有力駁斥。

寫到這兒，我想起了同浩然之間有過的一段「文字緣」。

上個世紀八十年代中期，我還是一個剛剛開始學習寫作的文學青年，因發表了幾篇作品，被調到縣文化館工作。所有處於摸索階段的文學青年和初學寫作者都希望得到名家名師的指點，我也不例外。因此，當我得知自己從小景仰的浩然擔任《北京文學》主編後，遂產生了給他寫信和投稿的念頭。信寄出兩三個月後杳無音訊，就在我已經不抱希望時，竟意外收到了浩然的回信。「繼明同志：來信收悉，我因病住院，你的信很晚才轉到我手。稿件我已轉給編輯部的同志閱處，謝謝你的信任。不知此信能否寄到你手中。浩然1986年×月×日」

回信十分簡短，但浩然的平易親切讓我至今難以忘懷。信封上將收信地址「湖北省石首縣文化館」寫成「湖北省首縣文化館」（少了一個字），可能是他對我的地址記不大清了，所以才有信中那句「不知此信能否寄到你手中」。三十多年過去了，我還記得他那俊逸圓潤的筆跡，那和藹、友善、親切的口吻，一直留在我的記憶深處。

2002年，我在魯迅文學院首屆中青年作家高級研討班學習

時，曾想過去拜訪浩然，但其時他已經卸任北京作家協會主席，舉家搬遷到河北省三河縣定居。2008年，浩然逝世。獲悉這一消息，我心裡傷感了好幾天。腦子裡浮現出小時候在油燈下捧讀《豔陽天》《金光大道》的情景，仿佛走進了上世紀五十年代的北方農村，走進了東山塢和芳草地，陽光燦爛，田野一片金黃，空氣中飄蕩著麥子成熟的香味兒……

（2019年）

革命者魏巍

有的人活著，他已經死了；

有的人死了，他卻還活著。

——臧克家

　　考察魏巍的文學生涯和人生歷程，我最為強烈的感受是：他首先是一個革命者，其次才是一個作家；他的一生與中國革命的興衰沉浮並行不悖、高度重合，可謂生死相依、榮辱與共。

　　1920年3月6日，魏巍出生於河南鄭州一個城市貧民家庭，少年入平民小學，後就讀於鄉村簡易師範，15歲時父母雙亡，靠謄寫為生。1937年12月，17歲的魏巍從鄭州隻身赴山西趙城縣八路軍一一五師軍政幹部學校參加八路軍。該校後來併入八路軍總部隨營學校。1938年，魏巍隨學校併入延安抗日軍政大學，為第三期學員。1938年4月，魏巍加入中國共產黨。從抗大畢業後，被分配到晉察冀敵後抗日根據地。

　　抗日戰爭時期、解放戰爭時期，魏巍始終在戰鬥部隊任職，在戰火中成長，在戰鬥中進步。1949年4月，魏巍被任命為晉察冀野戰軍騎兵第六師第十六騎兵團政委。這個團是傅作義起義部隊改編過來的，成份非常複雜，有些官兵起義並不十分情願，魏巍在這個團工作十分危險。上任前，他作了最壞的打算，把那個時期他寫的詩稿交給了在晉察冀軍區工作的好友、作家孫犁代為保管。魏巍曾經說過，他不死，詩不死，此去如不歸，詩也不

會死掉。後來，孫犁把魏巍的這些詩選編好，並於1951年出版。1950年5月，魏巍調到總政治部，任學校教育科副科長、創作室副主任。從此，魏巍離開作戰部隊，走上了專業作家和文藝戰線的領導崗位。1950年，魏巍調入解放軍總政治部時恰逢抗美援朝戰爭打響，他三次奔赴朝鮮戰場採訪。1951年4月11日，《人民日報》在頭版隆重推出《誰是最可愛的人》，毛澤東主席隨即批示「印發全軍」。

從以上履歷可以看出，魏巍是由一名革命戰士，經歷長期革命戰爭洗禮後成長為作家的。在中國當代文學史上，與魏巍有類似經歷的作家還有很多，他們大都出生於1920年代至30年代，青少年時期參加中國共產黨領導的革命隊伍，經歷過抗日戰爭、解放戰爭和抗美援朝戰爭，在戰鬥中確立了共產主義信仰，逐步成長為一名作家，而且差不多都於50年代登上文壇，創作出了一批有影響的作品，例如《鐵道遊擊隊》的作者劉知俠、《白毛女》的編劇賀敬之、《紅日》的作者吳強、《林海雪原》的作者曲波、《七根火柴》的作者王願堅、《黎明的河邊》的作者峻青、《苦菜花》的作者馮德英、《閃閃的紅星》的作者李心田等。文學史上將這些作家稱為「革命作家」。他們曾經與《延安文藝座談話上的講話》之後湧現的丁玲、趙樹理、周立波、李季等作家一道，構成了新中國「前三十年」文學黃金時代最為厚實和搶眼的底色。

與其他革命作家相比，除了那些共性外，魏巍的經歷和創作還有其鮮明的特殊性。

迄今為止魏巍最為知名的作品無疑是《誰是最可愛的人》。但那不過是一篇不足三千字的文藝通訊（或稱報告文學），按當

今流行的觀念看，稱不上嚴格意義的純文學作品，政治影響大於文學影響。真正能夠奠定魏巍作為「純文學作家」地位的只能是《東方》。

在中國當代文學史上，如果說有哪一部作品從創作到出版，橫跨「十七年文學」「文革文學」和「新時期文學」三個時段的話，除姚雪垠的《李自成》外，恐怕就只有魏巍的《東方》了。作者本人對這部小說也十分看重。據曾經與魏巍過從甚密的軍旅詩人（文革時期稱為「戰士詩人」）胡世宗回憶，魏巍對於「寫一部長篇的念頭，1953年春天他二次赴朝時就在胸中強烈地鼓脹著了。」他曾說，「與抗美援朝偉大戰爭相適應的應該是一部鴻篇巨制，僅僅寫出《誰是最可愛的人》遠遠不夠。」（胡世宗：《為大時代吹響號角的人》）1959年2月，魏巍在河北邢臺駐軍的一個師部駐地，正式開始了這部長篇的寫作。1963年至1965年夏完成《東方》40萬字的創作，1973年開始第三次續寫。1978年9月，《東方》由人民文學出版社分上中下冊出版。

從題材看，《東方》可視為《誰是最可愛的人》的續篇，屬於「革命歷史題材」，但又不是一部單純反映抗美援朝戰爭的作品。這部長達七十五萬字的小說結構宏大，視野廣闊：從縱的方面寫了朝鮮戰爭的全過程，從橫的方面圍繞朝鮮和祖國前後方兩條線展開了波瀾壯闊的歷史畫卷，前線主要落筆寫一個團，更集中寫一個連，後方主要寫冀中平原的一個村莊鳳凰堡的土地改革鬥爭──小說中的主人公及一些幹部戰士就是這裡的人。魏巍試圖通過這兩條線索的描寫，來反映新中國的成立和抗美援朝戰爭給中國人的生活和命運帶來的歷史性巨變這一史詩性主題。他曾經自己解釋過《東方》這個書名的含義：「自從中國革命突破了

帝國主義的東方戰線之後，今日之東方已非昔日的東方了，人民在這裡站起來了，他們顯示了自己的力量，並還有未顯示出的潛在力量，這個力量無窮之大。……」如果進一步引申，還可以讓人聯想到毛澤東在《星星之火，可以燎原》中展望中國革命高潮即將到來時，那段充滿詩意和激情的預言：「它是站在海岸遙望海中已經看得見桅杆尖頭了的一隻航船，它是立於高山之巔遠看東方已見光芒四射噴薄欲出的一輪朝日，它是躁動於母腹中的快要成熟了的一個嬰兒。」

《東方》出版後引起了強烈的反響，並於1982年榮獲首屆茅盾文學獎。魏巍的聲望和文學地位也隨之達到巔峰，擔任了北京軍區文化部長、北京軍區政治部顧問以及《人民文學》編委等一系列重要職務。《東方》之後，魏巍又創作出版了反映紅軍長征的小說《地球的紅飄帶》及以抗日戰爭為題材的小說《火鳳凰》，影響都不及《東方》。

此時正值80年代中期，隨著改革開放的發展和西方文化的湧入，中國的人文知識界也紛爭不斷，矛盾頻發。魏巍對錯綜複雜的現實感到憂慮，開始把精力和關注點從文學轉到社會思潮等領域。早在1980年，魏巍就同著名報告文學作家黃鋼一起創辦了《時代的報告》雜誌，由於辦刊思路被當時改革派主導的主流輿論界視為「奉行了『文革』時代的思維方式」，引起高層的重視，不久，《時代的報告》被勒令停刊。戰士出身的魏巍深感「陣地」多麼重要，此後不久，經過多方奔走，魏巍終於和著名文藝理論家林默涵一起共同創辦了後來名噪一時的所謂「左派」雜誌《中流》。

1988年至1990年代中後期，正是中國社會和文化思想界風雲

激盪、各種思潮觀念發生激烈碰撞和蛻變的一個時期,「自由派」和「保守派」之間的爭議和交鋒,從知識界蔓延到政治高層乃至社會大眾。《中流》和《真理的追求》被當做「左派」兩大陣營,扮演著不可替代的角色。《真理的追求》偏重社會科學,《中流》偏重文藝;作為《中流》雜誌的靈魂人物,魏巍發揮了舉足輕重的作用。

起初,《中流》和《真理的追求》的影響只限於知識界和文化界及一小部分左翼群眾,其真正產生廣泛影響,是從刊發一系列批評和反對「資本家入黨」、捍衛社會主義公有制的文章開始的。如《真理的追求》2000年第6期《資本家能當勞動模範嗎?》,《關鍵在判定私營企業的所有制屬性——在私營企業主應否評選勞模問題上分歧的實質》,2000年第8期《共產黨員要在勞動與剝削之間劃清界限——談談為什麼不能吸收私營企業主入黨》,2000年第11期《私營企業主不是社會主義勞動者》,《再論資本家不能當勞動模範》,2000年第12期《我們究竟要建成一個什麼黨——評一些地方擅自吸收私企老闆加入共產黨》,《不能吸收私營企業主加入共產黨》,《不能評選私營企業主當勞動模範》,《資本家不是勞動者》,2001年第1期刊登《工人階級的政黨豈能吸收資本家》,以及魏巍在《中流》發表的《在新世紀的門檻上》等。

這些文章所持立場與當時一批鼓吹新自由主義和市場經濟理論的主流學者大相徑庭,不僅如此,一批以《真理的追求》《中流》為中心,以捍衛「社會主義公有制」和共產主義信仰為己任的老幹部、老作家和學者,還聯名給中央領導人寫信,公開表示反對其提出允許資本家入黨的「七一講話」。這就犯了大忌。不

久，《真理的追求》和《中流》雙雙停刊。魏巍不僅再一次丟失了「陣地」，而且還被軟禁在醫院，一度失去了行動的自由。

曾寫出過影響幾代中國人的紅色經典《誰是最可愛的人》的「部隊文藝戰線領導人」魏巍，被扣上「反對改革開放」和「極左」的帽子，成為了「政治異見人士」。這一身份的轉變，無疑是耐人尋味的。

在這之前，魏巍一直以「黨的文藝戰士」自居，無論在工作中，還是創作上，他都自覺地同黨中央保持一致，滿腔熱情地謳歌中國革命和建設事業。長期革命生涯在他的腦子裡形成了一種觀念：中國共產黨作為無產階級的先鋒隊，是帶領人民建設社會主義，實現共產主義的堅強領導核心。從某種意義上說，黨是真理的化身，服從黨就是服從真理，服從理想信念。但現在，這種根深蒂固的信念動搖了。他對黨在新時期的方針政策產生了牴觸、懷疑。他認為這些方針政策同黨的最高宗旨——實現共產主義——是背道而馳的。他按照黨章賦予的權利向黨的領導人提出意見和批評，卻受到了嚴厲的斥責乃至處分。作為一個參加革命幾十年的老黨員，他感到困惑、迷茫和痛苦。到底是自己錯了，還是中央錯了呢？這個疑問在魏巍腦子裡盤桓不去。他陷入了深深的思索，對自己，對黨和國家，對歷史和現實，對「文革」和改革……由此，曾經在體制內「紅的發紫」，德高望重的著名作家魏巍從主流文壇淡出，停止了「純文學」創作，開始寫作大量的社會評論和時政隨筆、雜文，並經常參加或公開表態支持一些左翼團體和群眾的活動，逐漸以一個異議知識份子的面目出現在公眾視野。

在這個階段，魏巍最有代表性的雜文和評論有《認識真理

要時間，認識毛主席更需要時間》《誰是最可恨的人》《在新世紀的門檻上》《對未來革命的幾點思考》等，涉獵的議題既有全社會普遍關注的腐敗問題，也有反映底層民眾疾苦的「黑磚窯事件」，當然，更多的還是對新中國改革前後兩個歷史時期的深入反思，以及中國向何處去的宏大命題，內容十分廣泛。

在談到蘇東劇變時，魏巍曾經感慨地說：「一個建立起社會主義數十年的國家，竟然會遭逢資本主義復辟的命運，這是出人意外的，甚至是一般人想也沒有想到的。能夠清醒地看到這種危險的，只有極少數人，他們的代表人物就是毛澤東。他還在1956年就預見到了這種危險的萌芽，並起而抗爭，這就是為期十年的中蘇論戰，也就是那場著名的反對現代修正主義的鬥爭。今天回頭看來，這場鬥爭的意義是何等重大何等深遠啊！也許只有列寧當年反對第二國際老修正主義者的鬥爭才能與之相比。可惜這場鬥爭未能取得當時蘇共隊伍內部更廣泛的回應，以致蘇共的修正主義勢力坐大，積重難返，形成了今天的悲劇。這不能不引為共運歷史上的沉痛教訓。」

魏巍還對中國主流知識界流行的所謂「補課論」進行了針鋒相對的批駁：「一個時期以來，一種流行甚廣的修正主義理論就是『補課論』。也就是說，社會主義國家應當進行資本主義補課。其論據是，現在的社會主義國家，例如俄、中等國都是原來經濟、文化落後，資本主義尚未充分發展的國家。這些國家的社會主義革命都是不應當發生而發生的，都是不滿月的『早產兒』和『畸形兒』（這話從他們的老祖宗考茨基一直講到現在）。因此，重新補上這一課作為一個必要的階段是不可少的。這就是被人稱之為的『早產論』和『補課論』。『補課論』在我國的廣泛

流傳，決不是偶然的。它其實不過是『愛資病』患者拒絕社會主義、復辟資本主義的藉口罷了。這種『理論』危害甚烈，流傳甚廣，是必須深入批判的。」

魏巍的觀點十分尖銳，擲地有聲，但他並不悲觀，而是表現出堅定而樂觀的鬥爭精神：「已經嘗到社會主義甜頭並已成為國家主人的工人農民，隨著他們主人翁政治地位的喪失和生活的惡化，以及面臨的生存的威脅，是不會長期沉默的。那些深受馬列主義教育的有覺悟的共產主義者，也必然會重新凝聚自己的力量，再度堅強地團結起來，領導人民群眾，向資產階級的代理人進行堅決的鬥爭。應當指出，在這場鬥爭中，毛澤東的反修防修、反對資本主義復辟的革命理論，將是最有力最有效的武器。這些武器將把有覺悟的無產階級武裝起來，進行義無反顧的鬥爭。儘管這種鬥爭將會再遭到鎮壓，但有經驗的革命人民，有可能在資本主義復辟的地方再度首先取得革命的勝利。這是可以期望的。新世紀將仍然是一個艱難鬥爭的世紀，也將是一個重新掀起世界革命高潮的世紀。讓我們勇敢地迎接這個有希望的世紀吧！（魏巍：《在新世紀的門檻上》）

這篇文章寫於1999年7月，距今已經整整二十年。只要想到今日中國和世界業已陷入資本主義的「全球化」狂歡，我們就不能不敬佩魏巍的敏銳眼光和深刻洞察力。

當然，魏巍這些與主流意識形態格格不入，充滿批判鋒芒的文章，是難以見容於主流媒體的。事實上，自從《真理的追求》《中流》停刊後，中國就不再有一家「左派」雜誌，所謂主流知識精英其實就是「右派」；偌大中國，所有報刊都掌握在右派們手裡。魏巍早已與主流文壇分道揚鑣，那些從前的文學同行

視其為異類，一些曾經的朋友也離他而去，昔日門庭若市的「府上」，已是「門前冷落車馬稀」了。理論家們談論新時期文學成就時，也有意無意地將魏巍的《東方》「忽略」掉，即便提起，也認為這部作品受「極左思潮」影響，將其「打入另冊」。與此同時，右翼精英們通過其掌控的媒體不斷地抹黑和詆毀他，每次提到「魏巍」，都冠以「極左」「老左」等稱謂。教育部統編中學語文教材竟然把《誰是最可愛的人》拿掉了，一同被逐出語文課本的還有魯迅先生的《狂人日記》等作品。此時的魏巍已經徹底邊緣化，文章也無法在主流媒體上發表出來。作為一個以筆為武器的戰士，他感到了深深的痛苦和屈辱。但這種痛苦和屈辱，不是像某位評論家所說的「落寞」，而是一種失去武器和陣地的戰士的憂憤。

偶爾在網上看到一篇題為《落魄的魏巍在地方小報發檄文》的文章，提到魏巍怎樣「屈降尊駕」，把自己的文章發表在一個邊遠地區小報上的過程——

2001年9月的一個週末，我去《濮陽日報》辦事。進門剛一會，週末刊的編輯拿來了新出的報紙，當我看到頂格通欄的大標題《要為真理而鬥爭》，不禁「哎呀」了一聲。

「要為真理而鬥爭」，國際歌中的一句歌詞，據說這是魏巍晚年常說的一句話。以此話為題的那篇文章，網上搜不到，或許，印在新聞紙上的這篇大作，只有在濮陽日報的檔案室裡才能看到。

當時我跟編輯們講了他們不瞭解的「文章背景」：魏巍此人，在黨內被視為極左派的代表人物，80年代以來，

他的宗旨一直是抓階級鬥爭，文革思維辦刊，並且賦予刊物以「反間諜、犯顛覆」的職能，這樣連年下來積怨不少，可以說招來了廣泛公憤。就在上個月，中共高層終於對魏巍忍不下去了，因為魏巍、林默涵等一夥老人，直接上書「對抗中央」了。對中央上書的主要內容，公開發佈在了2001年7月出版的《中流》雜誌上。《中流》雜誌8月份就被叫停。主編魏巍失去了他戰鬥的陣地，國內各大報刊都不發表魏巍的文章，關於他的消息也不被提起。也就是說，魏巍，現在已經是個被封殺、被限制的「危險人物」了，還是個「欽點」的……

魏巍這篇稿子為什麼給了濮陽日報社，這得說清楚。這事其實純屬偶然，魏巍並非和濮陽報社保持有特殊管道，也沒什麼特殊感情。魏巍之所以借濮陽媒體達成了「突破封鎖」的心願，是因為有一位不明就裡的濮陽老鄉，在敏感時期突然拜訪了魏巍，而監視魏巍的一方，沒把這位到訪的小人物放在心上。

那年魏巍再次遇挫，事由相當嚴肅。中央震怒，眾人避嫌，落魄的魏巍老人，門前冷落車馬稀。正禁閉在家大憋氣呢，突然來了一位熱情讚美他的粉絲，處在悲情狀態中的老人不免生出一份感慨。面對這位要求賜稿的青年，魏巍遂即拿出了那篇由悲情催生的「檄文」。

凡是作者、言論家，都能切身體驗到有話說不出、寫了沒地發的痛苦，這種痛苦，對魏巍這種曾經紅到發紫的作家來說，更是難以忍受——正好，太好了，即便是在地方小報發出此文，也比不見天日好的多。至少，他能通過

此舉告訴他的戰友：我沒倒下，我沒閉嘴，我仍在戰鬥！

別忘了那是在2001年。那時的網路影響力，與今天不可同日而語；那時的網路世界，基本是網遊人、網購者與「右傾知識份子」的天下，會上網的「毛左」還寥寥無幾。玩了一輩子紙媒的魏巍，看重的仍然是紙媒。

自上世紀80年代初到2008年魏巍去世，此人幾度遭封殺、被下架，連年累月地「處境險惡」。他的經歷，具有典型意義——一個縮影，反映出文革後黨內「鷹派毛左」的真實處境。

從文中幸災樂禍的敘述口吻，可以看出這位署名「黎明」的作者屬於那類「被賣了還幫人數錢」的公知粉或小右粉。但這篇網文還是給我們透露了晚年巍巍的真實境遇。由此可見，無論處境多麼困難，魏巍都沒有表現出絲毫的消沉和沮喪，更沒有放下手中的筆，而是尋找一切機會將聲音傳達出去，即便是一家「地區級小報」。這倒符合他戰爭年代擔任騎兵團政委時形成的作風，打不了運動戰，就打遊擊戰，積小勝為大勝——這種靈活機動的戰略戰術，被他運用到21世紀中國的「意識形態戰場」了。

2008年，魏巍逝世。8月9日，已經住進醫院一年的魏巍從昏迷中醒來，對守候在床邊的小孫子說：「抱著我的頭搖一搖。」他想讓自己清醒一下。孫子抱著他的頭輕輕地搖。魏巍交代給孫子一句話：「我交代你的只有一句話：繼續革命，永不投降！記住沒有？」孫子說記住了，魏巍讓孫子連續說了3遍「繼續革命，永不投降！」孫子說到第二遍時已淚流滿面。

郭松民在《陣亡者魏巍》一文中，記敘了這位革命者最後時

刻的情景——

　　我走進病房的時候，魏巍老人已經處於彌留狀態了：他的鼻孔裡插著氧氣管，瘦骨嶙峋的手臂上插著針頭，整個身體深深地陷在病床上。老人的女兒魏平附在他的耳邊，輕輕地呼喚道：「爸爸，您看誰來了？」老人無力地睜開眼睛，茫然地看了我一眼，又沉沉睡去。

　　不知怎的，老人閉目躺在病床上的神態，讓我想起了電影《上甘嶺》中重傷陣亡的那位七連指導員，他給我留下印象最深的一句話，就是質問撤入坑道的八連連長：我交給你的陣地呢？！

　　和七連指導員一樣，魏巍也陣亡了——是的，他的確是陣亡了！不是「溘然長逝」，更不是「駕鶴西去」，魏老走得沒有這樣輕飄，這樣灑脫，在人世間，他還有太多的牽掛，他為了捍衛那些他認為比自己生命還要寶貴的信仰和價值，戰鬥到了最後一息。在骨子裡，魏老從來都是一個軍人，他和那些酸腐的，渾身上下散發著狐臭的精英文人並沒有任何共同之處。

　　記得是新世紀初的一個早春時節，我有幸陪魏老去北京郊區看望他的老朋友寒春老人。途中休息的時候，我提了一個很普通的時事問題，魏老因為已經有些耳背，便讓我再重複一遍，這時魏平便急忙用眼色示意我不要再說下去，看了旁邊警覺的「隨行人員」，我心裡明白七八分，魏老當時的處境之險惡，由此可見一斑。

　　魏老是陣亡的，因為如果不是在垂暮之年，他不得不

奮不顧身地投入到一場烈度不下於「松鼓峰戰鬥」的鬥爭中去，他現在還應該很健康地活在人間。以魏老的聲望和資歷，只要他願意，他就可以過一個享盡清福的晚年，但他卻選擇了戰鬥。不過我想，魏老應該是無悔的，因為對於一個戰士來說，可能再也沒有什麼能夠比陣亡在陣地上更能讓他感到光榮，更能讓他含笑於九泉了。

魏老走了，但後人還要繼續堅守陣地。因為魏老，以及那些無數已經犧牲的前輩和先烈們，還會在冥冥之中注視著我們，並時時向我們發問：「我交給你們的陣地呢？！」

魏巍生前發表的最後一篇文章是《對未來革命的幾點思考》，許多人將此文視為魏巍的政治遺囑。在文中，魏巍再次表達了對黨和國家前途命運的深切憂慮。此時，人們似乎已忘記了他是一個著名作家，更多人把他當作一個革命者，一個戰鬥到最後一息的革命者。

光陰荏苒，魏巍逝世已經十一年了，世界又發生了許許多多發人深省的變化。與十一年前相比，中國更深地融入了世界資本主義體系，許多中國人的價值觀和生活方式也是如此。主流社會似乎已經完全喪失了抵禦資本主義的信心和能力。但禮失求諸野，魏巍那些立場堅定、愛恨分明、堪稱「投槍匕首」的政論時評，仍然在網上悄悄流傳。只要這個世界上還存在少數人壓迫和剝削多數人的現象，無產階級和資產階級、社會主義同資本主義的鬥爭就不會停止。就此而言，魏巍的精神是不死的。人民始終惦記著這位堅定的共產主義者和忠誠的無產階級文化戰士。他臨

終前那句「革命到底，永不投降」的遺言時常在人們耳邊迴響，激勵和鞭策著後來者沿著他的足跡繼續前行。

作為一個作家，魏巍也沒有被讀者遺忘。2018年，在進步文化網舉辦的「改革開放四十年四十部重要長篇小說」評選活動中，魏巍的《東方》赫然在列，同時入選的還有浩然的《蒼生》、姚雪垠的《李自成》和張承志的《心靈史》等。

在這個時代，不僅「智識階級」和那些被右翼精英洗腦的小知和屌絲們早已拜倒在資本權貴的豪華大氅下，就連許多曾經的革命「同路人」，也爭先恐後地背叛自己當初的信仰，由左向右一路狂奔，以詛咒和詆毀中國革命為榮，墮落成了權貴利益集團的鷹犬和吹鼓手。魏巍卻始終懷揣著不滅的信仰，以老邁之軀，扛住了「黑暗的閘門」。魏巍無愧於「戰士」的稱號，他被左翼知識團體和中下層普通民眾奉為「當代魯迅」，是名副其實的。只是這個「魯迅」，不是早已被右派精英們洗白的作為自由知識份子的魯迅，而是毛澤東所說的革命家魯迅。

魏巍曾經在《學習毛澤東，學習魯迅》一文中說：「毛澤東和魯迅是中國歷史上的兩位歷史巨人，都是對中國歷史已經產生並且還要繼續產生影響的偉大人物。這兩個偉人的心是相通的，是相互理解的，因此，毛澤東同志對魯迅的評價也最準確、最深刻。最先要求我們向偉大的魯迅學習的，也是毛主席。今天，我們重新強調向魯迅學習，是什麼意思？一句話，這是時代的需要，歷史的需要，是人民命運的需要，是社會主義命運的需要。」他將魯迅精神概括為四點：一、徹底的革命精神；二、對舊文化的徹底批判精神；三、鮮明的階級立場；四、敢於直面現實的勇敢精神。最後他指出：「在今天，發展社會主義民主，改

變工農大眾的弱勢地位，我們的作家、藝術家學習魯迅敢於面對現實不怕矛盾的勇敢精神，才是真正繁榮社會主義文學、文藝的康莊大道。此外的道路是沒有的。」

魏巍是這樣說的，也是這樣做的。在他身上，體現了毛澤東精神和魯迅精神的高度統一；他不僅是一位傑出的革命者，用現在流行的話說，還是一個「不忘初心」的楷模。

他是值得我們永遠學習和紀念的。

（2019年）

七十歲知青，或「人民的修辭」
──張承志讀箚

> 「在如今這種全球指鹿為馬的輿論暴力中，
> 敢於說出『我不是』的人，才是真勇敢的人。」
>
> ──張承志《獨奏的石頭》

小引

張承志七十歲了──他已經七十歲了嗎？

曾幾何時，他還是我記憶視網膜上那個雙眉微蹙，嘴角緊閉，一頭捲髮，文字和樣貌都透露出桀驁不馴的人，神態和氣質頗似日本作家山島由紀夫，一個字：酷。因為《黑駿馬》、《北方的河》等作品，在我或者我這一代人心目中，張承志幾乎成了青春、浪漫、叛逆和理想主義的代名詞；連老王蒙讀過《北方的河》之後也感歎，他和其他中國作家不敢寫「河」了。幾年前我在寫《人境》時，還忍不住讓主人公想起了這部小說：「馬垃一直把《北方的河》當做青年時代對他產生過重要影響的一部小說，甚至在進入中年的今天，依然如此。當他揮動著已不再年輕的雙臂，在小時候跟著哥哥學習游泳的這段江面上遊弋時，耳邊彷彿又響起了一個男人深沉的獨白。他覺得體內的血液嘩嘩流動起來，周身充滿了年輕人才有的力量。他的雙臂和兩腿在湍急的河流中劃動得那麼有力。嗯，我還沒有那麼老。他想。儘管哥哥

和逯老師都不在了，但我會獨自走下去。我不會輕易地認輸。一切也許都還來得及……」

可見，在一代文青的記憶中，張承志是堪稱大神級的人物。

可他怎麼突然就「七十歲」了呢？在漢語語境中，七十歲意味著老邁、耄耋、衰弱，「人近七十古來稀」嘛，但我還是無法把張承志跟這些詞彙聯繫在一起。

二十年前，我寫過一篇關於張承志的文章《幸福的人與不幸的文學》，經韓少功之手，發表在1999年第2期的《天涯》雜誌上。我至今還記得其中的一段：「當我通過閱讀跟隨這個人漫遊於那片廣袤得近於荒涼，物質生活落後得近於原始，而人的精神生活無比富有和充盈的『美麗的夏台』，目睹他像進出自己的家一樣，進出於那些安分自足、單純樸實的善良人們的簡陋居所時，我總是情不自禁地為之動容，心裡抑制不住冒出一個念頭：這個人是幸福的，他和他所熱愛的人們都是幸福的；而另一個在心底盤桓已久的疑問隨之幽靈一般出現了：如果找到了家園和『念想』的人是幸福的，那麼，我們這些仍然在世界上隨波逐流、流離失所的人幸福嗎？或者說，同樣作為寫作的人，我們幸福嗎？」

今年二月中旬，元宵節沒過幾天，我登上了去海口的航班。在機場候機廳和飛機上，我捧著張承志的最新散文集《三十三年行半步》，一副手不釋卷的勁頭，直到飛機在美蘭機場降落，我的目光才有點不捨地從書卷離開，當我合上書本，凝眸面前富於質感的藍色布紋封面的一刻，腦子裡產生了一種強烈的衝動。

我想，我應該再寫寫張承志了。

整整二十年了。中國已不是二十年前的中國，世界已不是二

十年前的世界，張承志已不是二十年前的張承志，我也不是二十年前的我了。

被譽為「戰後英國最重要的社會主義思想家、知識份子與文化行動主義者」的雷蒙・威廉斯寫過一本《關鍵字：文化與社會的詞彙》，他通過對131個彼此相關的「關鍵詞」的考察，追溯這些語詞意義的歷史流變，並釐清這些流變背後的文化政治，當其所處的歷史語境發生變化時，它們是如何被形成，被改變，被重新定義，被影響，被修改，被混淆，被強調的。這些語詞不僅能夠引領我們瞭解英國的文化與社會，也能說明我們認識當代的文化與社會。

本文的寫作，我打算也採取這種形式。儘管雷蒙・威廉斯說，「如何由作家與演講者著述的內容或詞義演變的歷史過程中，挑出一些相關聯且特殊的詞義出來研究，需要經過深思熟慮。這種挑選非常明顯有其局限性。」但對於張承志這樣重要而複雜的作家和批判知識份子，或許是一種便捷有效的方式。

下面我們進入正文。

知青

作為一名作家，張承志被貼上了太多的標籤，例如：考古學者，穆斯林，紅衛兵，理想主義者，左派，知青，等等。比較而言，除「知青」外，其他標籤都帶有專業、學識、宗教和意識形態的意味，是一種「附著」和外在的狀態，唯有「知青」這個詞與其生命歷程息息相關，難以分割。張承志登上文壇的成名作《騎手為什麼歌唱母親》以及後來獲得巨大影響的《黑駿馬》、

《北方的河》、《金牧場》的主人公都是知青。由此可見，對張承志來說，「知青」絕不只是一種標籤，而是像血液那樣「內置於」他的生命之中。

在中國當代語境中，知青無疑是一種奇特的存在。它首先是上個世紀六七十年代從城市下放到農村「插隊落戶」的一批「知識青年」的總稱，其次才是作為「一代人」的文化象徵意涵，譬如理想主義、青春、苦難、傷痕、「被耽誤的一代」等等。他們同毛澤東乃至二十世紀中國革命的互文關係，使之像一出浪漫主義的戲劇那樣，籠罩著某種天然的政治波普光圈和傳奇色彩，因此很容易被快速演進的當代流行文化所消費、吸納和塗改，逐漸變得曖昧、含混、怪異，有時甚至同權力與主流知識界媾和，散發出一股犬儒主義的腐臭氣味。

張承志是最早嗅到這股「腐臭」的人。早在八十年代後期，他就對自己的代表作如《黑駿馬》、《北方的河》中青春期的「單純」表示了極大的不滿，不惜對《金牧場》進行了幾乎是推倒重來的改寫，以使其不至於那麼「誇張」。這顯然緣於他對八十年代「整個社會在控訴歷史給主體帶來的無法磨滅的精神創傷，並反覆書寫深重的苦難」的主流知青文學的不滿。在《北方的河》序言中，他直接為「知青」所代表的理想主義辯護：「我相信，會有一個公正而深刻的認識來為我們總結：那時，我們這一代獨有的奮鬥、思索、烙印和選擇才會顯露其意義。」當知青一代普遍對「上山下鄉」這段歷史持懷疑與否定觀點時，張承志卻充分肯定了內蒙古草原這段人生經歷的價值和意義，多次指出在草原酷烈的環境中艱難的勞動生活，使其經歷了底層體驗，獲得了人民意識和自由意識。並宣稱：「在關鍵的青春期得到了這

兩樣東西，我一點也不感到什麼耽誤，半點兒也不覺得後悔。」

這樣的反思，對主流文學無異是一種極為大膽的冒犯，因此，自上個世紀八十年代後，張承志徹底擺脫體制的羈絆，走上了一條漫長的精神孤旅。

即使到了七十歲，張承志也沒有忘記並且時時強調自己的「知青」身份。但他所說的「知青」，已經與主流語境中的「知青」分道揚鑣——

> 「記得那些年『思想解放』，忿忿的知識份子們說我們這一代是『喝狼奶長大的』。真費解，明明我們喝的是牛奶和羊奶。在日本，『知青』一代被翻譯為『失去的一代』，更是秀才遇到兵有理說不清：究竟是別人把我們丟失了，還是我們自己『被丟失』了？」

> 「同樣從烏珠穆沁的異族懷抱裡走出來，不少人嘴裡還念叨著蒙古單詞，屁股卻已經牢牢坐在了體制與壓迫的板凳上。他們鼓吹侵犯的同化，否認少數的權利，使用英語聽來的概念，逐個取代牧人的概念。不僅墮落成了豢養他們的體制的叭兒狗，更有人高調鼓吹殖民主義——他們的異族體驗，只是臉上的脂粉，他們最終選擇了充當附庸資本與權勢的色赫騰（知識份子），而背離了加洛（青年）時代的啟蒙。」

> 「霸道話語的強勢與他者訴說的無視，是一種資本的新壓迫形式。我們雖不合格，但我們在尊重他者語言的環境中度過青春——這就是我年近古稀、還珍惜『色赫騰·加洛』身份的原因。」

> 「知青史與中國文學史如此乖僻的一例，也許又給讀
> 者和『叫獸』、研究者和否定者、革命黨的追捕者，出了
> 一道不大的難題？」
>
> ──張承志《達林太的色赫騰》

　　達林太的色赫騰・加洛，即「七十歲知青」。七十歲的張承志對體制和主流知識界充滿火藥味的批判，比起那個從清華附中畢業後到內蒙烏珠穆沁草原插隊的二十歲知青，一點也不見老；如果從「戰鬥性」、「革命性」「尖銳性」一類視角來看，「七十歲的知青」比「二十歲的知青」似乎更加鋒芒畢露呢。

底層

　　曾幾何時，「底層」在文化界竟然成了一個流行的詞彙。

　　十幾年前，我曾經在一篇文章中分析：「從知識界、文學界到大眾媒體，都能聽到這個很久以來幾乎被遺忘了的詞彙。但除了『底層』所蘊含的諸如弱勢群體、農民、下崗工人等特定的敘說對象，不同的文化人群面對這一概念時的認知角度似乎又存在著明顯的差異，例如社會學家、經濟學家和政治學者眼裡的底層，一般都與『三農』、國企改制、利益分層及體制弊端等公眾關心的社會問題聯繫在一起，寄寓著明確的意識形態焦慮；而人文學者、評論家和作家藝術家眼裡的底層，則往往伴隨著對社會民主、自由、公正、平等以及貧窮、苦難和人道主義等一系列歷史美學難題的訴求。因此，可以毫不誇張地說，底層問題在今天的浮出水面，實際上折射出當前中國社會的複雜形態和思想境

遇。作為一個文化命題，它也絕非空穴來風，而是上世紀90年代繼人文精神、自由主義與『新左派』等論爭之後又一次合乎邏輯的理論演練和進一步聚焦。」（《我們怎樣敘述底層》，《天涯》2005年第5期）

而早在1996年，蔡翔就在散文《底層》中寫道：「許多年過去了，革命似乎成了一個遙遠的記憶，底層仍然在貧窮中掙扎，平等和公正仍然是一個無法兌現的承諾。舊的生活秩序正在解體，新的經濟秩序則迅即地製造出它的上流社會。階層分化的事實正在今天重演，權力大模大樣地介入競爭，昨天的公子哥兒成了今天的大款大腕大爺，他們依靠各種權力背景瘋狂地掠奪社會財富。權力和金錢可恥地結合。『窮人』的概念再一次產生。」

但這種充滿文學性的敘述，並沒有引起人們的重視。「底層」的進一步走紅，無疑跟「底層文學」思潮的興起有關。從一開始，這股思潮似乎就帶有某種先天性的不足，這從一些底層文學創作中普遍存在的諸如「比慘比恨」的所謂「苦難敘事」或「美學脫身術」中表現得十分突出。到後來，某些底層文學作品將民眾的貧困落後生存境遇當做某種獵奇和觀賞的對象，熱衷於從一些諸如「同性戀」「扒灰」之類的小報新聞中尋找靈感，敷衍成篇，將底層普世化、傳奇化乃至於汙名化，刻意遮蔽了其中的歷史邏輯，直至被主流文學所收編，使一個原本生機勃勃、充滿挑戰性的文學潮流過早地走向了衰竭。

匪夷所思的是，在底層文學從勃興到式微的全過程中，張承志始終被排斥在外。在我看來，真正體現「底層文學」精神的應該首推張承志，而不是某些寄生體制，骨子裡浸透「智識階級」偽善的投機主義者。從張承志的《騎手為什麼要歌唱母親》《黑

駿馬》和《心靈史》，一直到他的大量散文，才稱得上真正意義
上的「底層寫作」。

底層從來就不是作為一種抽象的他者存在的，更不是某些人
通過書寫底層來證明自身優越感的廉價道具，在張承志的眼裡，
底層是廣袤的蒙古草原和貧瘠荒涼的西海固，是一個淪陷的階級
和活生生的具體的人。是秦鳳桐，是馬啟芳，是「二十八歲的額
吉」……

對張承志而言，底層壓根兒不是什麼寫作的題材或對象，而
意味著一種精神和情感上的休戚與共，一種「人民的修辭」：

> 「偉大的古典草原給予一代青年的自由氣質、底層立場、
> 異族文明和艱辛浪漫的履歷」，「無論在雪山俯瞰的古老
> 梯田，還是在炎熱潮濕的雨林邊緣，人民都被壓制在底
> 層，輾轉無言，翻身不能。貧民窟裡的日子，一個索爾的
> 期盼，都是活生生的真實」，「由於弱者和人民總是痛
> 苦，被侮辱與被壓迫的人總是無助。五百年來，如同16世
> 紀肇始的那個時刻，人們需要一種特殊的騎士，哪怕他輸
> 得一次比一次慘，只要有了他，人就沒有輸」，「如我的
> 一代人，思想意識的深處，階級立場的印記很深。我們一
> 直厭惡上層和壓迫的存在，把感情寄託於底層人民。因
> 此，當腳上沾滿了底層泥濘時，也長久地為底層的不潔而
> 苦惱」……

——人民、階級、自由、壓制、侮辱、壓迫、痛苦，等等，
這些在底層文學的大多數創作中被閃爍其詞回避掉的詞彙，就這

樣被張承志——說出來了。通過張承志，我們終於得以找回了那個被主流刻意遮蔽和塗改的底層的真實樣貌，也使曖昧不清的底層文學修復了其本該有的品質和立場。

六十年代

戴錦華在一篇演講中說：「六十年代是一個暴力頻仍的年代，也是偉大的和平鬥士以血肉之軀對抗鋼鐵暴力的年代；六十年代是一個人類被一分為二的年代，是一個奉行國際主義信念的年代，也是偉大的個人主義英雄用他們的生命去實踐人類理想的年代。一個烏托邦與實踐烏托邦的衝動主導了整個世界的年代。」（《叩訪六十年代》，《天下》2013年第2期）

這樣詩意的表述顯然會令一些人感到突兀和困惑。近四十年的主流敘述總是將「六十年代」同諸如文化大革命、極左、浩劫、迫害、造反派、階級鬥爭和打砸搶等一類詞彙聯繫在一起，讓許多人望而卻步。戴錦華也不無忐忑地表示，自己在觸碰這個議題時「有點兒冒天下之大不韙」。但勿容置疑，作為一個文化政治概念，存在「中國的六十年代」和「世界的六十年代」兩種不同的視角。在今日中國的主流視野中，六十年代是一個全球動盪、充滿劫難的年代。但換一個角度，那是一個火紅的年代，是全球理想主義處在最高峰和最強音的時代，是全世界最優秀的人集中在反叛的旗幟下的年代。人們相信世界必須被改造，也能夠被改造，而每一個人都可以參與到創造新世界的過程之中。「首先是毛澤東、紅衛兵運動，無產階級文化大革命。不僅因為這是我們『自己』的六十年代，而且因為它無疑是六十年代的核心景

觀之一。這是我自己成長的年代，也是我生命經驗中最為重要、沉重而且繁複的記憶。曾經，在全球視野中（當然充滿了想像與誤讀），文化大革命鼓舞著一個『四海翻騰雲水怒，五洲震盪風雷激』的時代，象徵著『革命無罪，造反有理』的反制狂歡，是『無產階級專政下的繼續革命』，是直接民主：『大鳴大放大字報大辯論』的實踐。」（出處同上）他們同法國的五月風暴、美國的民權運動和廣大第三世界的民族解放運動，以及薩特、福柯、阿爾都塞、弗朗茨・法農、切・格瓦拉、路德・金、瑪律科姆・X等思想家和政治領袖聯繫在一起。

這樣的敘述顯然同大多數中國人接受的觀念格格不入，戴錦華進一步辨析道：「以中國為例，聯繫著一個歷史敘述的誤區：我們經常說上世紀50至70年代的中國處於閉關鎖國的狀態之中，因此才有此後的『打開國門，走向世界』。面對這一誤區，首先需要分辨的是，究竟是消極的閉關鎖國，還是薩米爾・阿明所謂主動『脫鉤』？究竟是選擇閉關鎖國，還是遭受冷戰時代的封鎖、圍困——而且是來自兩大陣營的雙重封鎖圍困？中國究竟是曾在『世界』之外，還是曾擁有不同的『世界』——第三世界？」（出處同上）

戴錦華的詰問無疑是尖銳的，也是深刻的。而相似的詰問和辨析，一直貫穿在張承志迄今為止的全部寫作當中，以至讓人覺得，在讀他的每一篇作品時，你都能感到「六十年代」作為一個巨大的背景存在著——

　　「對毛澤東思想及及中國革命喚起的六十年代西方發
　　生的種種，帶著反感不願理解——或許正是中國文化思想

界的一般態度。」

「對那些認為『法國是個髒盤子』的法國反體制青年來說，毛澤東的革命性，是靠著大規模地破壞了國家與官僚體制才獲得證明的，哪怕毛語錄仍然難懂。……能接受毛思想的刺激，恰是爭議與反體制的記號。」

「我是偉大的六十年代的一個兒子，背負著它的感動與沉重，腳上心中刺滿了荊棘。那個時代的敗北，那個時代的意義，使我和遠在地球各個角落的同志一樣，要竭盡一生求索，找到一條自我批判與正義繼承的道路。」

……

張承志的表述與魯迅的「永遠革命」和毛澤東「繼續革命」的理論是相通的。汪暉曾在《恩怨錄——魯迅與他的論敵文選》序中指出：「對魯迅來說，只有『永遠革命』才能擺脫歷史的無窮無盡的重複與循環，而始終保持『革命』態度的人勢必成為自己昔日同伴的批判者，因為當他們滿足於『成功』之時，便陷入了那種歷史的循環——這種循環正是真正的革命者的終極革命對象。」

在「文革」和「六十年代」仍然作為某種政治禁忌的今天，張承志的言說和立場無疑具有振聾發聵的啟示意義。正如學者羅崗所言：「當代文學六十年，前三十年與後三十年，斷裂大於連續，難點在於如何處理『六十年代』。後三十年文學的『起點』，正是建立在對『六十年代』——特別是『文革』——的否定上。從所謂『新時期』開始創作的作家，必然會自覺或不自覺地撇清自己與『六十年代』的關係。如此一來，許多作家僅僅將

創作局限於『後三十年』，然而，張承志毫無疑問是一個特例，他的創作同樣開始於『新時期』，卻從一動筆開始就顯示出與『六十年代』的深刻聯繫，並且在後來三十多年的創作中鮮明執著地保持著這種聯繫，進而從這種聯繫中不斷獲得進入新的思想與藝術領域的力量和能力……假如說得不妨誇張一點，張承志幾乎以一人之力將『中國當代文學』的『前三十年』和『後三十年』聯繫起來了，儘管這一聯繫中也充滿了內在的緊張、衝突乃至斷裂，可張承志不也正是以他長達數十年的筆耕容納並展現出『連續』和『斷裂』之間的辯證關係嗎？」（《騎手為什麼歌唱母親──關於「張承志難題」的一封信》，《文藝爭鳴》2016年第9期）

再次回到戴錦華的演講：「重新叩訪六十年代，重新叩訪六十年代文化，是為了打開歷史與文化空間，以便清算歷史債務，啟動歷史遺產。需要重新思考的命題，包括社會主義與自由，也包括個人與社會。」

這段話也適用於對張承志的理解。

我想，如果有一天中國的主流人群和年輕一代推開「文革」這扇封閉已久的大門，洞悉到「六十年代」以及二十世紀中國革命全部的祕密時，最先打開那把鏽鎖的，一定非張承志莫屬。

從文學意義上說，張承志就是「六十年代」的人格化身。

殖民主義

2017年秋，六十九歲的張承志有過一次鮮為人知的南方之行。如同他以往的許多行程一樣，這仍然不是一次普通意義上的

旅行，「從漢口開始，經過了虎門、琪澳、澳門、香港，又回到了漢口……」，這漫長而曲折的孤旅，被他寫進了《從伶仃洋到楊子江》一文。

正是這篇兩萬多字的長文，使我得以同「殖民主義」這個詞邂逅相遇。

在主流語境中，「殖民主義」是一個久違得讓許多中國人感到陌生的詞彙。而在上個世紀六十年代，「反殖民主義」與反體制、反對霸權、反對帝國主義和種族主義等一起，掀起了「國家要獨立，民族要解放，人民要革命」的世界大潮，成為第三世界人民追求民主自由和平等的一面獵獵飄揚的旗幟。但隨著「短二十世紀」的結束，中國和世界很快被捲進了現代化和發展主義的浪潮，馬列毛主義成了過氣的破爛，福山的歷史終結論、詹明信的後殖民文化理論和亨廷頓的文明衝突論成了學術界的搶手貨，新自由主義更是成了主流知識界所向披靡的超級理論武器。「殖民主義」搖身一變，開始對廣大第三世界國家和「非資本主義國家」展開新一輪的經濟入侵和文化入侵——這一招比二十世紀前半期和十九世紀以前的「堅船利炮」更奏效，而且冠冕堂皇，因為它有一個很漂亮、也很拉風的名號——全球化。

照理說，只要稍許懂一點中國的近代史，就不會被這種魔術雜要似的套路唬住，但它卻把中國的主流知識精英忽悠得如癡如醉、不辨東西，找不著北了。以致張承志發出一聲感歎：「我不禁想起毛主席說過的『學習歷史主要是學近代史，否則一億年後怎麼辦』——不是一句空話。」

張承志南方之旅的第一站是香港。

學歷史出身的張承志對香港，尤其是對它之於「殖民主義」

這個詞的特別意義的理解不可謂不深，但他還是覺得：「從小背誦了那麼多廢話而沒有記住至關緊要的近代史年表，上過大學考古系挖過古城墓葬也沒想起來挖一鏟子屈辱近代的遺跡——混跡知識份子，其實腦袋空空，我對香港一無所知。」（《從伶仃洋到楊子江》，後面所引均出自此文，不再一一注明）

事實當然並非如此。張承志對全球殖民主義歷史的追蹤和研究，可謂由來已久：「從摩洛哥到祕魯，我已經觀察過幾塊殖民主義興衰的土地。我對比過哈瓦那——拉丁美洲的香港。我到處邂逅了反對殖民主義的思想，從黑皮膚的弗朗茨·法農，到阿拉伯的穆罕穆德·阿布篤，從日本亞細亞主義者『突破百種殖民主義』的言說，到孫中山『亞洲民族聯合起來』的呼籲。」因此，當他踏上香港的土地——這塊離祖國母腹最近的殖民主義活化石時，他的目光便顯得更銳利，情感也更激烈。

張承志到香港之前，先去了虎門。「若去香港，先到虎門——這是我的計畫。對遠離古代的我們，或許是抓住潛沒歷史的繩子。」在虎門的鴉片戰爭紀念館，他看到了一幅珍貴的照片：一艘林則徐把美國商船改造成的軍艦，那是中國海軍史上第一艘真正意義上的軍艦。在這裡，他發現了歷史的另一層真相：「教科書上的虎門煙臺並沒有失敗，頒佈下令失敗的是道光皇帝。他發現事情危及到大清的所謂「核心利益」。於是，「忠良被問罪，煙臺被拆毀，抵抗被否決，仇敵被美化——鴉片戰爭以鴉片販子的完勝落幕，中國進入了自污和受辱的新紀元。」

從岳飛到文天祥，再到林則徐，同樣的悲劇在歷史上屢屢再現。這不是中國的恥辱，而是統治者的恥辱，也是一切殖民主義者何以驕狂和「屢戰屢勝」的真正奧秘。就像某部電影的臺詞，

不是敵人多麼強大，而是我們太軟弱。正因為如此，被奉為表現了資本主義上升期時期精神的小說經典《魯濱遜漂流記》的主人公才顯得那麼信心滿滿，將中華帝國的每一塊版圖當成了自己的後花園，「他們堂皇地把自己的欲望寫進國際法，他們『生而有權』，有到地球任何一個角落旅行的權利」。

澳門「示威門」上刻寫的那句葡文橫標「為祖國增添榮譽吧，祖國施恩於你們」，讓我們再次目睹了殖民主義者的無恥和傲慢。

這是張承志在正式踏上香港之前看到的殖民主義魅影。因此，當他站在雖然法律上已被母國收回，卻處處彌漫著殖民主義時代氣息的香港土地上，所發出的一連串感歎才顯得那麼沉痛和令人震撼——

> 「在資本高奏凱歌的時候，對殖民主義的批判也步步成熟。它如潛行的幽靈，它梭巡著，從地理至文學。它低沉壓抑，但日益深刻。終於批判抵達了這一步：「歷史的道德，逼迫經濟坦白它的道德祕密；人類的良知，要求對笛福主義的掃蕩。」
>
> 「殖民主義造成了人的深刻分裂，無論貼近享受它小康的你，或是要遙遙痛恨它不公的我。」
>
> 「天造地設的美麗島，成了貪婪魔鬼的灘頭堡。不止於此，金錢居然改天換地，奴隸更厲足於殘羹。包括革命的批判，居然都沒能打敗它——可憐的只有正義二字，淪落在天涯街角，被一代代愚蠢的男女嘲笑！」
>
> 「新一輪殖民主義的價值爭論，如伶仃洋最深處的還

笑，正悄無聲息地一步步發育。就人類社會的公正而言，良知的批判尚未掀起高潮……人有病，天知否？」

……

張承志的這趟南方之旅，堪稱是一次考古學意義上的殖民主義批判之旅。它始於漢口，也結束於漢口。

漢口並非行政意義上的地名，只屬於湖北省武漢市的一部分。但在新中國成立之前，漢口卻是一座獨立的直轄市。它最早從一個小漁村迅速發跡，直至成為中國中部最大的通商口岸，自然也歸功於殖民主義的「偉業」——「1858年的中國已是任人糟蹋。既然香港可割，既然上海可據，成串的『二線城市』如登州潮州、漢口南京，都以一份《天津條約》成了英法俄美以及後來強國的『通商口岸』。」

在西式建築林立的漢口租界區，張承志看到的是漢口作為「致中央支那死命之處」，耳邊縈迴著日本歌手佐田雅夫的一首歌《弗萊迪或者三教街，在俄國教堂》：

弗萊迪，和你相遇，是在漢口
在沿著楊子江的江畔上，你叫住了人力車夫
弗萊迪，和你初次去過的餐館
穿過三教街，到法國租界去約會
還記得那時，我最喜歡的，三教街的蛋糕店麼
「海澤爾伍德」的老人，怎麼有那麼深的男眼睛
他總是叼著煙斗，在安樂椅上，翻開報紙……

三教街，是民國時期漢口法租界的一條小街。這首歌也充滿了濃厚的殖民時代的懷舊氣息。張承志兩次提到並在文末抄錄這首歌，真是意味深長。

武漢一位女作家曾寫過一本介紹漢口租界老房子的書，書中滿溢的卻是對這些殖民地建築及其宗主國近乎諂媚的讚美。據說還很暢銷，曾經一版再版。

這正好驗證了張承志的話：「殖民主義的勝利與建築美學的勝利同步。石築的大廈屹立江頭，宣布著一種自豪的價值。」

白求恩

我仔細揣摩著張承志見到那張「罕見的白求恩照片」時難以言傳的感慨和激動心情。那是毛澤東和白求恩的一幀合影照片，拍攝於延安，「八十年前的拍攝條件，八十年的時光涸浸，使這幅百年一瞬的照片模糊涸漶──但畢竟唯有它，攫住了那個世紀的瞬間，讓兩種偉人，一刻同席。」（張承志：《五十年重讀白求恩》，後面所引均出自此文，不再一一注明）

「白求恩」是一個曾經在中國幾乎家喻戶曉的名字。他的「出名」，無疑跟毛澤東的《紀念白求恩》有直接的關係。關於白求恩的身份和事蹟，我們幾乎不用費別的周折，直接抄錄毛澤東這篇文章即可：「白求恩同志是加拿大共產黨員，五十多歲了，為了幫助中國的抗日戰爭，受加拿大共產黨和美國共產黨的派遣，不遠萬里，來到中國，去年春上到延安，後來到五臺山工作，不幸以身殉職。一個外國人，毫無利己的動機，把中國人民的解放事業當作他自己的事業，這是什麼精神？這是國際主義的

精神，這是共產主義的精神，每一個中國共產黨員都要學習這種精神。……我們要和一切資本主義國家的無產階級聯合起來，要和日本的、英國的、美國的、德國的、義大利的以及一切資本主義國家的無產階級聯合起來，才能打倒帝國主義，解放我們的民族和人民，解放世界的民族和人民。這就是我們的國際主義，這就是我們用以反對狹隘民族主義和狹隘愛國主義的國際主義。」

在文章末尾，毛澤東意猶未盡地寫道：「我和白求恩同志只見過一面。後來他給我來過許多信。可是因為忙，僅回過他一封信，還不知他收到沒有。對於他的死，我是很悲痛的。現在大家紀念他，可見他的精神感人之深。我們大家要學習他毫無自私自利之心的精神。從這點出發，就可以變為大有利於人民的人……」

這篇文章很短，不足一千字，卻曾經與《為人民服務》、《愚公移山》一道，被稱為「老三篇」和共產黨人的「聖經」，對中國共產黨和現代中國人的精神塑造產生過舉足輕重的影響。毛澤東被請下「神壇」後，其思想和著作在公共輿論場特別是主流知識人群早已鮮有問津，即便有，也大多是抹黑、醜化和謾罵之類；包括白求恩，在中國的年輕一代眼裡，也早已成為一個陌生的「古人」了。

像那一代的許多人一樣，張承志遠在少年時代，就熟知白求恩的名字。「但背誦不能抵消無知。時至今日，我仍不敢想像他們會並肩一起。由於一撇了他們的同席共坐，我心中只覺不可思議。」

作為一個逝去時代的英雄，白求恩不是一種孤立或偶然的存在。在「不遠萬里來到中國」之前，他曾經投身於西班牙抗擊法

西斯前線——「1936年法西斯叛軍向西班牙共和國進攻，激怒了全世界進步人士。他們紛紛帶著筆拿起槍，無視流血與厄運，拋棄上流或小康的安逸，掀起了可歌可泣的國際主義行動。參戰西班牙——這是一個世界當代史的大事件。」

這一代「國際主義戰士」被稱為「三六年人」。白求恩即是其中的一員。在他身後，還有一大串名字，「著名的知識份子，那麼多都與西班牙內戰糾葛彌深，詩人聶魯達、攝影家羅伯特・卡帕、電影大師尹文思、作家海明威、畫家海明威……他們的行為，準確說是世界上一切追思緬懷對他們不捨的追尋，使我們一次次感到『三六、三八、三十年代人』的真實存在。」更重要的是，張承志從中發現了一條「銜接正義的鏈條」：「沒有三六年人，就沒有六八年人。」所謂「六八年人」，即指「六十年代人」——「三六年人，六八年人，世界正義的子女們前赴後繼。他們潮來湧去，並不在意輿論與失敗……在上世紀60年代向著不義世界掀起反旗的世界左翼運動，是他們的繼承者。反對壓迫剝削，爭取天下公正的國際主義，永遠都是顛撲不破的真理。」

讀到此處，那個宣稱是「偉大的六十年代的一個兒子」的張承志再次躍然紙上。他發現了毛澤東和白求恩之間的精神聯繫。大概正是這種「發現」，他才覺得重讀白求恩，「愈是八十年後，它才愈有深味。」

歸根結底，在白求恩身上，可以找到我們這個時代丟棄已久的寶貴傳統：「與一切『資本主義國家的、日本的、英國的、美國的、德國的、義大利的』，與一切不同宗教、不同信仰的同志攜手，以國際主義聯合打倒帝國主義並解放民族和人民——或許，這就是毛澤東的世界觀，他的遺訓。」

　　或許正因為如此，張承志才鄭重宣示：「如今我懷念國際不分加拿大、西班牙、太行山的白求恩，也懷念每一個信仰社會主義、無政府主義、基督、佛陀、安拉的國際主義者。有時，我也懷念自己囫圇吞棗的少年時代。是的，沒有那樣一個時代的奠基，我或許會對烈士輕慢。」

　　慶幸的是，作為比張承志晚一茬的「六十年代生人」，我沒有染上許多同時代人身上習見的那種輕慢、怯懦和勢利。換句話說，我還有感動、憤怒以及行動的能力。這似乎也可以視為「偉大的六十年代」賜予我的一份遺澤。

　　大約十年前，在一部很走紅的諜戰電視劇中，看到中共地下黨員余則成在同為地下黨的女友左藍犧牲後，一遍又一遍地朗誦《紀念白求恩》，「一個人能力有大小，但只要有這點精神，就是一個高尚的人，一個純粹的人，一個有道德的人，一個脫離了低級趣味的人，一個有益於人民的人……」聽到這久違的話語，我像被電擊中了一樣，不禁熱淚眼眶。

體制

　　不熟悉「六十年代」全球性反體制運動這一背景的讀者，肯定會覺得無法理解張承志面對「體制」時表現出的那種決絕姿態。

　　在上個世紀六十年代的語境下，體制往往表徵著等級、特權、霸權主義、種族歧視以及主流意識形態對處於邊緣的異見者的壓迫，等等。在張承志看來，「破壞體制的六十年代，向血統論宣戰的紅衛兵，屬於人民意識形態的伊斯蘭——都具備未來

性。因此他們才能成為這個恐怖世界秩序的批判者。」

任何一種「體制」一旦喪失活力以及與人民的聯繫，就如同不再流動的水一樣歸於死寂和腐爛。正如六十年代，許多社會主義陣營成為了民主自由的策源地，而隨著二十世紀末蘇東解體，以美國為首的資本主義國家又重新奪回了「民主自由」的命名權和解釋權一樣，體制孳生的諸多病菌既不是資本主義的專利，也並非社會主義制度所獨有。從這個意義上，「反體制」是革命的原動力之一。

體制對人的腐蝕力量也許超過了金錢和美色，因為它導致的不僅是人性的墮落，還有信仰、道德、理想的瓦解。在今日中國，文學墮落的速度也許超過了其他任何領域。走出體制多年的張承志對此洞若觀火，他早已對所謂的文壇不抱任何希望：「紙質的雜誌紛紛變質，是因為它們被『物』異化了。而我們並沒有變。我們不在意與腐臭爛紙的分道揚鑣。」為此，張承志開通了微信公眾號，選擇這種新的自媒體平臺發表作品並與讀者互動，包括他最新出版的《三十三年行半步》，也採取了直接向讀者訂閱的方式——繞過體制內種種無形有形的核查和利益勾兌，他獲得了一個作家最大的自由。

也許正因為張承志這種切膚的感受，他對於體制的批判，才顯得格外尖銳激烈——

> 「人一旦在心中樹立了金錢、地位、利益的『主宰』，就與暴戾、污穢、等級的體制沆瀣一氣，人就變成了體制網路上被捕獲的小蟲，踽踽爬行，尋覓著唾塵糞土充饑。」

> 「他們背叛了高貴的生命，一文不值還自以為得
> 計。……天道佐證：他們的價值已經被他們自己否定。因
> 為無論人找出多少理由，信仰的人絕不能棄大義不顧，選
> 擇取利益的團夥裡蠅營狗苟。」

> 「那些見小利亡命遇大義惜身的人，那些向著體制
> 三跪九叩的偽信者，遲早會被唾棄。確實體制如山，但更
> 有大義當道。生而為人，抉擇之際，不能首鼠兩端。放
> 棄利益幾乎是唯一的道路。可是誰知道，這種選擇看似悲
> 愴，其實使人幸福。由於對香噴噴利益的毅然放棄，人本
> 身會得到加倍的昇華。『脫離了低級趣味的人』（毛澤東
> 語），能達到無畏的的信仰。」

> ──張承志《輕輕地觸碰》

讀了這樣的文字，就不難理解張承志為什麼突然於上個世紀
八十年代末，在他作為作家的名聲如日中天之時，突然從海軍創
作室「退職棄薪」，毅然走上了一條註定布滿艱辛孤獨，然而也
是一個朝聖者必然要走的道路。相比之下，某些一面在體制內享
受著各種利益特權，同權力眉來眼去、暗通款曲，一面扯著嗓門
向西方強權和大眾輿論場控訴體制惡行的「兩面人」，就顯得太
虛偽無恥了。

異端

2012年9月12日-16日，六十四歲的張承志等一行人從北京出
發奔赴巴勒斯坦，將珍藏版的《心靈史》的收入10萬美元全部捐

獻給了加沙難民營、西德・阿茲米、穆米提難民營、伊爾比德難民營以及為難民營提供了土地食物的約旦農民，全程共捐助了476個家庭。

張承志出生於1948年。正是在那一年，「巴勒斯坦和平美好的家園，突然被佔領、被屠殺，被殖民主義踐躪」。他從小就記得，「在中國，在每一個國慶日和每一個元旦，中國都要發出『堅決支持巴勒斯坦人民收復家園的正義鬥爭』的宣言。它從未改變，年年如此，這個宣言，這個聲音，伴隨了我的少年時代。這個聲音像母親的乳汁，成了我的教育的一部分。我雖懵懂未開，但記住了巴勒斯坦這個名字。巴勒斯坦！你使整整一代中國人感覺親近，並且認定了你們是我們的親戚。」（《越過死海——在巴勒斯坦難民營的講演》，《天下》2013年第1期）

必須承認，張承志有關巴勒斯坦的記憶，也部分地存活於我的少年時代，儘管模糊，卻也打上了不可抹去的印記。距今半個多世紀過去了，巴勒斯坦仍然是一個事實上的「佔領區」，巴勒斯坦國和巴勒斯坦人民的合法權利與尊嚴，仍然沒有被霸權主義和殖民主義者承認。那裡的人們始終籠罩在貧窮、侵略、奴役的陰影之下，隨之發生的一幕幕反抗和鎮壓的拉鋸在電視螢幕上反覆出現，巴勒斯坦人不畏強暴、堅忍不拔的鬥爭，成為了弱勢民族抗議國際強權的一部悲壯史詩。

在當今世界，強權代表著主流，弱勢代表著異端。是的，異端。提起這個詞，我們不得不談到《心靈史》。

我一直認為，《心靈史》是一部尚未被人們認識到的偉大的書，它的意義遠遠超出了文學乃至國界。主流文壇對《心靈史》的漠視，恰好證明了當代中國的文學界不配擁有它。

在這部於1991年出版後便沒有正式再版過的著作中，張承志圍繞從「道祖太爺」馬明心開始的中國伊斯蘭教哲合忍耶派七代掌門導師的傳奇經歷，書寫了這個蘇菲派教團在18和19世紀武裝反抗清廷的驚天動地的業績，謳歌了哲合忍耶教眾在戰敗後面對「公家」瘋狂的迫害以及他們懷抱著從容赴死的精神和百折不撓的勇氣與毅力，在長時期的屈辱和苦難折磨下，堅定地實現自己追求崇高的「舉意」。中國哲合忍耶在近代的全部心靈歷程，成為對復仇、失敗、流血、殉教和屈辱的一再體驗。他們不僅嘗遍了艱辛，而且流盡了鮮血。他們好像是為了等待殉難而活著。《心靈史》的主題可以用四個字來概括，這就是哲合忍耶的「底層人民」。

始終站在弱勢和底層人民的一邊，是張承志自《騎手為什麼歌唱母親》以來全部創作一以貫之的立場，也是「偉大的六十年代」精神的一塊重要基石。說到底，「六十年代」作為一種精神傳統如果是不朽的，就在於它對資本主義、霸權主義、殖民主義毫不妥協的反抗和異端的立場。

同樣作為一種「異端」政治，持續半個多世紀的巴勒斯坦抗議運動，是對由強權主導的國際文化政治秩序的辛辣反諷和無聲抗議。從這個意義上，我們可以將張承志捐助巴勒斯坦難民的行動，視為他踐行「偉大的六十年代」精神原則的一次行為藝術。

被稱為「老牌自由主義者」的奧地利作家茨威格在《異端的權利》中揭示過一段頗為吊詭的歷史：當曾經作為「異端者」的新教徒企圖獲得自己應有的地位時，他們遭到了羅馬教廷的無情迫害；而當作為新教運動代表人物的加爾文控制了一座城市之後，他在迫害異端者方面顯得更為果決而殘酷。

　　無論是20-21世紀巴勒斯坦的抗議運動，還是18-19世紀的哲合忍耶，都是異端作為一種政治和文化權利的證明。

　　然而，對今天的主流精英集團來說，誰妨礙他們攫取更大政治經濟和文化資源，誰就是必須清除的異端。人民變成了shitizen，勞工變成了Low-end population，弱者的反抗變成了Terrorism，馬列毛的著作也成了Prohibited books。對於這些荒誕的景象，「即使革命領袖也會困惑不已。若是目擊了今日的道德崩潰，即使文明先賢也會驚恐萬狀！沒看見麼，資本在慶祝全勝，奴才在聚樂狂歡，智識階級在謀算附庸之外，正叫嚷著搜捕革命的殘黨。」（張承志：《英特納雄耐爾一定要實現》）

　　正是在這種酷烈的現實面前，張承志重申了對異端的容忍和對真正意義上的國際主義、平等主義、民主主義的呼喚。他將這種理念表述為「英特納雄耐爾」。在《英特納雄耐爾一定要實現》一文中，他再次呼籲：「不同膚色不同國籍、黑黃白棕一切人類成員在這裡一切平等。」並且批評了某些黑人和狹隘穆斯林的觀點，但他同時辨析：「美國黑人對白人抱著人種的憎惡並非他們之惡，那只是對白人四百年來有意識地歧視的反抗──但是人種歧視的結局，只會把自己追入自殺之路。」

　　在張承志這兒，「英特納雄耐爾」不再只是某個政治符號，而超越了意識形態和種族偏見，用他自己的話說，是「人民的修辭」，並使《國際歌》賦予了新的涵義。

　　　　「起來，全世界被詛咒的人！起來，全世界被監視、被斷罪、被歧視和被侮辱的人！起來，被強加戰爭與汙名、被兇殘地屠戮的人！

「你出現吧，被剝奪與被侮辱的人的全球聯合！你給予吧，天下受苦人的新結盟！你降臨吧，新的英特納雄耐爾——新的國際主義！」

——《英特納雄耐爾一定要實現》

這令人心跳加速、血管噴張的歌詞，是迄今為止我聽到的最為「異端」的正義吶喊。

（2019年）

後記

　　收入這本集子的文章，皆為新世紀以來我發表的評論、隨筆、演講、訪談和對談，其中，《為中國革命辯護——讀曹征路〈重訪革命史〉》、《毀譽褒貶郭沫若》、《被「極左」的姚雪垠》、《我們怎樣理解浩然》、《革命者魏巍》、《七十歲知青，或「人民的修辭」——張承志讀箚》諸篇，是近兩年我寫作的「革命後的革命——1949年後若干重要文化人物再反思」系列的主要篇章，因涉及到對長期被污名化的20世紀中國革命的思考和辨析，原來打算以其中一篇文章題目為書名的，出版時才改成現在這個書名。

　　回顧我三十多年的寫作歷程，前半段基本上屬於「純文學」，後半段（2000年後）則漸漸逸出純文學寫作，向思想文化及社會問題拓展，評論和隨筆的寫作漸漸佔據了重要的位置；無論在物理還是心理上，我同主流文壇之間的距離越來越遠，這顯然與我的價值立場和寫作趨向密切相關，是一個「互相拒絕」的必然過程。我不僅沒有絲毫失落，反而有一種解脫之感。我這種心情，對於某些在體制內樂此不疲地爭名逐利，離開權位和厚賞就不知所從的人，肯定會覺得無法理喻。

　　1990年代中後期，當我的生活處於最低谷時，曾經在一篇隨筆中強調過生活的意義和寫作的意義的重要性。對我來說，生活如果降低為苟且偷生，寫作如果降低為牟取名利，失卻了超越其上的意義，我寧願放棄寫作和生活。

現在，我再次感到了意義和信仰的重要性。

為了信仰而活著或死去，或承受孤獨、磨難與痛苦，對一個找到並堅守自己信仰的人來說，是一種光榮，而非恥辱。正是基於這種認知，我以一種「看似偶然」的方式，同那個正在加速腐敗和墮落的文壇「圈子」進行了徹底的決裂。

想到從此以後我將擺脫體制羈絆，開始一種真正自由的寫作和生活，我就像一條在污水溝裡待得太久的魚終於游到了大江大河那樣，感到無比的輕鬆。

感謝張承志先生為本書題寫書名，感謝孔慶東先生慨然作序。感謝臺灣作家藍博洲先生，沒有他的熱情推薦，這本書不可能如此短時間在臺灣出版。

感謝我的妻子和女兒，沒有你們的陪伴，我也許會承受更多的艱難。

也感謝那些以各種方式關心和支持我的人們。

劉繼明
2019年5月4日

史地傳記類　PF0247　讀歷史108

辯護與吶喊

作　　　者 / 劉繼明
責任編輯 / 洪聖翔
圖文排版 / 林宛榆
封面設計 / 蔡瑋筠

發 行 人 / 宋政坤
法律顧問 / 毛國樑　律師
出版發行 / 秀威資訊科技股份有限公司
　　　　　114台北市內湖區瑞光路76巷65號1樓
　　　　　電話：+886-2-2796-3638　傳真：+886-2-2796-1377
　　　　　http://www.showwe.com.tw
劃撥帳號 / 19563868　戶名：秀威資訊科技股份有限公司
　　　　　讀者服務信箱：service@showwe.com.tw
展售門市 / 國家書店（松江門市）
　　　　　104台北市中山區松江路209號1樓
　　　　　電話：+886-2-2518-0207　傳真：+886-2-2518-0778
網路訂購 / 秀威網路書店：https://store.showwe.tw
　　　　　國家網路書店：https://www.govbooks.com.tw

2019年7月　BOD一版
定價：480元
版權所有　翻印必究
本書如有缺頁、破損或裝訂錯誤，請寄回更換

國家圖書館出版品預行編目

辯護與吶喊 / 劉繼明著. -- 一版. -- 臺北市：
秀威資訊科技, 2019.07
　　面；　公分. -- (社會科學類)
BOD版
ISBN 978-986-326-712-6(平裝)

1.中國文化 2.文化評論 3.文集

541.26207　　　　　　　　108011030

讀者回函卡

感謝您購買本書，為提升服務品質，請填妥以下資料，將讀者回函卡直接寄回或傳真本公司，收到您的寶貴意見後，我們會收藏記錄及檢討，謝謝！
如您需要了解本公司最新出版書目、購書優惠或企劃活動，歡迎您上網查詢或下載相關資料：http:// www.showwe.com.tw

您購買的書名：＿＿＿＿＿＿＿＿＿＿＿＿＿＿＿＿＿＿＿＿＿＿＿＿＿＿

出生日期：＿＿＿＿＿年＿＿＿＿＿月＿＿＿＿＿日

學歷：□高中 (含) 以下　　□大專　　□研究所 (含) 以上

職業：□製造業　□金融業　□資訊業　□軍警　□傳播業　□自由業
　　　□服務業　□公務員　□教職　　□學生　□家管　　□其它＿＿＿＿＿

購書地點：□網路書店　□實體書店　□書展　□郵購　□贈閱　□其他

您從何得知本書的消息？
　　□網路書店　□實體書店　□網路搜尋　□電子報　□書訊　□雜誌
　　□傳播媒體　□親友推薦　□網站推薦　□部落格　□其他＿＿＿＿＿＿

您對本書的評價：（請填代號　1.非常滿意　2.滿意　3.尚可　4.再改進）
　　封面設計＿＿＿　版面編排＿＿＿　內容＿＿＿　文／譯筆＿＿＿　價格＿＿＿

讀完書後您覺得：
　　□很有收穫　□有收穫　□收穫不多　□沒收穫

對我們的建議：＿＿＿＿＿＿＿＿＿＿＿＿＿＿＿＿＿＿＿＿＿＿＿＿＿＿

＿＿＿＿＿＿＿＿＿＿＿＿＿＿＿＿＿＿＿＿＿＿＿＿＿＿＿＿＿＿＿＿＿＿

＿＿＿＿＿＿＿＿＿＿＿＿＿＿＿＿＿＿＿＿＿＿＿＿＿＿＿＿＿＿＿＿＿＿

＿＿＿＿＿＿＿＿＿＿＿＿＿＿＿＿＿＿＿＿＿＿＿＿＿＿＿＿＿＿＿＿＿＿

11466

台北市內湖區瑞光路 76 巷 65 號 1 樓

秀威資訊科技股份有限公司　　　收

BOD 數位出版事業部

....

（請沿線對折寄回，謝謝！）

姓　　名：_____　年齡：_____　性別：□女　□男

郵遞區號：□□□□□

地　　址：_____

聯絡電話：(日) _____　(夜) _____

E-mail：_____